湖南现代物流发展研究报告

(2014)

主　编　黄福华　谢文辉

副主编　周　敏　袁世军　欧阳小迅　王　松　李坚飞

中国财富出版社

图书在版编目（CIP）数据

湖南现代物流发展研究报告．2014/黄福华，谢文辉主编．—北京：中国财富出版社，2016.8
ISBN 978-7-5047-6213-9

Ⅰ．①湖…　Ⅱ．①黄…②谢…　Ⅲ．①物流—研究报告—湖南省—2014　Ⅳ．①F259.276.4

中国版本图书馆CIP数据核字（2016）第162375号

策划编辑　颜学静　　**责任编辑**　颜学静
责任印制　方朋远　　**责任校对**　梁　凡　　**责任发行**　敬　东

出版发行　中国财富出版社（原中国物资出版社）
社　　址　北京市丰台区南四环西路188号5区20楼　　**邮政编码**　100070
电　　话　010-52227568（发行部）　　010-52227588转307（总编室）
　　　　　　010-68589540（读者服务部）　　010-52227588转305（质检部）
网　　址　http://www.cfpress.com.cn
经　　销　新华书店
印　　刷　北京京都六环印刷厂
书　　号　ISBN 978-7-5047-6213-9/F·2626
开　　本　787mm×1092mm　1/16　　**版　　次**　2016年8月第1版
印　　张　15.75　　**印　　次**　2016年8月第1次印刷
字　　数　344千字　　**定　　价**　80.00元

前　言

2013年，国民经济结构调整持续推进、市场倒逼机制效应明显增强，在此背景下，我国物流发展形势总体良好、稳中有进。物流需求规模保持较快增长，但是增速减缓、物流服务价格低位震荡、物流企业盈利能力偏弱，经济运行中的物流成本依然较高；物流市场分化明显，物流行业转型升级加快。

2013年，湖南省面对严峻的经济下行压力、持续高温干旱等多重困难，省委、省政府领导全省人民认真贯彻落实中央的决策部署，坚持稳中求进的工作总基调，大力促进“三量齐升”、全面推进“四化两型”，以分类指导全面建成小康社会为总揽，统筹稳增长、调结构、促改革、惠民生等工作，全省经济社会发展稳中有进、稳中向好、稳中提质。

2013年，湖南铁路、道路、水运、航空和管道等综合交通运输体系进一步完善，运输能力明显提升，交通投资为全省稳增长做出重要贡献。全年完成投资723.09亿元，建设目标全面实现。湖南物联网具有较好的发展优势和潜力。一是有较强的研发力量。湖南既有国防科大、湖南大学等一批从事物联网研发的知名高校，又有中电48所、中联重科等一批科研院所和骨干企业，以企业为主体的产学研合作机制初步形成。二是有一批重大项目支撑。全省实施了“国家863传感器网络”“物联网在交通运输领域的应用”等一批重大课题研究，国家11个物联网发展专项等重大专项项目在湖南落地。三是有较好的产业基础。“数字湖南”战略加快推进实施。近3年来，全省电子信息制造业和软件服务业保持了30%以上的年均增长速度，为全省物联网产业发展和应用奠定了较好基础。

专业化物流企业快速成长，现代物流业发展的主体进一步壮大。一是传统运输、仓储企业加快改制或改造步伐，积极向第三方物流企业转化。2013年，全省工商注册的物流法人企业3100多家。全省有117家企业通过国家标准的A级物流企业评估认定，73家企业被授予全省物流行业“诚信经营”示范单位称号，120家物流企业主营收入过亿元，有6家企业年物流收入超过10亿元。

从全球经济发展的情况来看，物流已经成为企业新的利润增长点，也是一个国家和地区经济增长的新动力和源泉。和国外发达国家相比，尽管我国的物流业发展取得了很大的进步，但依然还存在着很大的差距。造成这种差距的原因，除了受当前我国经济发展现状的制约外，关键就是我国的物流企业竞争力不足。因此，展开对物流竞争力的研究就成为了当前经济发展的一个很迫切的任务。

发展城市物流是城市发展经济的新增长点。现代物流从纵向看，涉及运输、储存、装卸、搬运、包装、流通加工、配送、信息处理，以及为以上各个环节提供装备和配套服务的诸多领域，其本身就是一个庞大的系统；从横向看，物流服务是涉及国民经济各个方面的跨行业、跨部门、跨地区的基础性产业，具有强大的经济渗透带动效应。发展我国城市物流产业，将会带动新一轮物流基础设施、技术改造、技术创新投资；促进城市产业结构、产品结构、企业组织结构的调整与变化；推动流通领域的现代化，提升消费服务水平，有利于扩大内需和提高人民生活质量。城市物流规划最根本目的是实现城市物流发展水平与区域经济发展的匹配。

中国是世界上最早、最成功地组织文书传递的国家之一。从目前发现的有文字记载的商朝算起到中国近代1896年成立的大清邮政的三千多年里，尽管王朝交替、政权更迭，但文书传递却始终保持着相对稳定的状态。湖南邮政管理部门和邮政企业以积极的姿态切入地方经济发展，致力于提供优质、高效、便捷的邮政服务，不断改善服务环境，提升服务能力，积极搭建综合服务平台，在邮政服务发展方面取得成效。

长沙牢牢把握国家现代服务业综合试点的机遇，突破思维定式的藩篱，充分激发企业的创新活力，支持国际、国内知名的农产品冷链物流企业及农产品冷链物流项目入驻长沙，在长沙新建或整合农产品冷链物流设施；支持全程可追溯冷链物流配送体系建设项目；支持区域性农产品冷链物流公共信息平台项目。试点目标：通过一批从产到销的农产品物流重点项目的建设和实施，加快推进整个农产品供应链的功能完善，改善仓储条件，优化配送体系，推进信息共享，保障质量安全，逐步建成布局合理、设施装备先进、上下游衔接配套、功能完善、运行管理规范、技术标准体系健全的农产品冷链物流服务体系。探索形成一套在全国领先的标准化、专业化、信息化的农产品冷链物流长沙新模式。

鉴于此，本研究报告包括全省物流总体发展篇、区域物流发展篇和物流热点篇。研究报告主要是在湖南省2013年物流业发展相关数据基础上撰写而成。全书的完成是全体研究人员共同努力的结果：周敏博士研究编写了第一、第四、第八章，欧阳小迅博士研究编写了第二章，袁世军老师研究编写了第三、第五、第六、

第九章，李坚飞博士编写了第七章。湖南商学院工商管理学院院长黄福华教授和湖南粮食集团董事长谢文辉对研究报告进行了总纂定稿。

在报告撰写过程中，以湖南省各政府网站公布的相关信息为依据，我们参阅了大量同行专家的有关论著，借鉴和吸收了相关专家、学者的研究成果，在此一并衷心感谢。由于作者水平有限，报告中存在的不足和不当之处，恳请各位专家学者和广大读者批评指正。

作 者

2015 年 12 月

目　　录

全省物流总体发展篇

区域物流发展篇

物流热点篇

全省物流总体发展篇

第一章　2013年湖南现代物流发展现状与对策

随着国民经济的快速发展，以及在电子商务的推动下，社会上对物流的需求显著增加。虽然我国物流起步较慢，但是经过近些年的发展，在规模和发展模式上都有了长足的进步，未来的发展前景依然广阔，同时，竞争也将更为激烈。如今，我国许多地方政府正在积极筹划发展现代物流产业，把物流作为经济发展的支柱产业和新的经济增长点。我国物流社会化、专业化水平在不断提高，第三方物流企业在加速发展，物流业已成为国民经济的重要产业。湖南正处于加快发展时期，经济总量不断扩大、产业发展水平不断提高、产业结构不断优化、人民生活不断改善，现代物流业是湖南实现跨越式发展的重要支撑。

一、2013年全国物流发展状况、趋势及挑战

（一）全国物流业发展整体概况

1. 社会物流总额较快增长

2013年全国社会物流总额197.8万亿元，按可比价格计算，同比增长9.5%，增幅比2012年回落0.3个百分点。分季度看，1季度增长9.4%，上半年增长9.1%，前三季度增长9.5%，呈现由“稳中趋缓”向“趋稳回升”转变的态势，全年总体保持较快增长。

从构成情况看，工业品物流总额181.5万亿元，同比增长9.7%，增幅比2012年回落0.3个百分点。进口货物物流总额12.1万亿元，同比增长6.4%，增幅比上年回落1.3个百分点。农产品物流总额同比增长4%，增幅比上年回落0.6个百分点。

在社会物流总额增速减缓的同时，物流市场分化明显。一方面，受国内经济增速放缓和产能过剩等因素影响，钢铁、煤炭等大宗商品物流市场持续低迷，行业陷入深度调整；另一方面，受内需扩大的带动，快速消费品、食品、医药、家电、电子等与居民消费相关的物流市场保持较高增长。受电子商务和网络购物快速增长带动，单位与居民物品物流总额保持快速增长态势，同比增长30.4%，增幅比2012年加快6.9个百分点；受绿色经济、低碳经济和循环经济快速发展带动，再生资源物流总额快速增长，同比增长20.3%，增幅比上年加快10.2个百分点。

2. 社会物流总费用增幅放缓

2013 年，社会物流总费用 10.2 万亿元，同比增长 9.3%，增幅较上年同期回落 2.1 个百分点。社会物流总费用与 GDP 的比率为 18.0%，与上年基本持平。反映出我国经济社会运行的物流成本仍然较高。

其中，运输费用 5.4 万亿元，同比增长 9.2%，增幅较 2012 年回落 1.5 个百分点；占社会物流总费用的比重为 52.5%，与 2012 年基本持平。运输费用中，受市场需求减弱影响，道路与水路运输费用增速回落，全年同比分别增长 9.9%和 1.1%，增幅较 2012 年分别回落 2.7 个和 0.9 个百分点；而受铁路改革提价带动，铁路运输费用增速明显回升，全年同比增长 14.3%，增幅较 2012 年大幅回升 8.6 个百分点。

保管费用 3.6 万亿元，同比增长 8.9%，增幅较 2012 年回落 2.9 个百分点；占社会物流总费用的比重为 35.0%，同比下降 0.2 个百分点。保管费用中，受利率下调影响，利息费用同比增长 8.7%，增幅较 2012 年回落 4.7 个百分点；仓储费用同比增长 9.2%，增幅较 2012 年回落 2 个百分点。

管理费用 1.3 万亿元，同比增长 10.8%，增幅较 2012 年回落 2.3 个百分点；占社会物流总费用的比重为 12.5%，同比提高 0.2 个百分点。

3. 社会物流总收入平稳增长

2013 年社会物流总收入 7.2 万亿元，同比增长 9.2%。随着我国现代物流业的快速发展，物流社会化、专业化分工加快，产业细分更加深入，我国专业物流市场规模进一步扩大。

然而，与社会物流总费用相比，社会物流总收入仅相当于社会物流总费用的 70.5%，物流总收入增幅低于物流总费用增速 0.1 个百分点。此外，受物流服务价格长期偏低、物流经营成本逐步攀高的影响，物流企业生存压力一直较大，长期处于“价低利薄”的发展境地，不利于企业做大做强和可持续发展。

4. 物流业增加值保持平稳增长

2013 年，我国物流业增加值 3.9 万亿元，可比增长 8.5%，增幅较 2012 年半年回升 1.1 个百分点，但较 2012 年同期回落 0.7 个百分点。物流业增加值占 GDP 的比重为 6.8%，占服务业增加值的比重为 14.8%。

其中，交通运输物流业增加值 2.8 万亿元，可比增长 7.2%，增幅较上半年回升 1.3 个百分点，较 2012 年同期回落 1.5 个百分点；贸易物流业增加值 7256 亿元，增长 9.5%，增幅较 2012 年回升 0.4 个百分点，较 2012 年同期回落 0.3 个百分点。仓储物流业和邮政物流业增加值分别增长 9.2%和 33.8%，增幅较 2012 年分别回升 2.4 个和 7.1 个百分点。

5. 物流服务价格低位震荡

2013 年，受经济增速放缓、市场需求回落等诸多因素影响，物流价格保持低位运行。其中，海运市场低位震荡，公路运输市场保持相对平稳。据中国物流业景气指数（LPI）显示，物流服务价格指全年都在 50%的临界水平上下波动，平均为 50.6%，较 2012 年平均水平上升仅 0.5 个百分点，显示出物流服务价格上升动力不足。从海运市场来看，2013 年前 11 个月，中国沿海干散货运价指数累计平均都较上年同期有所下降。而 1—12 月，该指数累计平均为 1101.0 点，同比增长 0.2%，累计平均价格由下降转为略有上升。

6. 企业盈利能力偏弱

中国物流业景气指数中，2013 年 12 月的主营业务利润指数为 50.3%，该指数全年平均为 50.6%，保持在较低水平。据重点物流企业调查显示，1—11 月，重点物流企业主营业务收入同比增长 5.3%，主营业务收入利润率为 4.1%，较 2012 年同期下降了 0.9 个百分点，且低于同期的规模以上工业企业主营业务利润率 1.4 个百分点。两组数据都反映出我国重点物流企业盈利能力较弱。

7. 行业转型升级加快

在物流需求规模增速减缓、市场倒逼机制效应明显增强的背景下，物流企业业务调整的动力增强，行业转型升级步伐加快。物流专业服务能力增强，供应链管理有新的发展，快递速运、物流平台、一体化物流、供应链管理等已经成为行业新的增长点。

一是供应链管理有新的发展。物流业与制造业、流通业和金融业等多业联动进一步深化，供应链管理迎来快速发展新时期。首先，制造企业、商贸企业的一体化物流与供应链管理需求逐步显现，为物流与供应链的发展奠定了市场基础，制造、商贸、金融与物流联动发展的内生动力增强。其次，部分物流企业积极地由物流服务商向供应链管理提供商转变。部分物流企业以大宗商品物流需求增速回落为契机，低成本整合资源，主导构建供应链、提供全方位一体化服务。

二是快递速运迅猛发展。在国民经济增速回落、传统大宗商品物流市场疲软的背景下，以“便捷、高效”为特点的快递物流“一枝独秀”。2011 年 3 月以来，快递业务量增速连续 33 个月保持在 50%以上；2013 年以来，各月累计增速均保持在 60%以上。2013 年全年，全国规模以上快递服务企业业务量累计完成 91.9 亿件，同比增长 61.6%。

三是物流平台创新发展。长期以来，我国物流发展面临集中度低、信息化程度低、物流资源分散等制约，伴随着社会各方对物流要求的提升和物流市场本身竞争的加剧，物流平台得到创新发展，与电商平台融合发展。物流平台以网络为基础，以信息平台和第三方支付为手段，发现和创造商机，形成撮合交易的平台，是融合制造业和服务业的新经济模式，能够整合产品资源、客户资源、物流资源、信息资源，对能够有效解决物流行业长期以来“小散乱差”的问题，对于提升物流效率、减少物流环节、降低物流成本具有重要意义。

四是物流网络化和一体化加快发展。伴随着物流市场竞争加剧，物流网络化布局和一体化物流提供能力成为核心竞争力，行业内龙头企业借助信息化技术和行业物流资源整合，纷纷优化网络布局、延伸网络布局和覆盖范围，提高一体化物流能力，为减小物流环节、节约物流成本起到了积极地推动作用。

2013年，国民经济结构调整持续推进、市场倒逼机制效应明显增强，在此背景下，我国物流发展形势总体良好、稳中有进。物流需求规模保持较快增长但增速减缓、物流服务价格低位震荡、物流企业盈利能力偏弱，经济运行中的物流成本依然较高；物流市场分化明显，物流行业转型升级加快。展望2014年，伴随着改革红利释放和新型城镇化进程加快，市场活力和经济内生增长动力进一步增强，宏观经济将延续“稳中向好”发展态势。在此背景下，物流业整体上将保持平稳运行态势，物流转型升级继续推进。其中，钢铁、煤炭等大宗商品物流需求增速难有明显回升；而快递速运、物流平台、一体化物流、供应链管理等物流业态有望保持快速增长。

（二）2013年全国物流业面临的发展问题

1.“社会物流成本偏高”与“物流企业盈利偏低”相并存

当前，我国物流发展面临的核心问题是物流费用高、效率低，导致“社会物流成本偏高”与“物流企业盈利能力偏低”相并存。近年来，全社会物流总费用与GDP的比率维持在18%左右，难以下降。这一比率高于美国、日本和德国9.5个百分点左右；高于全球平均水平约6.5个百分点；高于“金砖”国家印度和巴西5～6个百分点。但与此同时，全社会物流企业收入增速低于全社会物流费用增速，物流企业普遍盈利能力偏低。2013年1—11月，重点物流企业主营业务收入利润率仅为4.1%，低于同期的规模以上工业企业主营业务利润率1.4个百分点。

我国物流费用偏高已经形成共识，但费用偏高是由多种因素造成的，既有合理的因素，也有不合理的因素；既与我国经济发展阶段、产业布局相关，也与物流自身发展密切相关。

首先，经济发展阶段是物流费用偏高的基础性原因。目前，我国总体上仍处于工业化中期阶段，服务业欠发达、工业产品附加值偏低，是现阶段经济发展的基本特征，这也是我国物流费用高于美国和日本，甚至高于印度和巴西的基础性原因。

从产业结构来看，我国第一、第二产业占比高而第三产业占比低。第三产业增加值占GDP的比重不仅远低于美国和日本70%以上的水平，也低于巴西60%以上的水平，导致经济发展的物耗和能耗偏高，引致物流需求规模偏大。从产业布局来看，由于上游能源资源和部分下游产业逆向分布，一些高能耗、高物耗产业不能按照地区比较优势布局，致使煤炭等大宗商品长距离、大规模运输，导致我国货物周转量明显偏高。

各行业内企业物流费用占销售额的比重是反映物流费用高低的另一个重要指标。据中国物流信息中心的重点企业调查，2012 年，我国工业、批发和零售业企业物流费用占销售额的比重为 8.6%，高于日本调查企业 3.9 个百分点，高于美国调查企业 0.7 个百分点。其中，工业企业为 9.2%，批发零售业企业为 7.8%。

从行业层面看，我国企业物流费用占销售额的比重与美国的差距较小，差距在 1 个百分点以内；而从宏观层面看，我国物流费用与 GDP 的比率高于美国 9.5 个百分点左右。这就说明，在生产力发展水平上，我国与美日等发达国家相比差距较大，实现同样多的商品销售额、耗费同样多的物流费用，但所创造的增加值明显偏低，从而导致物流费用与 GDP 的比率偏高。

其次，生产方式粗放是我国物流费用偏高的重要原因。当前，我国已进入过剩经济时代，与此相应，消费模式也逐渐从单纯追求温饱型或数量型，向追求消费价值多元化、个性化转变。但生产方式仍以“大批量、规模化”为主，导致产需不能有效衔接、资源周转偏慢、社会库存居高不下。

国际上，日本在 20 世纪 50 年代就出现了准时制精益生产模式，将企业生产流程与市场需求有效整合；美国在 20 世纪 90 年代实现了柔性化敏捷制造模式，以有效协调的方式响应客户需求。生产方式的变革大幅降低了美、日等国企业的库存水平，显著地降低了物流费用。2012 年，我国工业企业存货率为 9.4%，远高于日本等发达国家 5%的水平。因而，降低物流费用需要切实转变生产方式。

最后，流通模式粗放与物流费用偏高密切相关。流通模式粗放，突出表现在两个方面。一是以供应链为主的现代流通体系建设进展相对缓慢。社会物流资源缺乏有效整合、不能集约使用，导致物流效率偏低、费用偏高。2012 年，根据中国物流信息中心的重点企业调查，我国企业对外支付的物流费用占企业物流总费用的比重为 61.0%，低于日本约 9 个百分点，差距较为明显。二是物流一体化建设相对滞后。社会资源周转慢、环节多、费用高。例如，我国海铁联运比例远远低于全球平均水平，目前国际上港口集装箱的海铁联运比例通常在 20%左右，美国为 40%，而我国仅为 2.6%左右。我国工业企业流动资产周转次数为不到 3 次，远低于日本和德国 9～10 次的水平。

2. “物流围城”和“最后一公里”问题依然突出

一是仓储等物流基础设施资源紧缺。随着城市化进程加快，物流仓储设施、配送中心设施不断外迁，配送半径不断增加；由于缺乏科学的城市物流规划，致使城市周边仓库、货场供给不足，仓储租金不断提高，增加了物流成本，降低了物流运行效率。

二是城市内配送效率低下。在现行的大城市物流管理中，由于把货运车辆作为城市交通的拥堵源之一进行管控，导致“路难行、车难停、货难卸、证难求”的问题长期存在。

3. 物流行业税收负担偏重

据中国物流与采购联合会的调查资料显示，2008—2012年，样本企业五年间平均税收负担水平为20.19%，高于全国同期宏观税负水平1.93个百分点。

“营改增”的实施，有利于促进物流一体化运行，但物流企业整体税负水平不降反升。出现这种现象的主要原因有，服务于小微型企业的物流企业无法得到增值税进项抵扣发票；铁路运费细化改革后，电气化费和分流费无法抵扣；物流行业属于轻资产行业，可抵扣项目较少；物流企业的人工成本占经营成本的绝大部分，而在增值税体制下，人工成本得不到抵扣；增值税补贴速度较慢，等等。

此外，土地使用税减半征收政策落实不够、地区执行标准差异明显，部分符合资格的物流企业没有享受到土地使用税减半征收优惠政策。对于物流园区的相关土地设施征收房产税，加重了企业税负负担。

4. 物流企业融资困难、物流市场竞争日趋激烈

一方面，物流企业多属于轻资产企业，取得抵押贷款较难，资金不足制约了物流业的快速发展；另一方面，风险资本、制造业资本、商贸资本开始大量进入物流行业，发展物流园区和仓储基地，物流市场竞争日趋激烈；同时，也存在“炒地皮”、抬高土地价格等非真实性物流投资现象，对已有物流企业造成较大冲击。

（三）2014年物流发展形势预测

2014年，世界经济将延续缓慢复苏态势，发达经济体稳健复苏，我国经济运行面临的外需市场将有所改善。而在国内，从经济发展的中长期趋势来看，当前经济仍处于调整过程中，企业经营模式的转变、产业结构的调整仍将继续，经济运行仍存在一定的下行压力，但从多方面来看，经济平稳增长的基础更为坚实。

1. 2014年物流业整体发展趋势

一是政策效应与改革红利将进一步释放。2013年已出台的一系列稳增长的政策效应在2014年进一步显现。十八届三中全会、中央经济工作会议以后，以简政放权、增强内生增长动力、激发市场活力为目标的各项改革措施会陆续推进。

二是需求增长具有新的支撑。从投资来看，虽然房地产投资呈现出由快速增长回归适度较快增长的趋势，政府对投资的主导作用还会进一步下降，但在新型城镇化加快发展过程中，铁路、城市地铁和公共设施、环境治理、网络宽带等领域存在较大投资潜力；简政放权、放宽准入，有利于激发民间投资热情。在这些支撑因素作用下，预计投资增速不会出现明显回落。从消费来看，随着收入分配改革推进，加上电子商务、信息网络等持续完善，消费结构逐步改善。预计2014年社会消费品零售总额保持较快增长，对经济增长的贡献将会有所上升。从出口来看，虽然人民币对美元升值压力将在一定程度上削弱我国出口产品竞争力，但多种迹象显示，2014年世界经济将延续温和增长态势，我国外需市场

状况将小幅改善，加之上海自贸区建设等因素，预计2014年出口形势稳中趋升。

综合上述因素判断，2014年经济运行将呈现一“稳”一“好”两个基本特点。“稳”是经济增长底部趋稳，预计增速在7.5%左右。“好”主要体现在，伴随着改革深入推进，经济的内生增长动力增强，市场活力提高，经济运行的稳定性、协调性增强；经济结构进一步调整优化，新兴产业加快发展，新的增长点加快形成。

在此背景下，物流业整体上将保持平稳运行态势，物流转型升级继续推进。“增速减缓、调整加快、分化明显”仍将是物流运行的主基调。其中，钢铁、煤炭等大宗商品物流需求仍将较为疲软，增速难有明显改善，而快递速运、物流平台、一体化物流、供应链管理等高端物流业态有望保持快速增长。预计全社会物流总额，按可比价格计算，增长9%左右。

2.2014年全国物流业发展转型分析

基于此，物流相关企业应该密切关注市场变革和政府改革，关注平台型网络化、技术型电商化、专业型一体化等新的物流运作模式，着力于三个转变。

一是由“规模速度型”向“质量效益型”转变。伴随着市场竞争加剧，传统的依靠规模扩张获取增量收益的盈利模式受到挑战，物流业由规模速度型向质量效益型转变势在必行，具体体现为“五化”，企业品牌化、网络合理化、运营信息化、服务精益化、经营规范化。

二是由“物流服务商”向“供应链服务商”转变。国际上物流发展经历了实物配送、综合物流和供应链管理三个阶段，当前，国际物流巨头都以物流为基础，为合作企业提供有效的供应链管理解决方案、为跨国公司提供“一站式快递服务解决方案”。因此，通过拓展物流服务功能、由“物流服务商”向“供应链服务商”转变是物流企业获取可持续竞争力的重要手段。

三是由“独立扩张”向“联动发展”转变。当前，物流企业与制造、商贸、金融企业走向深度融合，国内市场和国际市场一体化加快，在此背景下，物流企业要做大做强、乃至实现跨国发展，就需要和生产制造企业、商贸流通企业联动发展。通过建立战略联动关系，共同实施扩张战略和走出去战略，实现合作共赢。同时，物流业内部也应加强整合，提升物流资源利用效率。

二、2013年湖南现代物流产业发展的经济社会环境分析

（一）经济平稳快速发展

2013年，面对严峻的经济下行压力、持续高温干旱等多重困难，省委、省政府领导全省人民认真贯彻落实中央的决策部署，坚持稳中求进的工作总基调，大力促进“三量齐

升”、全面推进“四化两型”，以分类指导全面建成小康社会为总揽，统筹稳增长、调结构、促改革、惠民生等工作，全省经济社会发展稳中有进、稳中向好、稳中提质。

全省地区生产总值 24501.7 亿元，比 2012 年增长 10.1%。其中，第一产业增加值 3099.2 亿元，增长 2.8%；第二产业增加值 11517.4 亿元，增长 10.9%；第三产业增加值 9885.1 亿元，增长 11.4%。按常住人口计算，人均地区生产总值 36763 元，增长 9.3%。2008—2013 年湖南省 GDP 统计如图 1-1 所示。

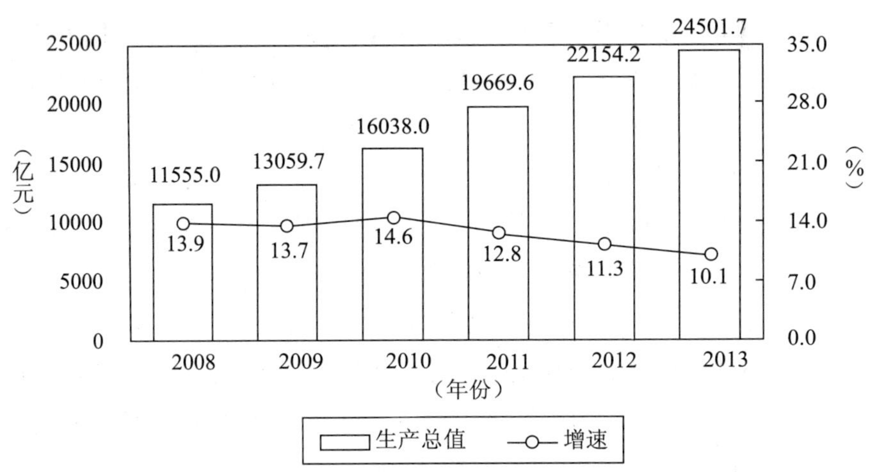

图 1-1　2008—2013 年湖南省 GDP 统计

全省三次产业结构为 12.7∶47.0∶40.3。工业增加值占地区生产总值的比重为 40.8%，比 2012 年下降 0.4 个百分点；高新技术产业增加值占地区生产总值的比重为 16.3%，比 2012 年提高 1.3 个百分点。第一、第二、第三产业对经济增长的贡献率分别为 3.5%、51.9%和 44.6%。其中，工业增加值对经济增长的贡献率为 46.4%；生产性服务业增加值对经济增长的贡献率为 20.8%。非公有制经济增加值 14186.1 亿元，增长 11.5%，占地区生产总值的比重为 57.9%。按区域分，长株潭城市群生产总值 10539.2 亿元，比 2012 年增长 11.5%；环长株潭城市群生产总值 19645.4 亿元，增长 11%；湘南地区生产总值 5016.7 亿元，增长 10.3%；大湘西地区生产总值 3141.2 亿元，增长 8.8%；洞庭湖生态经济区生产总值 6246.1 亿元，增长 10.5%。

（二）农业稳步发展

第一产业中，农业实现增加值 1909.6 亿元，比 2012 年增长 2.8%；林业增加值 212.8 亿元，增长 6.0%；牧业增加值 666.2 亿元，增长 0.6%；渔业增加值 201.7 亿元，增长 6.3%。

全省粮食播种面积 493.7 万公顷，比 2012 年增长 0.6%；棉花种植面积 16.0 万公顷，下降 7.3%；糖料种植面积 1.4 万公顷，下降 1.6%；油料种植面积 138.3 万公顷，增长 4.6%；蔬菜种植面积 128.4 万公顷，增长 3.6%。

全省粮食总产量比 2012 年减产 2.7%，油料增产 8.0%，棉花减产 21.0%，茶叶增产 7.9%，蔬菜增产 3.5%，烤烟增产 7.0%，猪、牛、羊肉类增产 1.1%，禽蛋增产 0.4%，牛奶增产 4.7%，水产品增产 6.3%。

全年新增农田有效灌溉面积 1.7 万公顷，新增节水灌溉面积 1.4 万公顷；开工各类水利工程 6.1 万处，投入资金 240.0 亿元，完成水利工程土石方 8.0 亿立方米；病险水库除险加固主体完工 1200 座；农村公路建设 8056 千米。

（三）工业加快发展

工业继续保持加快发展态势。全省全部工业增加值 10001.0 亿元，比上年增长 11.1%。规模以上工业增加值增长 11.6%。规模以上工业新产品产值增长 23.2%，占工业总产值比重为 13.1%，比 2012 年提高 1 个百分点。规模以上高加工度工业和高技术产业增加值分别增长 14.1%和 27.3%；增加值占规模以上工业的比重分别为 35.6%和 9.0%，比 2012 年提高 1 个和 1.5 个百分点。六大高耗能行业增加值增长 12.8%，占规模以上工业的比重为 31.6%。非公有制规模以上工业增加值增长 14.7%。长株潭城市群规模以上工业增加值增长 13.2%，环长株潭城市群增长 12.5%，湘南地区增长 12.0%，大湘西地区增长 9.4%，洞庭湖生态经济区增长 12.1%。2008—2013 年全部工业增加值及其增长速度如图 1-2 所示。

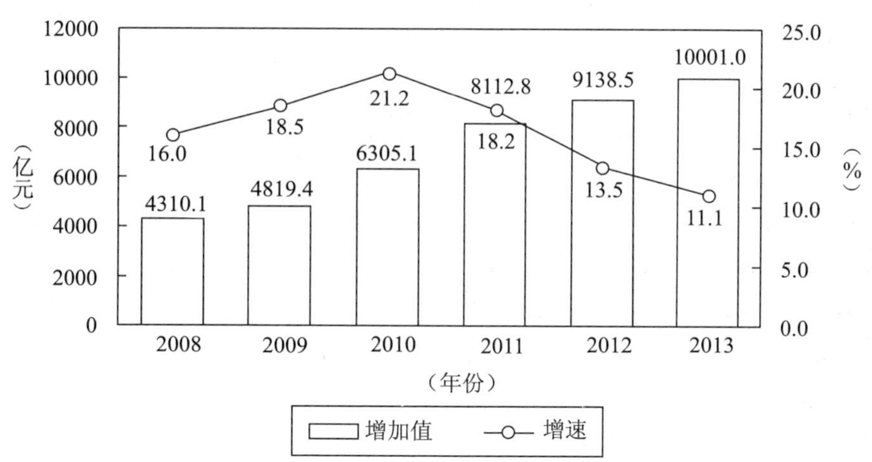

图 1-2　2008—2013 年全部工业增加值及其增长速度

全省规模以上工业统计的主要工业产品中，产量增长的有 272 种，占产品总数的比重为 66.3%。发电量 1277.2 亿千瓦时，增长 6.5%；平板玻璃 1832.8 万重量箱，增长

1.6%；原油加工量 945.1 万吨，增长 3.5%；水泥 11264.7 万吨，增长 9.2%；钢材 1977.9 万吨，增长 6.5%；十种有色金属 301.4 万吨，增长 9.8%；汽车 46.0 万辆，增长 78.6%。如表 1-1 所示。

表 1-1　　2013 年规模以上工业主要产品产量及其增长速度

指　　标	计量单位	绝对数	比上年增长（%）
原盐	万吨	256.9	1.3
大米	万吨	1198.5	1.4
饲料	万吨	1534.9	9.6
精制食用植物油	万吨	279.7	1.5
卷烟	亿支	1862.1	1.3
机制纸及纸板	万吨	421.4	−8
原油加工量	万吨	945.1	3.5
硫酸（折 100%）	万吨	309.7	9.2
烧碱（折 100%）	万吨	75	3.8
合成氨	万吨	152.3	−4.4
农用化学肥料（折纯）	万吨	134.6	−21.5
水泥	万吨	11264.7	9.2
平板玻璃	万重量箱	1832.8	1.6
生铁	万吨	1739.8	2
粗钢	万吨	1840.4	4.8
钢材	万吨	1977.9	6.5
十种有色金属	万吨	301.4	9.8
白银	吨	7190.2	24.9
起重机	万吨	138	−5.9
混凝土机械	万台	7.1	−8.3
汽车	万辆	46	78.6
其中：轿车	万辆	31.8	95.2
发电设备	万千瓦	135.9	41.9
交流电动机	万千瓦	1797.2	9.8
电子元件	万只	656.3	25.2
变压器	万千伏安	10074.1	−2.3
发电量	亿千瓦时	1277.2	6.5

规模以上工业企业实现主营业务收入比上年增长13.7%；盈亏相抵后实现利润1585.1亿元，增长19.2%。其中，国有企业实现利润189.9亿元，增长33.6%；集体企业实现利润20.7亿元，增长19.3%；股份合作制企业实现利润9.4亿元，增长9.6%；股份制企业实现利润991.7亿元，增长18.0%；外商及中国港澳台商投资企业实现利润128.8亿元，增长17.1%；其他内资企业实现利润244.6亿元，增长16.1%。规模以上工业全部大类行业均整体实现盈利。利润总额居前五位的是专用设备制造业、非金属矿物制品业、化学原料和化学制品制造业、烟草制品业、农副食品加工业，分别实现利润164.3亿元、134.7亿元、125.6亿元、118.6亿元和97.5亿元。

(四) 固定资产投资增速快，结构优化

全省固定资产投资（不含农户）18381.4亿元，比2012年增长26.1%。按城乡分，城镇投资16211.1亿元，增长22.8%；农村投资2170.3亿元，增长57.9%。按经济类型分，国有投资5574.4亿元，增长21.7%；非国有投资12807.0亿元，增长28.1%；民间投资11477.5亿元，增长29.9%。按投资方向分，民生投资1088.0亿元，增长1.1倍；生态投资618.1亿元，增长44.9%；基础设施投资4147.2亿元，增长25.6%；高新技术产业投资705.1亿元，增长17.8%；技改投资6969.9亿元，增长23.8%；战略性新兴产业投资4206.0亿元，增长35.5%。按区域分，长株潭城市群固定资产投资7313.6亿元，增长21.9%；环长株潭城市群投资13150.4亿元，增长26.6%；湘南地区投资3985.7亿元，增长34.4%；大湘西地区投资2406.0亿元，增长33.0%；洞庭湖生态经济区投资3711.8亿元，增长32.5%。如表1-2所示。

表1-2　　2013年各行业固定资产投资及其增长速度

指　　标	投资额（亿元）	比上年增长（%）
固定资产投资（不含农户）	18381.4	26.1
第一产业	633.9	35.4
第二产业	8080.7	27.6
其中：采矿业	647.6	16.3
制造业	6668	30.2
电力、燃气及水的生产和供应业	610.9	20.2
建筑业	154.2	5.5
第三产业	9666.9	24.3
其中：批发和零售业	592.1	38.2
交通运输、仓储和邮政业	1381.9	10.4

续　表

指　　标	投资额（亿元）	比上年增长（%）
住宿和餐饮业	247.1	29.3
信息传输、软件和信息技术服务业	93.1	51.8
金融业	57.8	24
房地产业	3323.1	16.3
租赁和商务服务业	359.5	20.2
科学研究和技术服务业	139.6	15.5
水利、环境和公共设施管理	2099.6	40.2
居民服务、修理和其他服务业	86.4	17.3
教育	302.3	34.6
卫生和社会工作	172.4	43.6
文化、体育和娱乐业	200.6	68.8
公共管理、社会保障和社会组织	611.4	25.8

全省施工项目共有35864个，2013年投产项目24329个。亿元以上项目2730个，完成投资4909.2亿元，占全部投资的比重为26.7%；年末高速公路通车里程5084千米，比2012年年末增加1116千米。

（五）国内贸易繁荣，物价稳中有升

全省社会消费品零售总额8940.6亿元，比上年增长13.8%。按经营地分，城镇零售额8033.5亿元，增长13.9%；乡村零售额907.1亿元，增长13.3%。按区域分，长株潭城市群零售额3860.3亿元，增长14.1%；环长株潭城市群6843.0亿元，增长14.0%；湘南地区1732.9亿元，增长13.5%；大湘西地区1137.8亿元，增长13.4%；洞庭湖生态经济区1975.9亿元，增长13.9%。

限额以上法人批发和零售业商品零售额3494.9亿元，比2012年增长16.3%。其中，粮油、食品、饮料、烟酒类零售额增长21.3%，服装、鞋帽、针纺织品类增长14.8%，金银珠宝类增长40.0%，日用品类增长19.7%，家用电器和音像器材类增长23.8%，石油及制品类增长9.8%，汽车类增长18.3%。如表1-3所示。

表1-3　　2013年社会消费品零售额及其增长速度

指　　标	零售额（亿元）	比上年增长（%）
社会消费品零售总额	8940.6	13.8

续　表

指　　标	零售额（亿元）	比上年增长（%）
按经营地分		
其中：城镇	8033.5	13.9
乡村	907.1	13.3
按限额类别分		
其中：限额以上	4501.2	18.4
限额以下	4439.4	9.6
限额以上法人批发和零售业商品零售额	3494.9	16.3
其中：粮油、食品、饮料、烟酒类	396.3	21.3
服装、鞋帽、针纺织品类	273	14.8
化妆品类	43.1	23.1
金银珠宝类	63.5	40
日用品类	99.1	19.7
五金、电料类	28.4	28.3
体育、娱乐用品类	7.6	10.8
书报杂志类	63.4	17.1
电子出版物及音像制品类	3.6	25.1
家用电器和音像器材类	237.7	23.8
中西药品类	222.7	11.8
文化办公用品类	51	24
家具类	22.9	30.9
通信器材类	35.2	5.5
煤炭及制品类	51.2	13.3
石油及制品类	782	9.8
建筑及装潢材料类	51.9	5.5
机电产品及设备类	21.3	11.7
汽车类	953.4	18.3

全省居民消费价格比2012年上涨2.5%。其中，城市上涨2.6%，农村上涨2.5%。商品零售价格上涨1.7%。工业生产者出厂价格下降1.5%，工业生产者购进价格下降1.6%。固定资产投资价格上涨1.3%。农产品生产价格上涨2.1%，农业生产资料价格上涨2.3%。如表1-4所示。

表 1－4　　2013 年居民消费价格比 2012 年涨跌幅度

指　　标	比 2012 年上涨（%）
居民消费价格	2.5
其中：食品	4.2
烟酒	3.1
衣着	2.3
家庭设备用品及服务	1.8
医疗保健及个人用品	1.7
交通和通信	0
娱乐教育文化用品及服务	2.1
居住	1.8

（六）对外经济发展迅速

全省进出口总额 251.6 亿美元，比上年增长 14.7%。其中，出口 148.2 亿美元，增长 17.6%；进口 103.4 亿美元，增长 10.7%。从贸易方式看，一般贸易出口 101.1 亿美元，增长 16.8%；加工贸易出口 45.0 亿美元，增长 17.4%。从重点商品看，机电产品出口 57.7 亿美元，增长 13.4%，占出口总额的比重为 38.9%；高新技术产品出口 16.6 亿美元，增长 20.0%，占出口总额的比重为 11.2%；农产品出口 8.8 亿美元，增长 24.2%。如表 1－5 所示。

表 1－5　　2013 年进出口总额及其增长速度

指　　标	绝对数（亿美元）	比上年增长（%）
进出口总额	251.6	14.7
出口	148.2	17.6
按贸易方式分		
其中：一般贸易	101.1	16.8
加工贸易	45	17.4
按重点商品分		
其中：机电产品	57.7	13.4
高新技术产品	16.6	20
农产品	8.8	24.2
进口	103.4	10.7
按贸易方式分		

续 表

指　　标	绝对数（亿美元）	比上年增长（%）
其中：一般贸易	69.2	4.6
加工贸易	31.6	24.6
按重点商品分		
其中：机电产品	30.8	−12.5
高新技术产品	11.6	−3.4
农产品	4.7	24.5

全省实际利用外商直接投资 87.0 亿美元，比上年增长 19.6%。其中，工业 58.2 亿美元，增长 3.8%。新引进 3000 万美元以上外资项目 36 个。年内引进世界 500 强企业 3 家，截至 2013 年年末，在湘投资的世界 500 强企业 131 家。实际引进境内省外资金 2883.9 亿元，增长 17.0%。其中，工业 1798.9 亿元，增长 15.6%。引进亿元以上境内省外项目 679 个，增长 17.7%；实际到位资金 1269.1 亿元，增长 19.8%。

全省新签对外承包工程、劳务合作和设计咨询合同金额 45.2 亿美元，比上年增长 41.0%；实现营业额 33.0 亿美元，增长 28.3%；外派劳务 6.0 万人，增长 9.3%。新批境外投资企业 168 家，对外合同投资额 15.8 亿美元。

（七）交通和邮电继续稳步发展

全省客货运输换算周转量 5248.6 亿吨·公里，比上年增长 7.0%。货物周转量 4281.9 亿吨·公里，增长 6.9%。其中，铁路周转量 969.5 亿吨·公里，减少 7.1%；公路周转量 2713.1 亿吨·公里，增长 13.4%。旅客周转量 1891.5 亿人·公里，增长 8.2%。其中，铁路周转量 865.7 亿人·公里，增长 7.6%；公路周转量 925.1 亿人·公里，增长 8.3%；民航周转量 98.0 亿人·公里，增长 12.5%。如表 1－6 所示。

表 1－6　　2013 年各种运输方式完成客货运输量及其增长速度

指　　标	单位	绝对数	比上年增长（%）
货运量	万吨	211405.9	10.5
其中：铁路	万吨	4901.4	−8.2
公路	万吨	185073.2	11
水运	万吨	20690.2	10.6
民航	万吨	6.1	4.7
管道	万吨	735	11.8

续 表

指　　标	单位	绝对数	比上年增长（%）
客运量	万人	197591.4	6.7
其中：铁路	万人	9116.8	7
公路	万人	186333.6	6.7
水运	万人	1384.2	2.6
民航	万人	756.8	6.8

2013年年末全省公路线路里程23.5万千米，比2012年年末增长0.6%。2013年年末全省民用汽车保有量397.8万辆，增长16.9%；私人汽车保有量327.2万辆，增长20.6%；轿车保有量194.9万辆，增长23.1%。

全省邮电业务总量539.0亿元，比上年增长10%。其中，邮政业务总量60.3亿元，增长23.8%；电信业务总量478.7亿元，增长8.5%。2013年年末局用交换机总容量869.8万门，减少3.1%。2013年年末固定电话用户923.0万户；移动电话用户4563.3万户，新增256.4万户。2013年年末互联网宽带用户718.1万户，增长15.9%。

（八）和谐湖南建设力度加大

2013年年末全省常住人口6690.6万人。其中，城镇人口3208.8万人，城镇化率47.96%，比上年末提高1.31个百分点。全年出生人口90.0万人，出生率13.50‰；死亡人口46.4万人，死亡率6.96‰；人口自然增长率6.54‰。0～14岁（含不满15周岁）人口1213.7万人，占常住人口的18.14%，比上年末提高0.14个百分点；15～59岁（含不满60周岁）劳动年龄人口4397.8万人，比2012年年末减少10.5万人，占常住人口的65.73%，比上年末下降0.67个百分点；60岁及以上人口1079.1万人，占常住人口的16.13%，比上年末提高0.53个百分点。年末从业人员4035.0万人，比上年末增加15.7万人。如表1-7所示。

表1-7　　2013年年末常住人口数及构成

指　　标	年末数（万人）	比重（%）
常住人口	6690.6	100
其中：城镇	3208.8	47.96
乡村	3481.8	52.04
其中：男性	3451.5	51.59
女性	3239.1	48.41

续　表

指　　标	年末数（万人）	比重（%）
其中：0～14 岁	1213.7	18.14
15～59 岁	4397.8	65.73
60 岁及以上	1079.1	16.13
65 岁及以上	708.4	10.59

全省城镇居民人均可支配收入 23414 元，比上年增长 9.8%；扣除价格因素，实际增长 7.0%；农村居民人均纯收入 8372 元，增长 12.5%；扣除价格因素，实际增长 9.8%。城镇居民人均消费性支出 15887 元，增长 8.7%；农村居民人均生活消费支出 6609 元，增长 12.6%。城镇居民食品消费支出占消费总支出的比重（恩格尔系数）为 35.1%，农村为 38.4%。如图 1－3 所示。

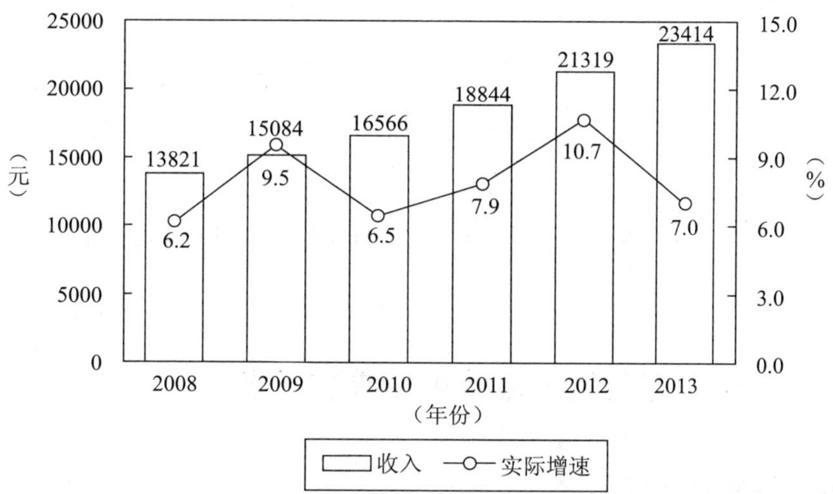

图 1－3　2008—2013 年城镇居民人均可支配收入及其实际增长速度

全省新增城镇就业人员 80.1 万人。年末参加城镇基本养老保险职工人数 1091.7 万人，比上年末增加 43.6 万人。其中，参保职工 762.3 万人，参保离退休人员 329.5 万人。参加城镇基本医疗保险人数 2316.2 万人。其中，城镇职工基本医疗保险参保人数 799.3 万人，城镇居民基本医疗保险参保人数 1517.0 万人。参加失业保险职工人数 461.7 万人，增加 11.8 万人。参加工伤保险职工人数 731.0 万人，增加 37.2 万人。参加生育保险职工人数 535.8 万人，新型农村养老保险登记参保人数 3381.0 万人。参加新型农村合作医疗人数 4729.0 万人（不含长沙），参合率 98.98%。年末领取失业保险金职工人数 12.1 万人。城市低保对象月人均补助 271 元，比上年增加 22 元；农村低保对象月人均补助 119 元，比上年增加 16 元。发放城镇居民最低生活保障经费 47.2 亿元，发放农村居民最低生活保障经费 40.6 亿元。年末各类收养性社会福利单位床位 16.4 万张，收养各类人员 13.8 万人。城镇建立各种社区服务设施 8543 个。其中，综合性社区服务中心 568 个。全年销售社会福利彩票 60.3 亿元，筹集社会福利资金 17.3 亿元；直接接收社会捐赠 3.4 亿元。解决农村 372.6 万人饮水不安全问题，改扩建 205 所乡镇敬老院，支持 12.7 万户农村危房改造，帮助 80.1 万户扶贫对象发展生产，如图 1-4 所示。

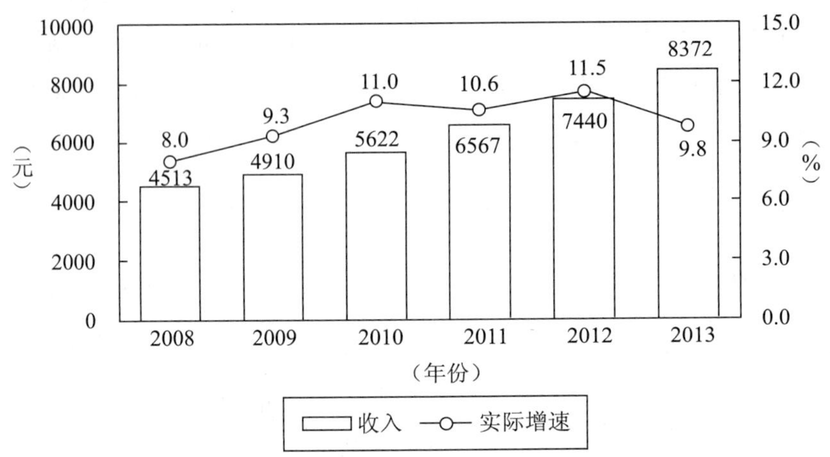

图 1-4　2008—2013 年农村居民人均纯收入及其实际增长速度

三、2013 年湖南现代物流业供给能力分析

（一）物流基础设施建设加快

2013 年，湖南铁路、道路、水运、航空和管道等综合交通运输体系进一步完善，运输能力明显提升，交通投资为全省稳增长作出重要贡献。全年完成投资 723.09 亿元，建设目标全面实现。其中：高速公路完成 462.37 亿元，超额完成原定 1000 千米的通车任务；干线路网完成 131.06 亿元，新改建完成 2000 千米；农村公路完成 77.69 亿元，建设 8000 千米；水运建设完成 33.05 亿元，湘江长沙综合枢纽、土谷塘航电枢纽等水运重大项目顺利推进；道路运输站场完成 18.65 亿元，建成公路客货运站 74 个；信息化建设完成 0.27 亿元。公路水运工程质量总体受控。按照 1∶3 的投入产出比测算，全年交通投资拉动全省 GDP 增长 2100 亿元以上，在全省经济稳增长中发挥了重要作用。

高速公路建设取得重大突破。一是通车里程突破 5000 千米。怀通、炎汝等 13 条高速公路建成通车，新增通车里程1125千米，高速公路通车总里程达到5084千米，从部初步了解排名全国第4位。全年新增高速出省通道6个，总共达到21个；新增通高速县市区14个，全省通高速县市区达到111个。二是重点难点和遗留问题有效解决。采取果断措施妥善解决了益娄、娄衡等困扰交通多年的遗留问题。合理控制高速公路连接线规模，保证主线顺利开工建设。集中调度和重点调度相结合，及时督促解决工程建设中的突出矛盾和问题，保障建设顺利推进。三是建设管理进一步规范。建设市场监管加强，标准化施工深入推行，工程质量稳步提升，受到部好评。四是路网布局和结构更趋合理。《湖南省高速公路规划网（修编）》、《湖南省国家公路网线位规划》进入报批程序，“五纵六横”高速路网主骨架基本形成。如表1－8所示。

表1－8　　2000—2013年湖南交通基础设施情况

年份	铁路营业里程（千米）	复线里程	公路里程（千米）	高速公路	内河航道（千米）	民用汽车拥有量（万辆）
2000	2924	1836	60848	449	10041	46.10
2001	2894	1282	66593	585	10041	50.43
2002	2829	1282	84808	1012	10041	57.67
2003	2771	1273	85233	1218	11968	65.08
2004	2774	1282	87875	1218	11968	71.78
2005	2802	1247	88200	1403	11968	82.76
2006	2806	1246	171848	1403	11968	94.64
2007	2799	1250	175415	1764	11398	121.72
2008	2795	1246	184568	2001	11398	142.67
2009	3693	1852	191405	2226	11968	200.07
2010	3695	1847	227998	2386	11968	243.72
2011	3693	1852	232190	2649	11968	290.58
2012	3825	1987	234051	3969	11968	340.2
2013	4028	2033	235396	5084	11968	397.75

注：2006年起，公路里程含村道。

资料来源：湖南省统计年鉴，2014。

高速公路服务水平整体提升。一是服务区面貌焕然一新。开展服务区专项整治，建立科学考核机制，引入社会中介机构暗访检查，已组织3次暗访，96%的服务区达标升级，成为展示湖南形象的窗口，社会反响良好。二是收费环境大幅优化。开展收费环境专项整治，日均冲关车辆同比下降90%，全年通行费收入116.21亿元，年增长近25%。邵阳、长沙、岳阳、郴州、衡阳、湘西州整治高速公路收费环境成效明显。三是ETC全面推广应用。与金融机构合作，出台优惠措施，加快设施配套，ETC车道覆盖率达到70%，通行效率提升。四是车辆救援服务回归公益。建立“政府补助+服务外包”的车辆救援新机制，实行“低于成本施救”，规范服务管理，加强服务监督，提供人本化的公益服务。

交通招投标等关键领域改革纵深推进。一是完善交通招投标办法，出台公路水运工程项目招标分类资审随机分配合理低价法实施办法，省本级交通项目招投标全部进场交易，全省采取新办法招标的高速公路、干线公路项目分别达9个、34个，标的总金额分别达70.81亿元、29.76亿元，既实现了公平公正、竞争择优，又有效防范了违规干预、围标串标等不法行为。二是推进高速公路和海事体制改革，研究提出高速公路建管分离、政企事企分开的改革总体方案和强化水上交通安全监管的海事体制改革调研方案，均已上报待批。三是建立高速公路、干线公路管养考核新机制，乡道、村道管养分别由乡镇、村委会负责写入《湖南省乡村公路条例》。四是组建省水运建设投资集团有限公司，加强对水运建设的领导。五是研究适当提高收费员工资标准，稳定队伍。

（二）交通运输网络日益完善

湖南省交通运输网络日益完善。一是公路总里程继续增长。截至2013年年末，全省公路总里程23.54万千米，比上年增长0.6%，其中，国道里程0.71万千米，省道里程3.80万千米，县道里程3.11万千米，乡道里程5.45万千米。公路密度达到111.43千米/百平方千米。二是高速公路建设取得重大突破。2013年，随着怀通、炎汝等13条高速公路建成通车，新增通车里程1125千米，高速公路通车总里程达到5084千米，排名全国第4位。全年新增高速出省通道6个，总共达到21个；新增通高速县市区14个，全省通高速县市区达到111个。三是铁路营业里程、管道运输里程、航空线路长度和等级航道里程等稳定增长。2013年年末，全省铁路营业里程4028千米，比上年增长5.3%，比1978年增长近70%；民用航空航线条数158条，比上年增加37条；内河等级航道里程11968千米，与上年持平，管道运输里程1982千米，增长4.1%。

（三）运输工具均有增长

近年来，随着经济快速增长，各运输方式的运输工具也随着稳步增长。一是民用车拥有量突破900万辆。截至2013年年底，全省民用车辆（汽车、电车、摩托车、拖拉机、挂车和其他类型车六类车）拥有量，达到909.42万辆，比上年增加46.72万辆，增长5.4%。其中，民用汽车拥有量达397.75万辆，比上年增加57.57万辆，平均每天增加1577辆，比上年增长16.9%，高于民用车辆拥有量增速11.5个百分点；民用车辆拥有量比1978年增长近80倍，尤其进入2000年以来，民用汽车更是以年均17.6%的增速快速增长。2013年年末汽车拥有量占全部车辆总数的比重达43.7%，同比提高4.3个百分点。

机动车驾驶员995.79万人，比上年增加87.02万人，增长9.6%。二是船舶数稳定增长，船舶向大吨位级发展。2013年年底全省机动船8015艘，总载重量297.76万吨位，每艘机动船平均载重量为370.50吨位，比去年增加33.67吨位，同比增长10.0%。三是铁路机车达到881台，比去年增加7台。

（四）交通运输生产稳定增长

交通运输为全省推进湖南“四化两型”建设提供了有力支撑。2013年，铁路、公路、水运、航空和管道五种运输方式完成客货换算周转量5168.09亿吨·公里，同比增长7.1%，其中，客运量197541.15万人，增长6.9%；旅客周转量1856.51亿人·公里，增长8.3%；货运量达211388.76万吨，增长10.5%；货物周转量达4236.32亿吨·公里，增长6.9%。一是铁路客增货降。

2013年，全省铁路运输完成客运量9066.50万人，增长7.6%，完成货运量4889.63万吨，同比下降8.3%，货物运输量仅占社会客、货物运输量的4.6%和2.3%，铁路完成旅客周转量830.75亿人·公里，增长7.9%，货物周转量923.76亿吨·公里，同比下降7.5%，铁路运输客、货周转量在社会客、货周转量中分别占44.7%和21.8%。二是公路客货运输均保持较快增长。

2013年，全省公路运输完成客运量186333.71万人，货运量185073.23万吨，旅客周转量925.09亿人·公里，货物周转量2713.13亿吨·公里，分别增长6.9%、11.0%、8.3%和13.4%，客、货物运输量和客、货周转量分别占全省比重为94.3%、87.6%、49.8%和64.0%。三是水路、民航和管道运输均稳定增长。

2013年，水路完成货运量20690.24万吨，货物周转量589.74亿吨·公里，分别增长10.6%和4.9%；民航完成客运量756.77万人，旅客周转量97.96亿人·公里，分别增长6.8%和11.7%；管道运输完成货运量729.59万吨，货物周转量8.88亿吨·公里，分别增长10.2%和13.7%。

（五）物流信息技术在物流领域得到广泛应用

物流信息管理系统在物流活动中得到广泛运用。现代信息设施对促进传统物流模式转变、提高城市和城际配送效率发挥了积极作用。

物流信息平台迅猛发展。依托湖南物流行业强大资源成长起来的物流行业搜索查询平台。这类物流信息平台以专业、全面、简易、自助为平台标准，旨在打造成全国最大的中文物流搜索查询平台。

物联网被视为互联网的应用扩展，应用创新是物联网的发展的核心，以用户体验为核心的创新是物联网发展的灵魂。近年来，商贸流通领域的物联网技术开发与应用在湖南省初现端倪。近年来，湖南物联网步入了快速发展轨道，在技术研发、产业发展、应用推广等方面取得了可喜的成绩。全省在工业、农业、物流、交通、安防、医疗、电网、环保、家居、智慧城市等领域开展了一系列的试点示范，应用模式日趋成熟，推广力度不断加强，应用深度迅速拓展，为促进全省经济社会发展，改善人民生活质量，起到了积极的作用。

湖南物联网具有较好的发展优势和潜力。一是有较强的研发力量。湖南既有国防科大、湖南大学等一批从事物联网研发的知名高校，又有中电 48 所、中联重科等一批科研院所和骨干企业，以企业为主体的产学研合作机制初步形成。二是有一批重大项目支撑。全省实施了“国家 863 传感器网络”、“物联网在交通运输领域的应用”等一批重大课题研究，国家 11 个物联网发展专项等重大专项项目在湖南落地。三是有较好的产业基础。“数字湖南”战略加快推进实施。近 3 年来，全省电子信息制造业和软件服务业保持了 30%以上的年均增长速度，为全省物联网产业发展和应用奠定了较好基础。

（六）物流企业收入快速增长，盈利能力提高

专业化物流企业快速成长，现代物流业发展的主体进一步壮大。传统运输、仓储企业加快改制或改造步伐，积极向第三方物流企业转化。2013 年，全省工商注册的物流法人企业 3100 多家。全省有 117 家企业通过国家标准的 A 级物流企业评估认定，73 家企业被授予全省物流行业“诚信经营”示范单位称号，120 家物流企业主营收入过亿元，有 6 家企业年物流收入超过 10 亿元。

物流企业向规范经营和专化服务延伸，专业化物流服务能力不断增强，形成了由多种所有制、不同经营规模和多种服务模式构成的具有行业特色的物流企业群体。如以粮食物流经营为主的湖南粮食集团，正在实施粮油百亿物流工程，重点整合长沙金霞物流园内国有企业资源，组建粮食集团，用 3～5 年的时间，培育成年产值过 100 亿元的商贸物流上市公司，并在全省形成以湖南金霞现代物流园为中心，以岳阳、常德、益阳、衡阳、郴州、怀化等区域性物流园为节点，以 100 个骨干企业为网络的现代粮食物流体系。以国药控股、双鹤药业为代表的湖南医药商贸物流企业，正在以每年不低于 35%的增长速度快速发展，积极运用物联网技术、信息网络技术推动企业升级。湘潭伟鸿食品有限公司、株洲唐人神食品公司为代表的冷链商贸物流产业发展十分迅猛，主要经营冻猪分割肉、冰鲜肉、热鲜肉、深加工制品系列 100 多个品种，畅销东南亚、东欧和港澳特区及国内各大中城市，肉类出口创汇在省内外同行业中名列前茅。主要集中于城市配送业的有实泰物流、京阳物流均荣获“全国物流企业百强”称号；主要经营钢材物流的有一力物流、大汉物流公司等；烟草类运输的有长沙白沙物流公司等；有全国电力系统唯一的电力基建项目大型设备“一条龙”物流服务的湖南利德集团股份公司（原湖南电力物流服务公司）；为新闻出版行业服务的有华瑞物流、湖南日报发行有限公司。

四、湖南物流业发展存在的主要瓶颈

湖南省物流产业经过几十年的发展，物流业随着经济的发展和投资力度的加大得到了较快发展，但是湖南物流业仍处于初级发展阶段，与社会化大生产和现代物流业的要求还有很大差距。存在的问题主要表现在以下几个方面。

（一）供需不平衡的结构性矛盾依然存在

湖南社会化的物流需求不足与专业化的物流供给不够，是制约湖南省物流发展主要矛盾。一方面，物流需求聚集和释放的速度不快，“大而全”“小而全”的企业物流运作比例还比较大；另一方面，物流供给能力还不能满足需求，特别是一些即时需求、特色需求、物流一体化需求满足率不高。需求不足与供给不够并存，物流资源短缺与物流服务“过剩”同在。湖南是全国能源重化工基地，是能源出口、外调大省，也是服装、家用电器、通信设备、日用百货的引进大省。物流资源种类和流向不对等、不平衡，也制约了湖南省物流行业的发展。

（二）物流人才严重匮乏，制约了物流行业发展

现在湖南省挂牌的物流企业数以千计，但缺乏专业的物流人才，无法具备基本的物流服务能力和一定的软件和硬件条件。虽然一些物流企业脱颖而出，形成了一定的规模，在一定区域内具有一定的品牌影响力，但是，由于物流从业人员文化素质较低，物流适用人才严重短缺，物流设备装备不足，仍处在低水平运作，在工作流程管理上停留在手工制单、人工搬运状态，造成物流信息化推广困难，制约了其进一步的发展。

（三）物流企业信息技术水平较低

由于湖南物流企业信息化起步比较晚，信息化程度较低，不少物流企业还处在电话联系、手工操作、人工装卸的低级阶段。许多现代信息技术，如条码技术、射频技术、EDI技术（通过电子方式，采用标准化的格式，利用计算机网络进行结构化数据的传输和交换）、全球卫星定位系统技术等都处于起步阶段。

（四）物流管理体制、法规和技术标准还不完善

目前湖南物流业的管理基本上仍沿袭计划经济体制，物流业的管理权限分割为铁路、交通、海关、商贸等部门。由于没有一个统一的主管部门进行宏观管理和协调，物流中横向联系被纵向的管理体制隔断。

在这种体制下，若一个企业的物品想实现多式联运（一次委托，由两家以上运输企业或用两种以上运输方式将某一物品运送到目的地的运输方式）就相当困难。国家有关部门从各自的管理范围和专业特点出发制定了许多法规。例如，公路和水路各有不同的货物运输合同实施细则；工商、税务、海关、检验部门对物流企业的单证有不同的要求等。由于

各个部门规定不统一，不配套，从而使交接手续烦琐，不能保证物流的通畅运行。所有这些都会导致物流企业成本的增加。此外，物流的技术标准尚未建立起来。制造物流设备的厂家分属不同的部门，各个部门的标准不统一，致使物流设备，如汽车、包装容器、托盘、集装箱等标准不统一。又如海关、港航两个分中心的EDI应用系统均是各自封闭系统，相互之间不能联网，且技术标准不统一。非标准化造成无效作业增多，物流速度降低，物流事故增加，物流成本上升，降低了物流企业的效益。

（五）第三方物流发展缓慢，企业物流外包比重低

根据调查，湖南省大部分企业生产、商贸企业物流服务内部化。据测算，全省企业自营物流占整个物流市场的60%以上。虽然2013年有实泰家电物流中心一期项目、国药控股湖南仓储物流中心、金霞粮食物流中心、招商局物流集团湖南有限公司长沙分发中心、怡亚通供应链研发中心等一批重点项目陆续竣工或部分投入运营；鸿胜危险品物流中心、高星物流园、大河西国际商贸物流城、恩瑞国际物流城、金霞保税物流中心、老百姓物流配送中心等一批重点项目正在抓紧建设；博瑞新特药医药物流中心、展通快消品物流中心、恒广国际物流园、源山冷链物流园等一批新的重点项目正在抓紧办理前期手续。虽然有一些大项目、好项目的建成投产，但是湖南省建设“全国商贸物流中心城市”和“中部物流强市”的目标还有一定的距离，主城区物流设施向各规划节点集聚的效应还不够。究其原因，一方面，全省物流基础设施布局未纳入整体规划统筹，投入不足，兼容性差；另一方面，物流业利润率低、运营风险高也是一大原因。以上问题导致的后果，一是基础设施的建设滞后于物流业的发展，不能为物流发展提供良好的支撑；二是投入的不足更制约了全省物流企业的做大做强，使得在与国外、省外企业的竞争中处于劣势地位。

多数物流企业功能单一、集成化程度低、社会物流资源整合能力弱，而且因部门间地区间分割，跨部门跨地区的综合物流能力更是难以有效形成，“在正确的时间以正确的方式把正确的物品送到正确地点的正确客户手中”的物流目标，难以有效实现。在调查中，大多数商贸流通企业希望将公司的物流业务外包，但是由于物流存在配送次数多、配送频率高特点，且配送范围一般在市区，大多数物流公司并不具备整合商业企业物流资源、提供优质可靠物流服务的能力，导致大多数商业公司自建物流公司。

五、湖南现代物流业发展的展望

湖南省物流业发展进入新阶段，面临新机遇。一是要把握扩大内需特别是消费需求的战略机遇，在有效满足消费需求、降低流通成本、提高流通效率中发挥物流业的更大作用；二是要把握产业转型升级的战略机遇，推动物流需求社会化和供应链一体化，带动制造业服务化；三是要把握新型城镇化的战略机遇，加强城市物流服务体系的改造和建设，

促进城乡物流一体化发展；四是要把握创新驱动的战略机遇，鼓励企业加快技术创新、服务创新和模式创新，形成科技进步和管理创新的新动力；五是把握开放型经济的战略机遇，打造国际物流服务网络，为其他产业“走出去”提供物流保障；六是要把握节约资源和循环经济的战略机遇，推行绿色物流、循环物流、低碳物流，走出一条可持续发展的道路。

今后一个时期，国际经济形势依然严峻，国内经济出现阶段性特征。有研究机构指出，我国潜在经济增长率正逐步放缓，有可能从“持续高速增长阶段”进入“中速增长阶段”。初步预测，2013 年我国社会物流总额和物流业增加值的增长幅度约为 10%，社会物流总费用与 GDP 的比率下降的难度依然较大。

（一）加强指导协调

加强指导协调，进一步发挥省服务业发展领导小组职能作用，建立省现代物流业发展厅际联席会议制度，加强对物流业相关规划、重大政策、企业发展、物流园区和重大项目建设等的指导协调；省直相关部门要加强协作配合，明确任务，强化责任，形成发展合力。各地要建立健全促进现代物流业发展的协调机制，切实抓好组织协调，整体联动推进全省物流业发展工作。充分发挥物流行业协会服务作用，建立健全政府购买协会服务制度，支持物流行业协会制定行业规范、加强行业自律、规范市场竞争秩序、推进物流诚信体系建设，开展行业标准制订、监测研究、信息统计、咨询服务、行业培训等工作，不断提高物流行业协会服务政府、服务行业、服务企业的能力和水平。

（二）强化政策支持

（1）减轻税负。对符合规定条件的科技型物流企业，在认定为高新技术企业后，可享受国家规定的所得税优惠。落实财政部、国家税务总局财税〔2012〕13 号文件的规定，对物流企业自有的（包括自用和出租）大宗商品仓储设施用地，减按所得土地等级适用税额标准的 50%计征城镇土地使用税。物流企业在综合保税区、出口加工区投资用于自营物流设施建设和技术改造购置的进口设备，符合国家有关规定的，经认定后可享受免征关税和进口环节增值税的优惠政策。对涉及物流企业的行政事业性收费，凡收费标准有上、下限额度规定的，一律按下限额度收取。

（2）规范收费。物流企业作业用水、用电、用气价格，继续执行省人民政府办公厅湘政办发〔2007〕41 号文件的规定，即按照一般工业企业同等标准收取。交通运输、发改等部门要继续完善湖南省集装箱车、专用车、厢式车、甩挂车的通行费优惠政策，鼓励节能减排型车辆的发展。对没有法律法规依据的面向物流企业的行政事业性收费，一律予以取消。

（3）保障用地。对纳入国家和省物流业发展规划的重点物流园区、重点物流项目建设用地，国土资源部门要在土地储备或土地利用年度计划指标内优先予以保障，依法供应物流用地。支持利用工业企业旧厂房、闲置仓库和存量土地资源建设物流设施，涉及原划拨土地使用权转让或租赁的，应按规定办理土地有偿使用手续。允许物流企业通过租赁方式取得国有土地使用权。鼓励农村集体经济组织利用经依法批准的建设用地作价出资入股与物流企业共同发展物流业。享受优惠政策的物流用地不得改变用地性质，禁止以物流园区、物流中心的名义圈占土地和实施整体供地，提高节约集约用地水平。

（三）强化融资渠道

1. 加强财政支持

现代服务业发展专项资金中每年统筹安排一部分资金用于重点物流项目建设、物流人才培养、物流标准化推进、物流新技术的应用推广。继续从中央转移支付新增成品油消费税转项资金中安排一定数量的资金用于补助全省重要物流园区和物流信息化建设，以及用于鼓励发展节能环保型车辆、船舶、大吨位和特种车辆、船舶，鼓励企业对港口设施设备进行节能改造。鼓励企业采用物流信息管理系统、自动分拣系统等先进物流技术和设备，省本级相关专项资金对符合政策条件的项目给予倾斜支持。统筹有关专项资金，落实省政府创新创业园区“135”工程的相关政策，对省级以上产业园区新建物流标准仓库给予补助。

2. 拓宽社会资金渠道

积极引导银行等金融机构加大对物流企业的信贷支持力度，对信用记录好、市场竞争力强的物流企业优先提供信贷支持。加快推动适合物流特点的金融产品和服务方式创新，积极探索抵押或质押等多种融资担保方式。发展物流业股权投资基金，支持符合条件的物流企业上市和发行企业债券，对获得国家行业认定的4A、5A级物流企业优先纳入上市后备企业。鼓励和引导民间资本进入物流产业。

（四）完善规章制度

从国民经济行业分类、产业统计、工商注册、土地使用及税目设立等方面明确物流业类别，确立产业地位。完善物流标准体系，制订通用基础类、公共类、服务类及专业类物流标准。进一步加强社会物流统计工作，支持各地完善物流统计制度。研究制订促进物流业发展的法规制度。建立健全物流统计队伍，落实工作经费。加强统计信息预测分析，探索建立省采购经理指数调查制度。加强物流业发展考评工作，对列入国家和省政府重点支持范围的物流项目实行动态跟踪和绩效考评。

（五）加强市场监督

加强对物流市场的监督管理，完善物流企业和从业人员信用记录，纳入统一的信用信息平台；增强企业诚信意识，建立健全失信联合惩戒机制。加强物流信息安全管理，禁止泄露转卖客户信息。加强物流服务质量满意度监测，开展安全、诚信、优质服务创建活动，加强对物流业市场竞争行为的监督检查，依法查处不正当竞争和垄断行为。

（六）加强安全监管

严格执行国家强制标准，保证运输装备产品的一致性。加强对物流车辆和设施设备的检验检测，禁止超载运输，规范超限运输。危险货物运输要强化企业经理人员安全管理职责和车辆动态监控。建立健全物流安全监管信息共享机制，物流信息平台及物流企业信息系统要按照统一技术标准建设共享信息的技术接口。道路、铁路、民航、航运、邮政管理部门要进一步规范货物收运、收寄流程，进一步落实货物安全检查责任，采取严格的货物安全检查措施并增加开箱检查频次，加大对瞒报货物品名行为的查处力度，严防普通货物中夹带违禁品和危险品。

（七）强化人才支撑

完善多层次物流教育体系，加强高级物流人才培养，提高人才培养质量。支持高校和中职院校重点物流专业建设，加强物流从业人员职业技能教育和在职培训，开展物流人才培养国际合作。积极支持一批重点物流企业和高、中等院校开展校企合作，共建实习实训基地。定期组织物流业高级培训，提高物流企业高管和行业管理人员的综合能力。规范物流领域职业资格认证，提高物流从业人员的职业能力和素质。引进国际一流物流人才来湘发展，按照省有关人才政策给予补助。

第二章　湖南区域物流产业发展竞争力评估研究报告（2014）

一、研究背景与意义

“十二五”是我国全面迈进建设社会主义小康社会的新时期，同时也是加快转变经济发展方式的攻坚时期。在新的经济发展环境下，随着专业分工的细化，物流逐渐脱离生产方和销售方，作为独立的产业发展起来，成为世界经济的又一利润增长点，具有很大的发展前景和市场空间。从已有实际经验可以看出，物流业作为社会经济的重要组成成分之一，在很大程度上影响着经济的发展速度和方向。在经济转型时期，各行各业均开始由单纯的规模增长逐步向高效、经济、绿色、可持续性的发展过渡，在这种趋势下，如何加快区域物流发展，转变区域物流的发展模式，提升区域物流竞争力水平更是成为亟待研究的问题。

区域物流竞争力是区域物流水平及物流综合能力的集中体现，是一个地区与其竞争对手相比在发展过程中所具有的吸引资源、占领市场、提升质量、为物流需求者提供服务的优势和能力。区域物流竞争力水平与区域经济发展及结构相互作用相互影响，现代区域经济的发展依赖于产业链的延伸及产业市场的构建，而区域物流作为构建产业供应链关系的基础，在区域系统内联结各层面的企业和资源，使之能信息共享、协同式生产，从而达到提高区域资源利用率、企业产出率及降低成本的目标。因此，区域物流竞争力决定着区域产业结构及规模，进而决定区域经济发展在全国乃至全球的竞争力水平。

如何发展和建立强势的物流产业是各地方政府正努力追求的，但如何才能建立起符合自身特点的物流体系，使其不仅能满足本地区经济对物流的需求，而且可以为更大的区域服务，甚至成为全国物流网络的枢纽，成为本地经济发展的支柱和动力。从近年来各地政府提出的各种“口号”来看，确实存在着“虚热”，存在着“盲目”，存在着“形式主义”的东西。这些都在不同程度上影响物流业的顺利发展。要想改变这种局面，必须认真研究和探讨区域物流存在和发展的规律，遵循这些客观规律，并不断地关注有关的竞争要素、技术路线和可持续发展策略，重点是要确立符合本地物流实际的发展方向。

在《湖南省“十二五”物流发展规划》中，明确提出要围绕“四化两型”战略要求，结合省内不同区域经济发展特点和产业特色，优化物流发展总体布局。因此，对湖南省各个区域物流竞争力进行客观、准确地分析和评价，并在地区之间进行物流竞争力综合比较，做到知己知彼，是促进湖南经济发展、本地物流发展准确定位、制定科学物流发展战略规划、出台相关对策措施的重要前提。对湖南各区域物流竞争力研究具有十分重要的理论意义和现实意义，主要表现在以下几个方面：

（1）通过建立多层次的区域物流竞争力评价指标体系，剖析湖南各区域物流产业中各个要素及其相互作用关系，有助于找准湖南物流发展的关键环节，将人力、财力集中于物流发展的核心要素和瓶颈要素上。

（2）可以确立区域物流竞争力的评价方法，为湖南乃至全国区域物流竞争力评价和比较提供一套较为系统的标准和方法，以便为测评区域物流竞争力的状态、程度和水平，找准各区域间的差距并进行跟踪监测。

（3）通过对湖南 14 个省市自治区的区域物流竞争力进行实证评估和比较研究，为湖南省物流业的区域布局和物流产业结构调整提供理论依据和实践参考。针对湖南物流区域发展不平衡的现状，指出湖南物流竞争力较弱的西部地区发展物流应该合理定位，突出重点，避免盲目建设和竞争。

（4）深入探讨区域物流竞争力的内涵，为我国区域物流的进一步发展奠定基础；把竞争力理论引入物流研究体系，丰富物流竞争力评价的方法和手段。

二、区域物流及其相关理论研究

（一）区域物流的内涵

区域物流不同于平常意义上的物流概念，要了解区域物流的内涵，首先要明确区域的含义。区域是在经济和地理上具有同质性或内聚性且具有共同利益的空间单元，而区域物流是基于区域及区域经济的概念。

国外学者对区域物流没有给出明确而统一的定义，他们一般倾向于认为区域物流是物品从供应地向需求地的有效流动过程，活动的区域一般是有着地缘关系的两个及两个以上地区或者国家区域，是运输、存储、装卸搬运、流通加工、包装、配送、信息处理等物流活动的有机集成。

对区域物流的定义，国内很多学者都提出了自己的见解。董千里（1997）对区域物流给出界定：区域物流是包括原材料、半成品、制成品在内的物品在城市内部、城市与城市之间、城市与农村之间、各种类型的开发区及不同企业间的从供应地到需求地的运输与集散一体化过程。华蕊（2004）给区域物流做出的界定是：在某一区域内，物品从供方向需方的有效流动过程，是运输、存储、装卸搬运、流通加工、包装、配送及信息处理等功能的有机结合，并同时实现了物品的空间、时间和形质效用。彭城（2012）等认为区域物流是指：在一个经济活动范围内部，以区域为基本单位而发生的所有物流活动，包括运输、保管、装卸、搬运、包装、流通加工及信息传递等的实体性流通及物流过程中各个环节的物品运动。周君侠（2012）将区域物流定义为：一个地区在一定的时间内发生的所有物流活动，包括直接的物流活动，也包括间接的物流活动。

通过综合考察以上学者对区域物流定义，我们认为：首先，区域物流是一个空间概念，是一类基于地缘关系的经济活动，承载面是一个地区，至于这个地区的大小，可以是城市、城市群，甚至更大范围上的经济体，它或跨越经济区域或行政区域；其次，区域物流还包括经济、文化、法律和制度概念，是一个政治、经济、文化共同体的物流；最后，区域物流是一个实体流动过程，包括了物品在活动区域内发生的运输、储存、装卸、流通加工、包装、配送及信息处理。

（二）区域物流的特点

1. 协同性

区域物流是运输、装卸、搬运、流通加工、配送及信息处理等一系列物流活动的有机集成，不是流通环节各相关要素的分散运动，强调整体的最优化。

2. 复杂性

区域物流横跨生产、流通和消费三大领域，涉及对象遍及各种社会物质资源，其多样化、大量化的特征使区域物流变得更为复杂。从事区域物流活动的人员、资金和经营网点的范围更广、数量更大，这些无疑都给物流的组织造成很大的困难。

3. 动态性

区域物流受社会物资生产状况、需求及资源的影响，而这些因素都存在变化，一个区域物流系统内的要素及结构也随之发生变化。为了适应这种变化性，区域物流体现出动态性。

4. 大跨度性

区域物流不仅地域跨度大，而且时间跨度大。随着经济全球化，物品的生产和消费通常不在一个地点，而是处在不同的空间，企业间的物流往往会跨越不同地域，致使区域物流的地域跨度加大；另外，在区域物流地域跨度大的背景下，物品的生存和消费通常不在一个地点，这就导致区域物流的时间跨度大，物品的产需间的时间矛盾一般采取储存货物的方式解决，也造成了区域物流活动管理难度较大。

（三）区域物流竞争力

随着对区域物流研究的关注加大，区域物流竞争力的研究也越来越多，不少学者对区域物流竞争力给出了自己的理解。

李虹（2012）提到区域物流竞争力是指在不同区域间的物流活动通过比较分析体现出

来的综合能力，这种能力包括获得发展要素的能力、软硬件环境的支持能力、开拓市场的能力和综合利用各种资源形成的总体发展实力与潜力；周亚蓉（2012）利用博弈表达式来分析区域物流竞争力水平，在她的研究中，她认为区域物流主体的素质、区域物流策略能力、区域物流信息能力及区域物流支付函数以乘和的方式共同决定区域物流竞争力水平；江帆（2013）通过借鉴波特五力模型分析区域物流竞争力，从宏观层面界定区域物流竞争力，他认为区域物流竞争力主要是一个地区获得环境支持的能力、物流供给需求平衡的能力、扩大物流产业规模的能力及深化物流发展质量水平的能力，体现的是区域物流核心竞争力；张冬梅（2012）对区域物流竞争力界定时将物流业的资源优化配置及关联其他产业的耦合力考虑在内，其对区域物流竞争力的界定是：区域物流竞争力是指某一经济区域内的物流产业具有的资源优化配置能力、关联其他产业的耦合力、市场适应能力、可持续发展能力、技术创新能力。

通过综合思考以上观点，我们理解的区域物流竞争力是指在研究阶段内一个特定的经济区域，物流供给主体与其竞争对手相比在发展过程中所具有的吸引资源、占领市场，以及为物流需求主体提供物流服务的优势和能力。即区域物流系统利用各种资源所具备的物流服务实力和潜力的集合能力，是区域物流发展水平及物流综合能力的集中体现。区域物流竞争力会受到软硬件支持环境、区域经济水平，以及市场运作管理等多种因素的影响。

基于以上定义，可以更深层理解区域物流竞争力：首先，区域物流竞争力是通过比较得出来的能力，具有相对性；其次，区域物流竞争力即包括现实竞争力也包括未来发展潜力，具有动态性，在竞争力评价中应当有一个目标时间；最后，区域物流竞争力是一种综合能力，是物流业效率效益、物流业规模、基础设施设备、物流人才竞争力、信息化水平等的综合体现。

（四）区域物流竞争力的内部结构

一般认为，区域物流竞争力的内部结构由两部分组成：现实竞争力和潜在竞争力。其中，现实竞争力是指一个地区根据现有的资源优势从而体现出的一种竞争能力，是竞争主体在一定的竞争市场环境下将竞争潜力转化为竞争优势的能力，是区域物流竞争力的直接体现。区域物流潜在竞争力是指区域物流竞争力的比较优势和发展前景，物流竞争潜力支撑物流竞争行为，是区域物流竞争力的基础，是在区域物流竞争中改进现实竞争力，使其得以创新发展的有利条件。

在一个区域内，如果物流现实竞争力强而潜在竞争力弱，则不利于区域物流的可持续发展并可能遭到市场淘汰；而如果现实竞争弱而潜在竞争力强，则表明该地区区域物流需要通过一定的手段发挥潜在优势，从而增强现实竞争力。

（五）区域物流竞争力的特点

基于区域物流产业竞争力的定义，其拥有与一般产业相似的系统性、广泛性、独立性、不可分离性等特征，还具有不同与其他产业的特点：

（1）综合性。区域物流竞争力的综合性体现在区域物流竞争力不应简单以某几个因素来评价。物流活动涉及生产、消费等广泛领域，物流功能是运输、仓储、包装、搬运、流通加工、配送和信息处理等多个环节的有机集成，所以区域物流竞争力是各种相关要素的综合。与木桶原理相似，如果某个要素存在短板，那么区域物流竞争力将会被削弱。所以，区域物流竞争力是由多因素多指标来综合体现的。

（2）动态性。持续竞争力决定了区域物流竞争力具有动态性。可持续竞争力的定义也表明区域物流竞争力是随着外界变化而不断适应衍变具有的竞争力。外界处于不断发展变化的状态中，区域物流只有具备适应动态环境的能力，才能实现区域物流业的可持续发展。

（3）与区域经济相互影响性。一方面，区域物流以区域经济为服务对象，是区域经济的重要组成部分。区域内城市的完善的基础设施设备、强劲的软硬件环境的支持能力及丰富的生产要素会提升区域物流竞争力，带动区域物流的发展；另一方面，强劲的区域物流竞争力会引导资金流、物流及信息流在区域内进行资源要素的优化配置，促进区域经济的发展。

（4）关联性。物流产业本质上是服务产业，本身与社会经济活动密切关联，是串联前后向、上下游产业的链条，因而具有很强的产业关联度，区域物流产业竞争力的强弱直接影响着关联产业。相关资料表明，物流业与第一、第二、第三产业的关联度均相对较高。

三、区域物流及其竞争力研究综述

涉及区域物流的研究，国际学术界主要侧重于以下四个方面。

（1）基于跨国公司和供应链视角对区域物流资源配置与协调的研究。物流可以推动经济全球化和商品的国际流动，供应链管理作为其中的一个重要领域，当今经济市场下，没有良好供应链管理的企业很难成功。Marco Mazzarino（马扎里诺，2012）指出全球物流管理战略将会在全球范围内盛行，它的两个基本子要素（本地和全球）起决定性作用，并且评估了全球物流管理战略对欧洲物流系统的影响。Ral Elbert（埃尔伯特，2009）指出全球供应链的整体观引发的经济竞争使企业更专注于通过区域物流产业集群来解决相关问题。物流产业集群作为一种特定的跨组织形式，其在网络和供应链中的合作优势很快得到业界的认可。

（2）区域物流网络及物流基础设施的发展与影响研究。物流基础设施及物流网络的优化对区域物流具有重要作用。从日本发展的不同阶段可以看出，20 世纪 50 年代日本施行赶超战略，政府着手增加建设物流基础设施的投资，提高区域物流发展的信息化及自动化水平，促进区域经济发展；赶超阶段之后，日本政府依然加强物流基础设施建设并优化物流网络，达到区域物流对经济发展的促进目的。Vittorio（维托里奥，2010）在探讨物流网络优化的问题时，以意大利向俄罗斯出口为例，指出俄罗斯物流配送存在的结构性问题，可以通过物流网络的建设和完善降低成本，并且强调结合多式联运构建新的物流网络是有效手段之一。

（3）区域物流信息网络建设对区域物流发展的作用及影响。Hui Wu（吴辉，2012）指出区域物流信息资源的有效整合，能够提升区域物流企业物流和业务流的信息交换，从而提供协同服务、降低经营成本，使物流企业保持迅速的市场反应能力。Cachon（卡雄，2001）通过实证研究得出结论：借助于物流信息网络实现信息充分共享与沟通的供应链参与者，其供应链的整体成本相比传统方式平均可以降低 2.2%，甚至可达 12.1%。而美国具有明显的信息技术发展和比较成本优势，因此其物流服务已不仅仅局限于传统的运输、仓储，对产品异地加工、装配、分拨、配送乃至销售等增值物流服务进行大力鼓励和推广，区域物流信息网络使得物流服务的跨国经营也日渐普遍。

（4）政府在区域物流中的作用。GA. Gianno Poulos（吉安诺·普洛斯，2008）指出由多式联运进一步发展的模态合作运输物流，可以通过特定准则或政策达到一个或多个最优目标的实现，它包括区内、区域及全球三个层面。美国 2011 年区域物流规划会议第一次探讨灾难物流的通用方法，参与者有地方应急管理专业人员、各州和联邦政府以及私人非营利部。除此之外，德国政府主要通过以下五个手段促进区域物流发展：①做好物流的发展规划、建设和协调工作；②强化物流中心、物流基础设施网络的建设；③推动不同运输方式之间的协调发展并形成综合运输网络；④促进科研单位与咨询机构在物流技术研发方面作用的发挥；⑤制定物流标准并督促企业在物流运行中具体实施。

国外学者对竞争力有较为丰富的研究，其中有两个著名的理论：第一个是“钻石模型”理论，由美国哈佛大学教授 Michael Porter（迈克尔·波特）基于比较优势理论提出。在该理论中，区域竞争力是一个区域产业上或者产业在大市场中的集中表现；第二个是《国际竞争力报告》中的一个国际竞争力评价理论体系，这个报告由世界经济论坛和瑞士国际管理发展学院联合发表。在这个报告中，世界经济论坛金融、政府职能、基础设施、技术、企业管理劳动和法规制度和开放程度等八个方面构建国际竞争力评价体系。但是，在这些理论中，物流业并没有被单独研究，只是被视作竞争力要素中的组成部分。只有部分学者对国家或地区的物流发展水平有所研究。

比如，Goh 和 Ang（马克·吴和阿格斯·昂，2000）对柬埔寨、缅甸、老挝及越南地区的物流现状进行了研究，运用定性分析和对比分析方法全面剖析了这些地区的物流现状，指出该地区物流发展落后的很大程度上源于这些地区的运输网络不完善、物流基础设施设备落后及物流理念陈旧等，由于定量分析存在难度，所以文章未能构建可行的物流发展水平评价指标体系；Bookbinder 和 Tan（布克班得和谭，2003）从宏观经济的角度提出了区域物流竞争力评价指标体系，以此来比较欧洲和亚洲的物流环境；James 和 Chris（2003）比较了亚洲与欧洲的物流系统，在此基础上按照各国物流系统的完善性划分了若干个级别。James 和 Chris（詹姆斯和克里斯）在分析了亚洲与欧洲物流的大环境的前提上，初步构建了国际物流系统评价体系，为在世界范围内比较各国的物流系统提供了依据。最后利用聚类分析方法将亚洲与欧洲的物流系统具体地划分成为三个级别。相对于一般学者用定性方法分析区域竞争力，James 和 Chris（詹姆斯和克里斯）基于区域物流评价指标体系来分析竞争力，客观性更强。不过也存在几个方面的不足。首先，James 和 Chris（詹姆斯和克里斯）多以国家或各州的物流现状为研究对象，从宏观经济上进行阐述其物流竞争力，因而选取的评价指标显得不够精细。其次，在评级方法上多采用主观赋值评价，评价的有效性受学者的影响，学者对现状认识的深刻程度、对现实的把握、知识和相关信息的掌握程度等因素都会对评价结果造成影响。最后，对实践的探讨有待进一步地研究。

区域物流产业竞争力研究中，除了学者个人的观点之外，还有一类研究。这类研究是一些国家为了发展本国物流而作的相关数据统计以及制定的发展文件，在一定程度上可以看作是区域物流产业竞争力的研究。如日本曾提出了 9 项评价来检验《综合物流施政大纲》的实际实施效果，这 9 个指标包括大都市圈车辆的实载率、货物托盘和标准托盘应用比例、进出口集装箱的运输费用、十分钟内可达空港和港口的比率、船只进出港的操作时间、铁路及海运利用率等。

国内区域物流研究是在引进、吸收国外物流发展经验的基础下进行的。受国内计划经济经历的影响，宏观层面、区域层面的物流研究比较受到重视。从文献检索信息看，研究无论从方向和数量都要多于国外。目前专门针对区域物流业竞争力研究的文献还比较少，竞争力多是以经济和制造业为背景进行研究。由于区域物流竞争力评价属于区域物流综合评价范畴，因此对区域物流综合评价对区域物流竞争力评价研究具有重要的参考借鉴作用。

宋则、张弘（2003）等从流通总规模、对国民经济的贡献、流通效率、流通环境、流通效益、流通组织化程度、流通结构、流通人才素质、流通信息化水平、流通方式、流通资本等方面建立了中国流通现代化评价指标体系，但没有给出各个指标的权重及相应的评价方法；袁步思（2003）分析了区域物流核心竞争力的构成要件，主要从交通条件、经济环境、物流人才、综合服务环境、相关政策、技术条件、企业服务水平七方面对区域物流核心竞争力进行了定性分析，该文献对区域物流核心竞争力的构成要件分析比较全面，但是没有定量描述；汪波、杨天剑（2005）等提出从物流合理程度、物流子系统效率及服务水平、外部环境三方面建立的评价指标体系；姚建华（2006）提出从基础设施水平、产业基础水平、产业竞争潜力、产业经营效率等方面对物流产业竞争力进行测评，其评价体系影响物流产业竞争力的指标体系分解为 4 个一级指标，11 个二级指标，13 个三级指标，并对全国 31 个省直辖市物流产业竞争力系数进行计算。所提出的评价指标体系有明显改善，但仍忽略了对区域物流竞争力影响较大的政府管理、制度、信息等指标，而且对所有指标都采用统计数据，没有考虑软指标；邵万清（2006）从物流产业规模、物流产业效益、物流产业结构、物流产业资源、物流产业潜力五大要素，17 项具体评价指标对物流产业进行综合评价。但由于物流产业数据的不完整，没有运用该指标体系对我国物流产业发展水平进行实证分析；吴维昕（2008）在以义乌为例的区域物流竞争力水平分析及培育研究中，将指标体系划分成为三个层次，第一层为准则层，包括基础竞争能力、技术竞争能力和环境竞争能力，第二层为一级指标层，共 6 个指标，第三层为二级指标层，共 31 个指标。吴维昕在该指标体系的建立中，从区域经济发展水平、物流需求规模、物流供给规模、物流企业发展水平、信息发展水平和物流发展宏观环境六个方面，对区域物流竞争力评价指标体系进行了很好的补充和完善，但是此指标体系中没有考虑到物流人力资源对物流竞争力的影响；高秀丽、王爱虎（2010）在区域物流竞争力综合评价体系及实证研究中以广东省 21 个地区为例，利用主成分分析法和熵值法分别对这 21 个地区进行了物流竞争力研究。其中将物流竞争力评价体系首先划分成三个层次，第一层包括两个指标，为区域物流竞争实力和区域物流竞争潜力，其中区域物流竞争实力下设两层指标，一层指标包括 4 个指标，二层指标包括 14 个指标；区域物流竞争潜力也下设两层指标，一层指标包括 3 个，二层指标包括 8 个。此篇文章中的指标体系相比姚建华的指标体系有一定的改善，不仅考虑到了信息水平对物流竞争力的影响，同时还涵盖了物流竞争潜力，虽有完善，但还是忽略了政策环境的影响；赵莉琴，郭跃显（2011）在城市物流竞争力评价研究一文中将影响城市物流竞争力的影响因素分成了三个部分：城市物流基础设施层、相关主体层、服务保障层。其中城市物流基础设施层又包括车站、码头、机场、物流园区、物流中心、配送中心、仓库等主体设施，同时还包括运输、装卸、搬运等辅助设施；相关主体层主要包括货主物流企业、第三方物流企业、物流信息企业、物流基础设施建设企业、物流装备制造企业和其他相关企业；服务保障层包括四个方面的指标，分别是物流网络抗毁性指标、物流信息网络先进性指标、物流政策保障体系完善性指标和物流预警与应急体系有效性指标；江罗凝（2011）在基于 SPSS 的区域物流竞争力评价分析中，通过主成分分析和聚类分析相结合的方法对浙江省 11 个地区的物流竞争力进行了研究。在指标的体系的建立过程中，主要是根据波特的钻石模型从区域宏观经济基础、物流行业基础设施和物流产业发展水平三个方面选取了 11 个指标。在该指标体系中，江罗凝考虑了区域经济发展水平、物流产业、信息水平等对物流竞争力的影响，但是忽略了政府职能影响的同时，在二级指标的选择上只选择了境内公路里程数，没有将铁路、水路等因素考虑进去；张剑（2012）用主成分分析法评价江西省内十一个城市物流竞争力水平，从信息发展水平、物流供给状况、物流需求规模、物流发展宏观环境四个方面构建了评价指标体系；杨玉香（2013）通过建立模糊综合评价模型来分析区域物流产业竞争力。构建的指标体系包括物流业技术创新能力、物流企业能力和发展环境支持能力三个一级指标及物流业科技项目数等 8 个二级指标。

竞争力本身是一个比较概念。物流产业的发展水平已逐渐成为衡量国家或地区整体经济实力、投资环境以及工业基础的重要指标。

四、湖南省区域物流竞争力评价的目标与原则

在进行区域物流产业竞争力水平分析与评价时，要从明确评价目标开始，通过评价目标来规定评价对象，并对其功能、特性和效果的属性进行科学测定。具体来说，区域物流竞争力水平分析与评价是对区域物流业的竞争力水平分析的过程和结果的鉴定，其主要目的是看此区域的物流业发展达到的程度，此区域的物流竞争力所处的水平，此区域管理者是否重视物流，能否投入使用将来规划决策所需的信息。

从区域物流业发展需要出发，区域物流竞争力水平评价工作的目标就是对整个区域物流运作管理过程的监督、控制和指挥。物流竞争力水平评价工作的目标主要表现为对一定区域或城市的物流产业发展水平、物资流通能力，以及物资流通效率做出科学、系统、全面的评价，也为了给政府、企业决策者提供重要的决策依据。

由于区域物流体系是一个复杂的系统，涉及诸多因素，实现对其进行准确评价相当不易。为了更好地发挥评价工作的作用和准确性，在构建物流竞争力水平评价指标体系时必须遵循一定的基本原则：

（1）目的性原则。区域物流竞争力水平评价工作的目的在于：对一定区域或城市的物流产业发展水平、物资流通能力以及物资流通效率做出科学、系统、全面的评价，也为了给政府、企业决策者提供重要的发展决策依据。

（2）客观性原则。评价的目的是为了决策，因此评价的质量影响着决策的正确性。所以必须弄清评价资料是否全面、正确、可靠，并注意评价人员的组成应该具有代表性。

（3）系统性原则。物流是一个包含运输、仓储配送、信息处理等的复杂系统，受来自经济、社会、环境的影响，应从系统论的观点出发，注意系统中各子系统与外部系统的关

系。物流系统既是“人—机”系统，又具有时间、空间跨度大的特点，涉及的政府、企业、终端用户数量大，复杂性高，所以在物流业发展评价工作中，所选取的评价指标要尽量能反映系统的各个方面，除定量指标外，还要有恰当的定性指标，以保证评价不出现片面性。

（4）科学性原则。首先，物流业发展评价工作的开展应具有科学的理论根据；其次，评价指标体系的建立应当结合湖南省具体情况，根据我国物流产业构成特点选择指标体系，并力求反映所评价区域物流发展状况的本质，进而判断出区域物流的竞争力水平；最后，评价指标体系应能准确地反映实际情况，有利于地区之间的横向比较，发现自身优势和不足之处，挖掘竞争潜力。

（5）全面性、权威性和连续性原则。全面性是指区域物流评价不能等同于区域物流业统计。湖南物流的社会化程度还不高，只评价社会化物流是不能反映物流业全貌的；连续性是指时间上保持连贯和延续，初期以调查报告或普查资料的形式为主，中长期过渡到湖南与各地市州统计年鉴；权威性是指统计数据必须真实、可靠并与统计部门发布的其他经济信息相互补充和检验，不能出现相互矛盾的情况。

（6）可行性和可操作性原则。指标是统计理论与实际操作的结合点，构建区域物流竞争力水平评价指标体系既要以理论分析为基础，又要考虑统计实际的可操作性和现实数据资料的可得性。在湖南对物流研究初期，物流评价指标体系尚处于研究探索阶段，在相关信息缺乏的情况下，可得性和易操作性往往是指标体系选择的最大障碍。因此，在构建指标体系时力求选择指标含义清晰，具有现实统计数据依据，并且易于进行整理、抽样和典型调查获得。

（7）完备逻辑性原则。指标体系是相互联系、相互补充，能够进行全面评价的一套指标的集合。作为一个有机的整体，指标体系不但要能够从不同角度全面地反映出区域物流竞争力水平的本质内容和主要特点，而且还要反映出系统的动态变化，从而使决策者能够把握系统的发展趋势。另外，既然是一个指标体系，各个指标和指标之间都要具有严密的逻辑性。

（8）定性与定量相结合的原则。在综合评价区域物流竞争力水平时应综合考虑影响区域物流竞争力水平的定量和定性指标。对定性指标要明确其含义，并按照某种标准赋值，使其能恰如其分地反映指标的性质。定性和定量指标都要有清晰的概念和确切的计算方法。

（9）针对性原则。应选取代表性较强的典型指标，尽可能以最少的指标包含足够的信息，避免选入意义相近、重复、关联性过强或具有导出关系的指标，力求使指标体系简洁易用。物流产业涉及的领域相当的广泛，在研究工作的实践中为了全面涵盖物流产业的各个方面，往往导致指标体系规模急剧膨胀，从而导致大量信息重叠指标的引入，不仅冲淡了所要表达的主题，也给信息收集和实际操作带来了许多的困难。所以应当尽可能兼顾两者，选取恰当的指标。

（10）绝对与相对相结合，过程与状态相结合的原则。绝对指标主要反映总量、规模等因素；相对指标主要反映速度、结构等因素。过程指标指区域内长期、稳定的影响物流竞争力的因素，如物流基础设施等因素；状态指标指反映区域物流竞争力或竞争支撑的指标，如区域政府管理状况、信息化水平、区域经济活力等。依据各类指标的相结合的原则，可以保证指标模型构建的科学性和可靠性。

总之，区域物流产业竞争力评价指标体系必须充分体现区域物流产业系统的运营目标，从区域产业发展的全过程出发，全面反映影响其产业竞争力的各种因素。为满足体现区域物流产业竞争力的整体状况，指标体系既要反映区域物质环境，又要反映区域人文环境；既要反映区域经济因素，又要反映整体宏观政策等因素。

五、湖南省区域物流竞争力评估指标体系的建立

区域物流产业竞争力指标的建立是由各个区域物流产业和社会经济发展的实际情况来决定的。在经济实证问题研究中，为了全面、系统地分析问题，必须考虑众多对经济过程有影响的因素，这些因素在多元统计分析中被称为变量。由于每个变量都不同程度地反映了某些信息，且彼此间有一定的相关性。因此，在运用统计方法进行定量分析时，希望涉及的变量较少，而得到的信息量较多。主成分分析是解决该问题的一个理想方法，该方法通过对原始变量相关矩阵内部结构关系的研究，找出影响经济过程的几个综合指标，使综合指标成为原来变量的线性组合。根据它计算出来的综合指标不仅保留了原始变量的主要信息，而且彼此间又不相关，比原始变量具有更优越的性质。

基于主成分分析的思想和研究步骤，根据区域物流产业竞争力的基本内涵，借鉴相关的研究成果，本着上述区域物流竞争力评价指标建立的目标与原则，结合湖南省物流业发展的实际情况，建立与往年研究报告保持一致的三级区域物流竞争力评估指标体系。

对于影响区域物流竞争力的解释性因素，我们把它分为物流基础设施、物流产业结构、物流人才、区域经济活力、地区政府管理能力五类，因此该指标体系共设立 5 个一级指标，同时包含 10 个二级指标以及 24 个三级指标。该体系充分反映了湖南省各区域物流产业竞争力的整体状况、区域社会经济发展水平以及整体宏观政策等因素。具体指标体系如表 2－1 所示。

表 2-1　　区域物流竞争力评价指标体系

	一级指标	二级指标	三级指标	备注
区域物流竞争力	物流基础设施竞争力 A1	物流基础设施指数 B1	人均道路面积 C1	
			人均机动车数量 C2	
			境内高速公路里程数 C3	
			市州关于交通运输、仓储和邮政业的城镇新增固定资产 C4	
		信息技术指数 B2	每百人拥有移动电话数 C5	
			每百人拥有固定电话数 C6	
			电信与互联网业务总量 C7	
	物流产业结构竞争力 A2	物流产业结构指数 B3	运输、仓储、邮政占 GDP 比重 C8	
			运输、仓储、邮政从业人员占比 C9	
		物流产业结构转化速度指数 B4	第三产业增长速度 C10	
			城市化增长速度 C11	
	物流人才竞争力 A3	物流人才指数 B5	2013 年物流从业人员总量 C12	
			物流高技术人才占比率 C13	
	区域经济活力 A4	地区参与国际市场程度化指数 B6	区域人均进出口总值 C14	
			对外经济合作 C15	
		区域经济规模指数 B7	区域人均 GDP C16	
			区域规模以上工业总产值 C17	
			消费品零售额 C18	
	地区政府管理能力 A5	地区建设和仓储用地指数 B8	区域或城市规模 C19	
			仓储用地 C20	
		地区政府推销能力指数 B9	地区吸引外资能力 C21	实际利用外资
			地区吸引游客能力 C21	旅游人数与收入
		地区财政水平指数 B10	人均财政收入 C23	
			人均财政收入增长率 C24	

六、区域物流竞争力测算方法、模型及指标数据的标准化

(一) 区域物流竞争力测算方法与模型

1. 评价方法

物流是一项系统工程，涉及范围广，需要从多个方面比较全面地对区域物流竞争力进

行评价。在评价方法上，到目前为止，仍没能形成一套完整的、通用的、标准的竞争力评价方法。常用的竞争力评价方法主要有以下几种：

（1）基于因素筛选的综合评价法。由于影响产业国际竞争力的因素有很多，不可能对所有的影响因素都进行分析评价，因此，对各种影响因素的选择和分组，又有不同的处理方法，如 Rough 方法、聚类法、主成分分析、因子分析以及各类回归分析等，不同方法还可以相互结合，取长补短，组合形成多种复合评价法。

（2）数据包络分析（DEA）方法。DEA 法是建立在相对效率概念基础上的一种系统分析方法，该方法使用数学规划模型对各决策单元的相对效率进行比较，从而对决策单元做出定量的综合评价。它最大的优点就是不需要事先人为地对各输入和输出指标确定权重，因此，这种方法特别适用于处理多输入、多输出的复杂系统的定量综合评价问题。但是目前对 DEA 研究仍然存在着许多问题，如生产可能集的限制问题、饱和现象、输入输出的不确定性等，不断产生的新问题要求人们要不断改进和提高该方法及其模型。

（3）投入产出分析法。该方法的基本原理是：基于一定的投入对其产出成果进行评价，或者基于给定的产出衡量其投入量的多少，以此对产业的生产过程做出判断。这种方法比较容易理解，是经济核算中常用的传统方法。其缺点是对于一些投入或产出指标很难定量化，如文化知识投入、管理投入等，因此，在运用该方法进行产业国际竞争力评价建模时，应充分考虑各种影响因素，给出一种科学合理的量化方法，使投入产出模型更加符合产业国际竞争实际。

（4）加权综合法。这种方法的总体思路是：首先，设计竞争力的评价指标；其次，根据各指标对竞争力的影响力大小赋予相应的权重；最后，做综合加权运算，得到竞争力的综合评价结果。这种方法思路容易理解，操作也比较简单。但其缺点也比较明显：由于指标权重的确定具有主观性或随机性，因此，难以保证评价结果的客观性和准确性。为此，基于指标权重的确定又展开了广泛讨论，开发了各种各样的权重确定方法，例如，层次分析法、模糊运算法、神经网络、主观概率调查法等。其中层次分析法是目前比较成熟的一种加权综合法，它模拟人脑对客观事物的分析与综合过程，是一种将定量分析与定性分析有机结合起来的评价方法，具有简单明了、层次清晰、系统性强等优点，应用最为广泛。

2. 评价模型的选择

本报告采用加权综合法。其常用的评价模型包括线性评价模型、非线性评价模型和理想点模型等。我们采用要求均衡性较强的非线性评价模型。公式如下：

$$y = \prod_{j=1}^{m} x_j^{w_j} \quad (j=1,\ 2,\ \cdots,\ m)$$

式中：y 为评价对象的综合评价结果，w_j 为指标 x_j 的权重。这种模型中，如果有一项指标偏低，那么这种情况会迅速地反映到综合评价结果当中。

（二）测算方法和权重的确定

（1）区域物流竞争力的指标分为三级，在三级指标合成二级指标时，采用先标准化再等权相加的方法；而在二级指标合成一级指标以及一级指标合成区域物流竞争力指数时均采用方差加权和熵值法结合的综合赋权方法，其公式为：

$$w_j = \rho w_{jd} + (1-\rho)\, w_{je}$$

式中：w_{jd} 为用方差加权法算出的权重；w_{je} 为用熵值法算出的权重；ρ 系数取 0.6。

（2）w_{jd} 的确定。

$$w_{jd} = \frac{s_j}{\sum_{t=1}^{m} s_t} \quad j=1,\ 2,\ \cdots,\ m$$

式中，

$$s_j = \sqrt{\frac{\sum_{i=1}^{n}(x_{ij}-\bar{x}_j)^2}{n}};\ \bar{x}_j = \frac{\sum_{i=1}^{n} x_{ij}}{n},\ j=1,\ 2,\ \cdots,\ m$$

（3）w_{je} 的确定。

$$w_{je} = \frac{\alpha_j}{\sum_{i=1}^{n} \alpha_i} \quad j=1,\ 2,\ \cdots,\ m$$

式中，$\alpha_j = 1-e_j$ 为差异系数；而 $\ln p_{ij}$ 为第 j 项指标的熵值；

$$e_j = -\frac{1}{\ln n}\sum_{i=1}^{n} p_{ij}$$

式中，

$$p_{ij} = \frac{x_{ij}}{\sum_{i=1}^{n} x_{ij}} \quad x_{ij} > 0 \text{ 且} \sum_{i=1}^{n} x_{ij} > 0$$

（三）指标数据的标准化

由于各项指标数据的量纲不同，首先必须对所有指标数据进行无量纲化处理。本研究主要采取指数化法和标准化法。

指数化法的公式：

$$Z_i = \frac{x_i}{x_0} \ (i=1,\ 2,\ \cdots,\ n)$$

式中，Z_i 为指标指数；x_i 为原始指标数据；$x_0 = \max(x_i)$。

标准化法的公式：

$$Z_i = \frac{x_i - \bar{x}}{s} \ (i=1,\ 2,\ \cdots,\ n)$$

式中，$\bar{x}=\frac{\sum_{i=1}^{n}x_i}{n}$；$s=\sqrt{\frac{\sum_{i=1}^{n}(x_i-\bar{x})^2}{n}}$。

七、湖南省 14 个市州区域物流竞争力 2013 年度排名及分析

（一）湖南省 14 个市州区域物流竞争力排名

根据上述方法与模型，对湖南省 2013 年 14 个市州的区域物流竞争力进行测算（报告中的数据全部来自《湖南统计年鉴 2014》），得出了 2013 年湖南省 14 个市州的区域物流竞争力的综合指数和排名（见表 2-2 与图 2-1）。

表 2-2　　2013 年湖南省 14 个市州区域物流总竞争力指数及排名

	长沙市	株洲市	湘潭市	衡阳市	岳阳市	益阳市	郴州市	常德市	娄底市	永州市	怀化市	邵阳市	张家界市	湘西州
区域物流总竞争力指数	0.9387	0.5412	0.5265	0.4971	0.4772	0.4435	0.4038	0.3824	0.3699	0.3436	0.3433	0.3109	0.2975	0.2844
区域物流总竞争力排名	1	2	3	4	5	6	7	8	9	10	11	12	13	14

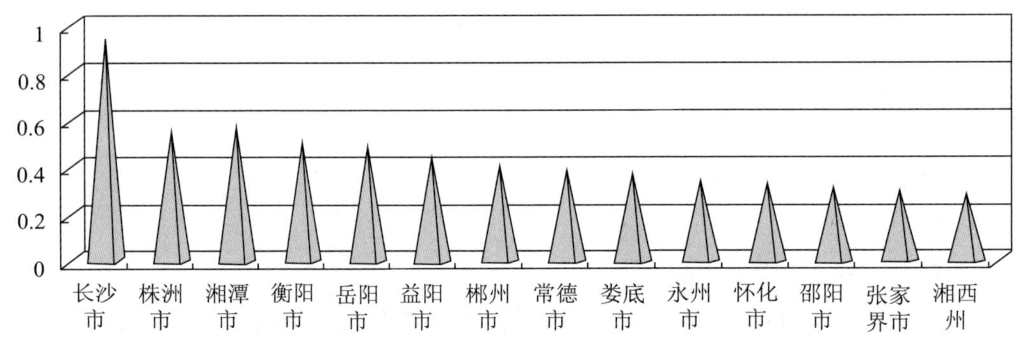

图 2-1　2013 年湖南省 14 个市州区域物流竞争力指数比较

为了充分发现各市州区域物流发展的差距，我们按 10 个二级指标的分项指数情况进行展示（见表 2-3）。

表 2-3 湖南省 14 个市州区域物流二级指标的分项指数

市州名称	物流基础设施指数 B1	信息技术指数 B2	物流产业结构指数 B3	物流产业结构转化速度指数 B4	物流人才指数 B5	地区参与国际市场程度化指数 B6	区域经济规模指数 B7	地区建设和仓储用地指数 B8	地区政府推销能力指数 B9	地区财政水平指数 B10
长沙市	0.87925	0.983786	0.902502	0.712326	0.684915	0.857251	0.902163	0.946667	0.913455	0.994877
株洲市	0.507	0.54282212	0.722365	0.536347	0.481366	0.257453	0.433851	0.579238	0.14816	0.473595
湘潭市	0.828	0.49244687	0.68958	0.522695	0.443761	0.406262	0.365026	0.519158	0.167358	0.44086
衡阳市	0.41	0.33355801	0.635689	0.966712	0.688175	0.137209	0.353724	0.523374	0.159771	0.345649
邵阳市	0.35775	0.27842616	0.907574	0.498628	0.71572	0.029687	0.179308	0.367451	0.064581	0.244146
岳阳市	0.418	0.43112564	0.673436	0.647143	0.566418	0.037659	0.51364	0.649578	0.159595	0.35674
常德市	0.37475	0.36922513	0.62591	0.64305	0.632923	0.029415	0.357279	0.597313	0.158153	0.337345
张家界市	0.5325	0.42184473	0.666184	0.668848	0.344612	0.007336	0.126371	0.201308	0.068643	0.384596
益阳市	0.2635	0.34301059	0.664092	0.755061	0.618879	0.040515	0.209277	0.28006	0.142083	0.407236
郴州市	0.35575	0.41187093	0.497032	0.546469	0.676483	0.08772	0.351089	0.30483	0.278431	0.32079
永州市	0.3375	0.23566574	0.655975	0.883526	0.66832	0.093643	0.192085	0.204609	0.14546	0.318419
怀化市	0.43225	0.32599091	0.854573	0.761273	0.539913	0.040647	0.18743	0.12066	0.063236	0.352508
娄底市	0.27025	0.32256488	0.541649	0.620445	0.61006	0.111993	0.268844	0.442619	0.079209	0.341757
湘西州	0.1585	0.31825952	0.637273	0.715587	0.438935	0.092832	0.132142	0.075269	0.056807	0.57858
均值	0.4375	0.4162008	0.697952	0.680327	0.57932	0.162312	0.333576	0.415152	0.192249	0.421221

（二）结果分析及湖南省区域物流发展布局

对湖南省区域物流竞争力测算的结果进行分析，可以发现湖南省区域物流产业竞争力在2013年出现了一些变化。从历史经验来看，对2009年与2012年湖南区域物流竞争力排名之间进行拟合，发现决定系数为0.9287，说明2009年与2012年排名之间相关程度很高，表明湖南区域物流竞争力发展具有很强的历史惯性。但是，经过各地区的努力，湖南省区域之间物流发展水平差异出现缩小的趋势。另外，有些地区（如益阳、怀化）竞争力指数改善较明显，排名上升。

计算结果表明，湖南省各市州区域物流竞争力的差距主要产生于物流基础设施竞争力、区域经济活力与地区政府管理能力这三项指标上。其中，物流产业竞争力指数与区域经济活力呈明显正向相关关系。物流产业与经济发展彼此联系、相互促进，物流产业竞争力强，物流效率高、物流成本低，既能保证物流顺畅，又可以提高经济效益，从而促进经济发展；同时，经济快速发展，物流需求不断扩大，以此带动物流产业的进一步发展。竞争力最强的长沙市、湘潭市和株洲市都是湖南经济相对发达的地区，其工业经济在湖南处于领先水平；衡阳市、郴州市作为湖南承接产业转移的前沿，物流产业取得了长足的发展，在省内位居前列。竞争力较强的岳阳等都是交通枢纽城市，区位优势十分明显，拥有陆、水、空各种运输能力，为物流产业的发展提供了良好的条件。

通过上述分析可以勾勒出湖南省各市州物流发展的空间整体布局：以长株潭为中心，以物流发展水平较好的衡阳、岳阳、常德、郴州等为节点，连接其他城市，并形成点、线、面相结合的物流发展体系。其中，中心和节点城市有物流发展优势，应优先发展，使其成为区域物流中的增长极，辐射周边地区。

湖南物流的发展需要区域统筹，也需要兼顾区域特点协同发展。毋庸置疑，长株潭城市圈物流业发展潜力巨大，未来将成为湖南省区域物流发展的中心地带。同时，衡阳、岳阳、郴州和常德等地物流发展相对成熟，作为区域物流建设的节点城市，也属于应优先发展的地区。这几个城市物流发展地理区位优势比较显著。衡阳地处湖南省中南部，是重要的交通枢纽城市，人口集中，经济比较发达；岳阳毗邻洞庭湖，航运发达，其航运系统渗透湘资沅澧四大河流，是湖南省最大航运物流中心；郴州是湖南的“南大门”，东界江西赣州，南邻广东韶关，在承接沿海地区产业转移上有明显的区位优势，发展潜力巨大；常德是近几年湖南省经济增长最快的地区之一。这些地区可兴建具有一定规模的物流园区或保税物流园区，尽快将地理区位优势转化为经济发展优势。在地理位置上，岳阳、常德位于湖南省北部，属于环洞庭湖区域，连接长江经济带；衡阳地处中南部，郴州坐落于南部地区，是湘南承接产业转移的重要区域。这几个城市可作为连接湖南省区域物流建设的重要的节点城市，积极与周边地带进行互动，加强物流网络体系的建设，加强经济联系，带动周边地区的物流建设和社会经济发展。

邵阳、娄底、益阳、永州、怀化、张家界、湘西自治州等城市地处湖南省中西部地区。前些年，由于地形复杂，山高路险，使交通建设非常困难，相比之前几个城市经济发展和物流建设相对落后，劣势比较明显。但是近几年来，这些地区政府提供了大量扶持手段和优惠政策，吸引外来投资，同时加快和加强了物流交通基础建设。此外，它们在经济建设上开始向其他节点城市或中心城市靠拢，加强发展其薄弱环节，已经开始摆脱前些年物流落后的状况。例如，怀化将自己定位为东西部经济合作的“二传手”，力图构筑东西部的商贸物流中心，推动传统商贸向现代商贸物流转型发展；永州正力图成为湘粤桂边界地区的交通枢纽和物流中心，紧抓铁路、公路、水运和航空交通系统建设，构筑四位一体的立体交通网络；益阳则积极融入长株潭城市群，按照“大产业、大物流、大市场”的发展思路大力发展农产品冷链物流，目前，益阳果蔬生产经营已基本形成规模化、区域化、专业化的格局，成为农民增收、农村致富的一个重要产业。

根据上述计算结果分析，张家界和湘西自治州物流发展仍有待提高，物流发展在省内各地区中处在末位，造成这种状况的主要因素仍是交通条件。但是，这两个城市旅游业比较发达，张家界的奇山怪石、自然风光和湘西自治州的凤凰古城等是全国知名的旅游景区，旅游业已然成为当地的支柱产业。旅游业要做大做强，同样需要强有力的交通系统作为支持。因此，这两地区正以此为契机，抓住机遇，在进行旅游区开发的同时搞好交通基础设施建设，以促进特色物流产业的发展。

八、总结评述

研究报告根据对区域物流竞争力的解释性因素的理解，利用三级区域物流竞争力指标体系，并运用基于方差加权与熵值法相结合的综合赋权法的非线性评价模型对湖南省 14 个市州的物流竞争力指数进行了计量，所计算出的结果与湖南省物流发展现状非常吻合。这也说明了报告中所建指标体系及方法运用的有效性。

区域物流是一个复杂的有机系统，是以提高本区域物流活动的水平和效率、扩大物流活动的规模和范围为目标，以物流中心城市为中心节点，以区域物流网络为基础，通过各种运输方式，在各种物流机制下，经过众多物流功能与物流运作各参与主体的综合作用，使区域内外的各类物品从供应地向需求地进行有效实体流动的复杂网络系统。湖南省各市州由于所处地理位置、资源禀赋、经济发展水平、产业结构、科技水平、人力资源、政府调控、支持力度等方面不同，区域物流发展存在较大差异。各地区主管部门、物流企业等主体只有客观认识区域物流协同成长关系，对本地区物流所处的成长水平与协同水平有一个科学、正确的评价，按照区域物流成长规律办事，才能真正促进本地区物流可持续健康发展。

区域物流协同演化关系表现为以下几个方面：①物流经济单元层面。在一个特定的区域物流市场，会存在各种不同类型的物流企业，同时也会存在不同类型的企业物流，这些非物流企业也会有相应的部门（如采购部、物流部等）从事专门的物流活动。从物流经济单元层面看，区域物流系统“种群”间存在竞争与协作的复杂关联。②物流地域层面。从地域层面看，区域物流由多个物流区域（物流园区、区域物流中心城市、物流经济带等）组成，由于物流在社会生产消费过程中的衔接作用，不同区域之间的物流活动需要满足其所在地域社会、经济、文化以及环境发展的综合需要，这就使各物流区域的物流活动之间必须进行协作。③协同机制层面。随着区域物流系统内部各子系统之间、区域物流系统与环境之间的持续协同，区域物流系统将不断发生新质出现、旧质消亡的现象，并呈现出不同的阶段性特点：物流中心城市阶段、物流经济带阶段、物流网络阶段、物流经济圈阶段。因此，区域物流协同促进了区域物流的整体进步。

要取得区域物流协同发展的成效，就必须正确理解区域物流发展与区域物流协同的内涵。区域物流协同发展包括区域物流内部协同发展和区域物流外部协同发展两层含义，是区域物流内部协同与外部协同的统一。从协同形式看，区域物流协同体现为多个区域物流智能主体之间的协同。区域物流多主体协同是区域物流系统中供给主体、需求主体、网络运营主体、政府部门、高等学校、金融机构、行业协会等在物流运作过程中的合作、协调、同步。区域物流的有效运转必须依靠区域物流系统多个智能主体的协同，才能最大限度地实现区域物流系统的整体高效与经济效益的最大化。其次，要正确处理区域物流发展与区域物流协同的关系。区域物流发展与区域物流协同之间存在十分密切的关系。一方面，区域物流协同促进了区域物流发展；另一方面，区域物流发展离不开区域物流系统内部各子系统（要素）之间以及区域物流系统与外部环境之间的协同，区域物流协同是区域物流发展的基础和前提。从数量关系上讲，区域物流发展与区域物流协同之间是一种线性正相关关系，区域物流协同效应与水平越高，区域物流发展基础越好，起点越高，那么区域物流发展水平就越高。最后，各地区政府在制定物流相关政策时，既要考虑结果，也要看到现状，更要关注过程。在提出一个地区的物流发展规划或对策之前，首先要对区域物流成长与区域物流协同之间的关系有一个客观认识，并对本地区物流成长与协同水平有一个科学评价。这个评价既要有横向的，也要有纵向的。通过横向评价，可以看到本地区与其他地区在成长基础、协同效应、协同水平等方面的差距；通过纵向评价，可以看到本地区区域物流成长的轨迹（过程），了解区域物流协同效应与协同水平的波动情况，可以深入分析波动产生的原因，并采取相应措施（如建立或完善协同机制、出台管理规范、制定物流技术标准等）。

2013 年湖南省制定了《湖南省流通产业总体规划》，规划建立长株潭、环洞庭湖、大湘西、大湘南四大区域物流体系。从研究的结果来看，湖南省区域物流的协同发展开始慢慢彰显成效。湖南省各市州在立足自身特点的基础上，逐步整合与优化内外部资源，各区域物流的协同在不断深化。

区域物流发展篇

第三章　长株潭城市群物流发展研究

长株潭城市群是以长沙、株洲、湘潭三市为依托，辐射周边岳阳、常德、益阳、衡阳、娄底五市的区域，总面积 9.68 万平方千米，人口 4047 万，分别占全省的 45.8%和 61%。2013 年，城市群实现 GDP 19645.39 亿元，占全省的 80.2%。其中，作为城市群核心的长株潭三市，沿湘江呈品字形分布，两两相距不足 40 千米，既有绿色带隔离，又有高速路网联结，是不可多得的优质城市群资源。长株潭三市总面积 2.8 万平方千米，人口 1373.6 万，分别占全省的 13.3%和 20.8%，2013 年长株潭三市实现 GDP 10539.19 亿元，占全省的 43 %。区域内盆地与丘陵间错、城镇与乡村交织，形成独特的空间组合；良好的山体、水域、绿心生态开敞区，构成独特的生态本底，农业科技、市场体系、物质装备和基础设施等基础条件较好。京广、浙赣、湘黔、湘桂等铁路干线交汇，京珠、上瑞高速及 106、107、319、320 四条国道贯通，水运内联湘资沅澧、外达长江，2013 年黄花国际机场旅客吞吐量达到 1600 万人次，在中部排名第一。集中了全省 3/4 的研发人员、80%的科技成果。湖南多年推进长株潭经济一体化，是“中国第一个自觉进行区域经济一体化实验的案例”。

一、长株潭城市群三市经济发展总体状况

（一）长株潭城市群三市经济发展概况

1. 长沙市经济发展概况

2013 年全年实现地区生产总值（GDP）7153.13 亿元，比上年增长 12.0%。分产业看，第一产业实现增加值 291.15 亿元，增长 3.0%；第二产业实现增加值 3946.97 亿元，增长 12.5%，其中工业实现增加值 3352.34 亿元，增长 13.2%；第三产业实现增加值 2915.01 亿元，增长 12.1%。第一、第二、第三产业分别拉动 GDP 增长 0.1 个、7.0 个、4.9 个百分点，第三产业对 GDP 增长的贡献率分别为 0.9%、58.4%、40.7%。按常住人口计算，人均 GDP 达 99570 元，比上年增长 10.8%。三次产业结构调整为 4.1∶55.1∶40.8。全部工业增加值占 GDP 的比重达 46.9%。全市非公有制经济实现增加值 4433.27 亿元，占 GDP 的比重达 62.0%。如图 3－1 所示。

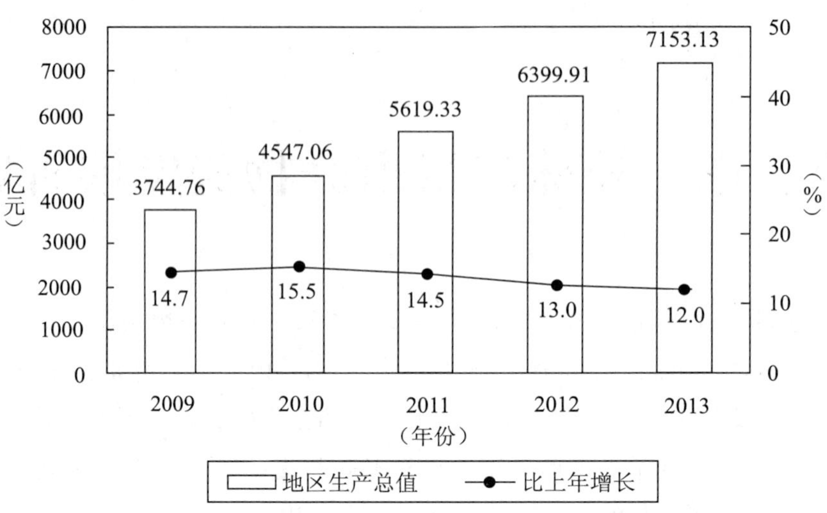

图 3-1　2009—2013 年长沙市地区生产总值及其增长速度

2013 年全年财政总收入 883.89 亿元，同口径增长 19.5%，其中公共财政预算收入 536.63 亿元，同口径增长 23.8%。公共财政预算支出 695.84 亿元，增长 11.4%。如图 3-2 所示。

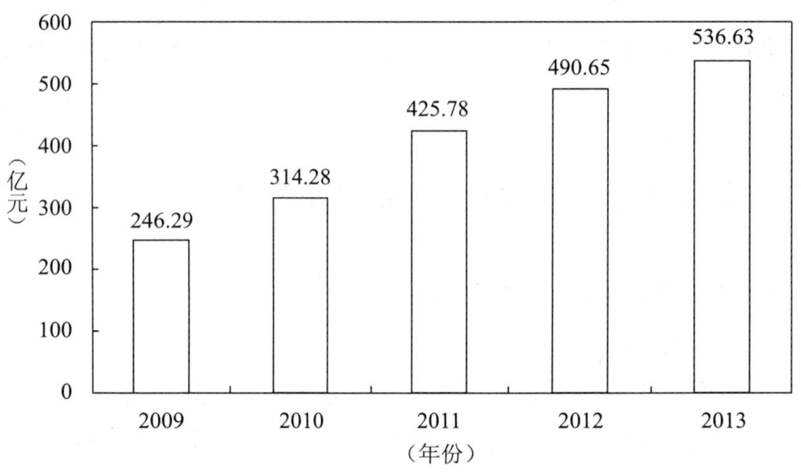

图 3-2　2009—2013 年长沙市公共财政预算收入

2013 年全年完成固定资产投资 4593.39 亿元，比上年增长 20.1%。分城乡看，城镇固定资产投资 4254.57 亿元，增长 19.6%；农村投资 338.82 亿元，增长 25.7%。全市计划总投资超过 5000 万元的在建项目 1489 个，全年完成投资 1719.65 亿元，占固定资产投资总额的 37.4%。如图 3-3 所示。

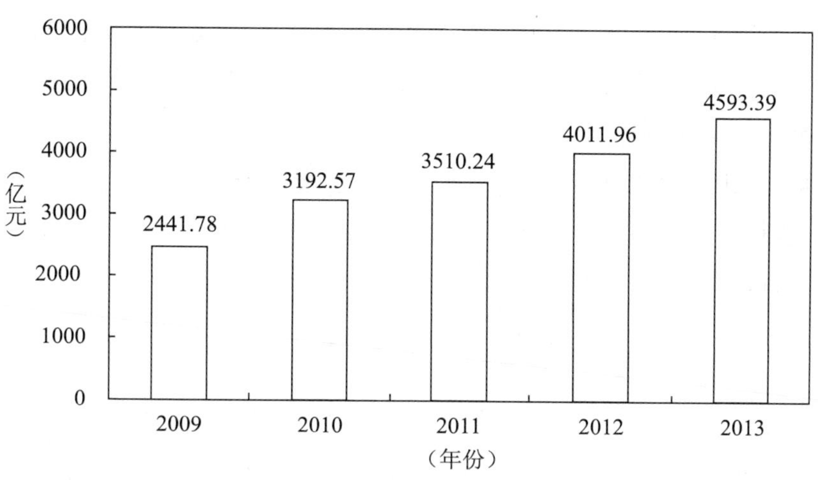

图 3-3 2009—2013 年长沙市固定资产投资

在固定资产投资中，第一产业完成投资（不含水利建设投资）84.91 亿元，比上年增长 18.7%；第二产业完成投资 1494.71 亿元，增长 25.2%，其中工业投资 1467.85 亿元，增长 26.2%；第三产业完成投资 3013.77 亿元，增长 17.7%。高新技术产业投资 200.57 亿元，下降 17.7%。全年基础设施建设完成投资 829.32 亿元，增长 30.8%。

2013 年全年完成房地产开发投资 1153.61 亿元，比上年增长 11.8%。全市商品房销售面积 1840.59 万平方米，增长 20.5%。全市商品房销售额 1160.38 亿元，其中住宅销售额 946.53 亿元，增长 22.0%。

2. 株洲市经济发展概况

2013 年，全市生产总值 1948 亿元，增长 10.5%。其中第一产业增加值 154.7 亿元，增长 2.9%；第二产业增加值 1170.3 亿元，增长 11.4%，其中工业增加值 1042.1 亿元，增长 11.6%；第三产业增加值 623 亿元，增长 10.6%。

全市三次产业结构由上年的 8.2∶60.3∶31.5 调整为 7.9∶60.1∶32，其中，第一产业比重下降 0.3 个百分点，第二产业比重下降 0.2 个百分点，第三产业比重提高 0.5 个百分点。第一、第二、第三产业对 GDP 增幅贡献点分别为 0.2 个、7 个和 3.3 个百分点，贡献率分别为 2.3%、66.4%和 31.3%。

全市公共财政预算总收入 235.6 亿元，增长 10.2%。其中，地方收入 148.6 亿元，增长 9.8%。全市工业增值税 51.3 亿元，增长 6.9%；建筑业营业税 9.4 亿元，增长 16.5%；第三产业营业税 22.4 亿元，增长 7.8%。税收收入占公共财政预算总收入的比重为 70.1%。

全市固定资产投资 1505.3 亿元，增长 30.8%。其中公有制经济投资 484.5 亿元，增长 35.5%；非公有制经济投资 1020.8 亿元，增长 28.8%。分产业看，第一产业投资 31.3 亿元，增长 1.4 倍；第二产业投资 786.3 亿元，增长 28.2%；第三产业投资 687.7 亿元，增长31.3%。全年施工项目2585个，本年度新开工项目2150个，增长21.1%；投资亿元以上项目个数172个，增长20.3%，亿元以上新开工项目70个，增长9.4%。

3. 湘潭市经济发展概况

2013年全市地区生产总值1438.1亿元，比上年增长11.0%。其中，第一产业增加值116.0亿元，增长2.9%；第二产业增加值851.8亿元，增长10.9%；第三产业增加值470.3亿元，增长13.3%。按常住人口计算，人均地区生产总值51538元，增长10.3%。如图3-4所示。

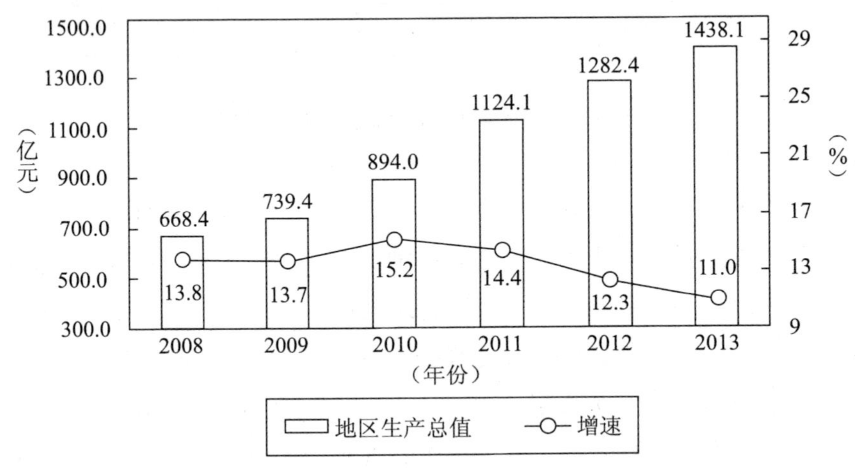

图3-4　2008—2013年湘潭市地区生产总值及其增长速度

全市三大产业结构为8.1∶59.2∶32.7。第一、第二、第三产业对经济增长的贡献率分别为2.4%、57.4%和40.2%。其中，工业增加值对经济增长的贡献率为53.0%。非公有制经济增加值904.7亿元，比上年增长14.1%，占地区生产总值的比重为62.9%。

全市财政总收入144.7亿元，比上年增长18.4%。公共财政预算收入97.9亿元，增长15.5%。其中税收收入46.63亿元，增长16.4%；非税收入51.27亿元，增长14.7%。上划两税收入28.5亿元，增长35.0%；上划所得税收入13.2亿元，增长13.5%；上划省级营业税、资源税5.1亿元，增长7.8%。全市公共财政预算支出183.42亿元，增长15.7%。其中，一般公共服务、社会保障和就业、医疗卫生、城乡社区事务和农林水事务分别支出21.2亿元、28.2亿元、13.3亿元、23.8亿元和16.7亿元，分别增长11.1%、8.0%、12.7%、35.6%和36.4%。

全市固定资产投资（不含农户）1214.9亿元，比上年增长35.9%。按经济类型分，国有投资396.5亿元，增长33.3%；非国有投资818.4亿元，增长37.2%；民间投资761.4亿元，增长39.4%。按投资方向分，民生工程投资78.9亿元，增长1.6倍，生态环境投资 30.4 亿元，增长 2.3 倍；基础设施投资 288.9 亿元，增长 79.9%；高新技术产业投资 23.8 亿元，增长 17.1%；技改投资 668.1 亿元，增长 23.7%。

全市房地产开发投资 122.3 亿元，比上年增长 30.3%。其中，住宅投资 86.98 亿元，增长 21.9%。商品房屋销售面积 242.0 万平方米，增长 24.7%。其中，住宅销售面积 218.6 万平方米，增长 20.2%。商品房销售额 91.5 亿元，增长 39.6%。其中，住宅销售额 79.8 亿元，增长 33.8%。

全市施工项目共计 2407 个，新开工项目 2023 个。亿元以上项目 173 个，完成投资 319.1 亿元，占全部投资的比重为 26.3%。

（二）长株潭城市群三市经济发展比较分析

长株潭城市群所涵盖的区域 2013 年 GDP 总额为 10539.23 亿元，占全省 GDP 的 43%；长株潭城市群区域平均 GDP 增幅为 11.17 %，高于全省平均发展水平 1.07%。如表 3-1、图 3-5、图 3-6 所示。

表 3-1　2013 年长株潭城市群涵盖地区 GDP 情况

地区	地区国民生产总值 GDP（亿元）	GDP 增幅（%）
长沙市	7153.13	12
株洲市	1948	10.5
湘潭市	1438.1	11
长株潭三市合计	10539.23	11.17
湖南省	24501.7	10.10
长株潭三市合计占湖南比重（%）	43	—

资料来源：湖南省各地区统计公报，2013。

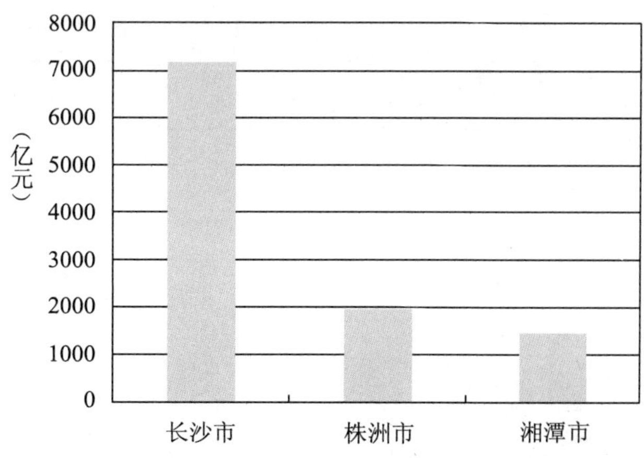

图 3-5　2013 年长株潭地区国民生产总值 GDP 情况

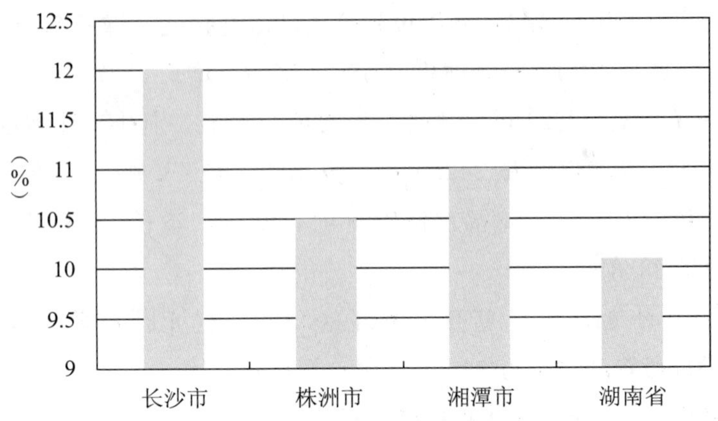

图 3-6　2013 年长株潭地区国民生产总值 GDP 增幅情况

在长株潭三市中，长沙地区国民生产总值远高于其他两个城市，三市的 GDP 增幅均高于全省平均水平，其中长沙增长速度最快，湘潭次之。

从经济结构来看，长株潭城市群所涵盖的区域加快转变经济发展方式，产业结构逐步优化。如表 3-2、图 3-7 至图 3-9 所示。

表 3-2　2013 年长株潭城市群涵盖地区 GDP 情况

地区	第一产业增加值（亿元）	增幅（%）	第二产业增加值（亿元）	增幅（%）	第三产业增加值（亿元）	增幅（%）	人均生产总值（元）
长沙市	291.15	3	3946.97	12.5	2915.01	12.1	99570
株洲市	154.7	2.9	1170.3	11.4	623	10.6	—
湘潭市	116	2.9	851.8	10.9	470.3	13.3	51538
长株潭三市合计或平均	561.85	2.93	5969.07	11.60	4008.31	12.00	—
湖南省	3099.2	2.80	11517.4	10.90	9885.1	11.40	36763
占湖南比重	0.18128872	—	0.5182654	—	0.4054901	—	—

资料来源：湖南省各地区统计公报，2013。

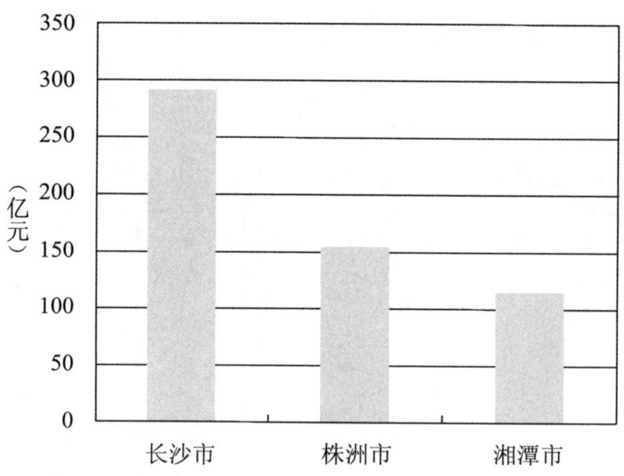

图 3－7　2013 年长株潭城市群地区第一产业增加值

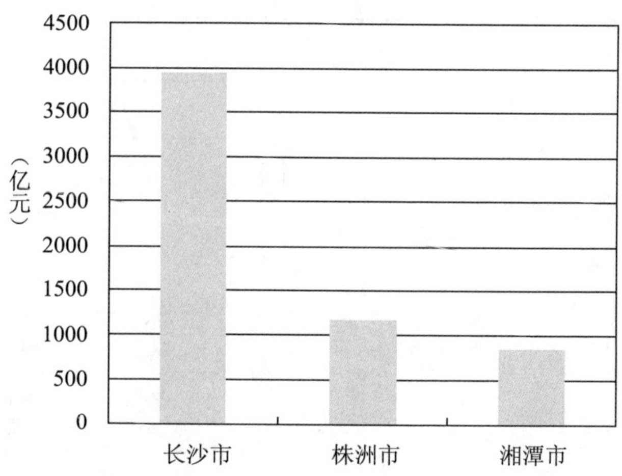

图 3－8　2013 年长株潭城市群地区第二产业增加值

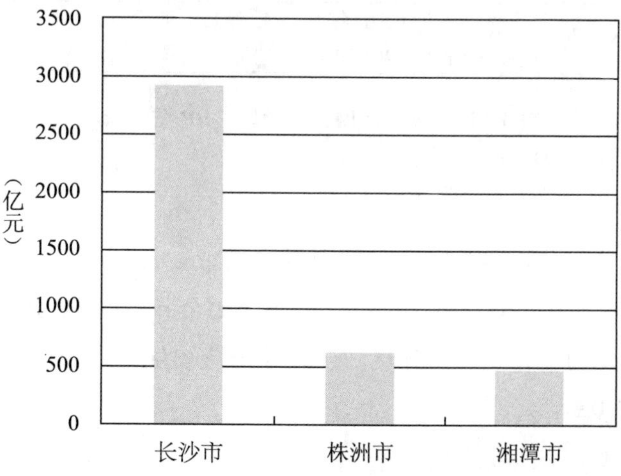

图 3－9　2013 年长株潭城市群地区第三产业增加值

在长株潭城市群三市中，三大产业增加值均为长沙市排列第一，且远远高于其余两个城市。如表 3-3 和图 3-10 所示。

表 3-3　2013 年长株潭城市群涵盖地区 GDP 结构情况　单位：%

地区	第一产业比重（2012 年）	第二产业比重（2012 年）	第三产业比重（2012 年）	第一产业比重（2013 年）	第二产业比重（2013 年）	第三产业比重（2013 年）
长沙市	4.3	56.1	39.6	4.1	55.1	40.8
株洲市	8.2	60.3	31.5	7.9	60.1	32
湘潭市	8.6	59.7	31.7	8.1	59.2	32.7
长株潭三市平均	7.03	58.70	34.27	6.70	58.13	35.17
湖南省	13.6	47.4	39	12.7	47	40.3

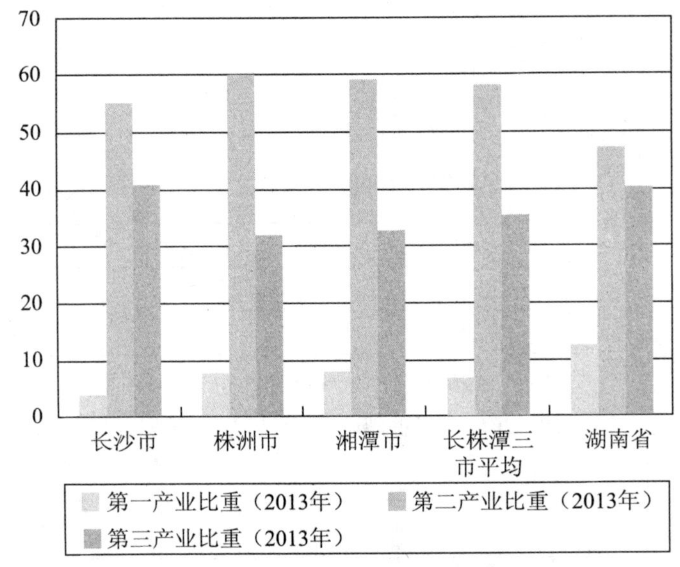

图 3-10　长株潭城市群地区 GDP 结构状况

资料来源：湖南省各地区统计公报，2013，本文整理。

通过对比长株潭三市 GDP 结构情况和全省平均值，发现长株潭三市的第一产业比重均值比全省均值低 6 个百分点，第二产业比重均值比全省均值高 11.3 个百分点，第三产业比重均指比全省均值低 4.73 个百分点，产业结构持续优化。

(三) 财政收入规模扩大

1. 财政实力雄厚

长株潭城市群区域 2013 年各财政收入总和 1264.19 亿元，占全省比例为 43%，平均增幅略低于湖南省 0.17 个百分点。如表 3-4、图 3-11 和图 3-12 所示。

表 3-4　　2013 年长株潭城市群涵盖地区财政收入情况

地区	财政收入（亿元）	财政收入增长率（%）
长沙市	883.89	19.5
株洲市	235.6	10.2
湘潭市	144.7	18.4
三市总和	1264.19	16.03
湖南省	2931.8	16.20
长株潭三市占全省（%）	43	—

资料来源：湖南省各地区统计公报，2013，本文整理。

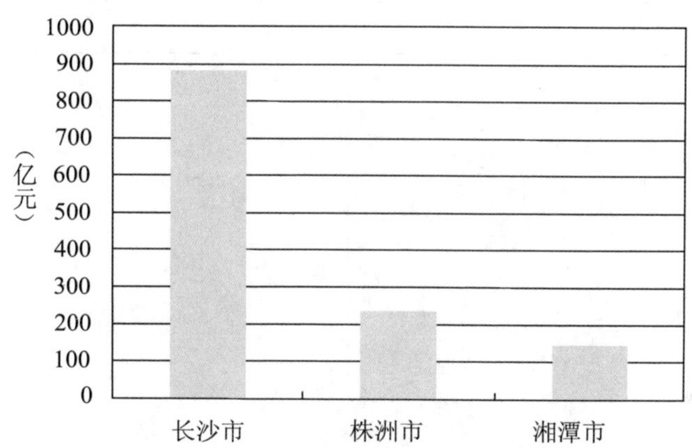

图 3-11　2013 年长株潭地区财政收入

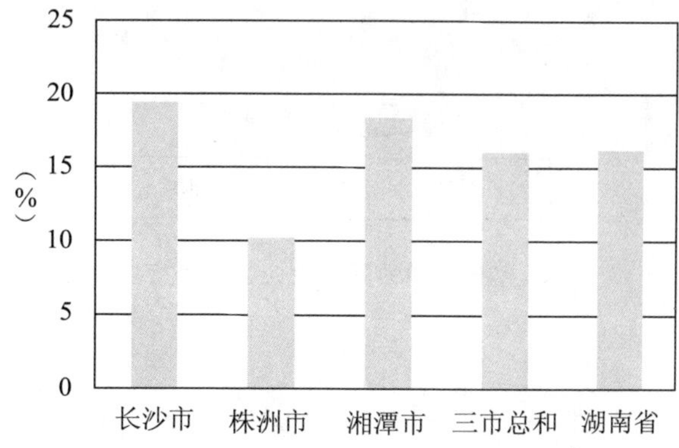

图 3-12　2013 年长株潭地区财政收入增长情况

2. 投资保持快速增长

2013 年，长株潭城市群地区全社会固定资产投资总额为 7313.59 亿元，占全省全社会固定资产投资的 40%，三市全社会固定资产投资总额平均增长率高于湖南省 2.83%。如表 3－5、图 3－13、图 3－14 所示。

表 3－5　2013 年长株潭城市群涵盖地区全社会固定资产投资总额情况

地区	全社会固定资产投资总额（亿元）	全社会固定资产投资总额增长率（%）
长沙市	4593.39	20.1
株洲市	1505.3	30.8
湘潭市	1214.9	35.9
长株潭三市总和	7313.59	28.93（平均）
湖南省	18381.4	26.10
长株潭三市占全省（%）	40	

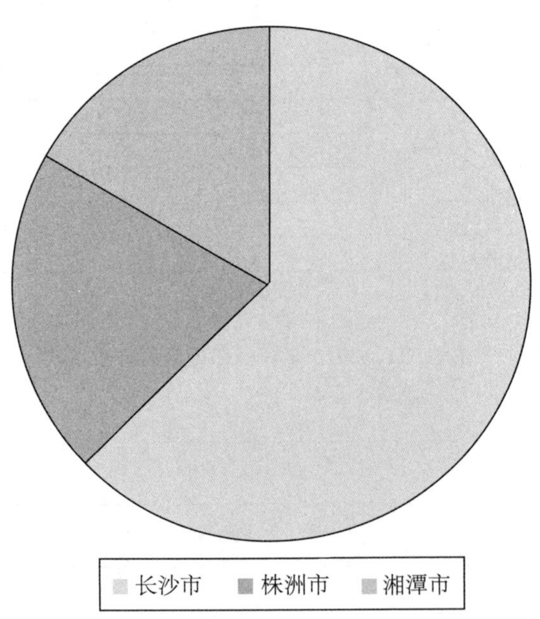

图 3－13　2013 年长株潭地区全社会固定资产投资比重情况

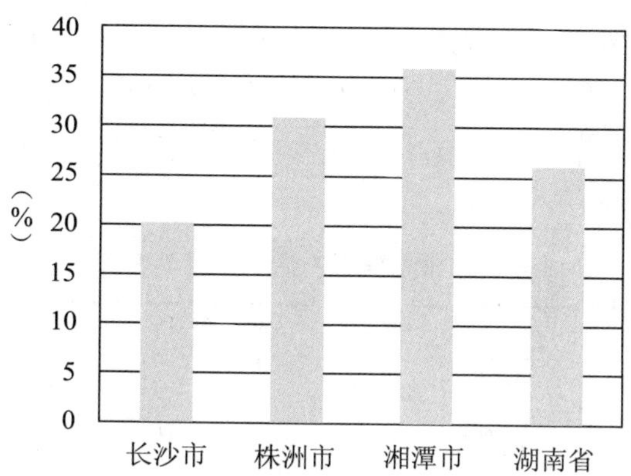

图 3-14　2013 年长株潭地区全社会固定资产投资总额增长情况

资料来源：湖南省各地区统计公报，2013，本文整理。

二、长株潭城市群物流发展的产业基础

（一）长株潭城市群三市物流发展的产业基础现状

1. 长沙市物流发展的产业基础现状

（1）农业。

2013 年完成农林牧渔业增加值 291.20 亿元，比上年增长 3.0%，其中农业增加值 171.31 亿元，增长 3.8%；林业增加值 13.47 亿元，增长 3.6%；牧业增加值 90.49 亿元，增长 1.0%；渔业增加值 10.60 亿元，增长 5.3%；农林牧渔服务业增加值 5.33 亿元，增长 5.0%。如图 3-15 所示。

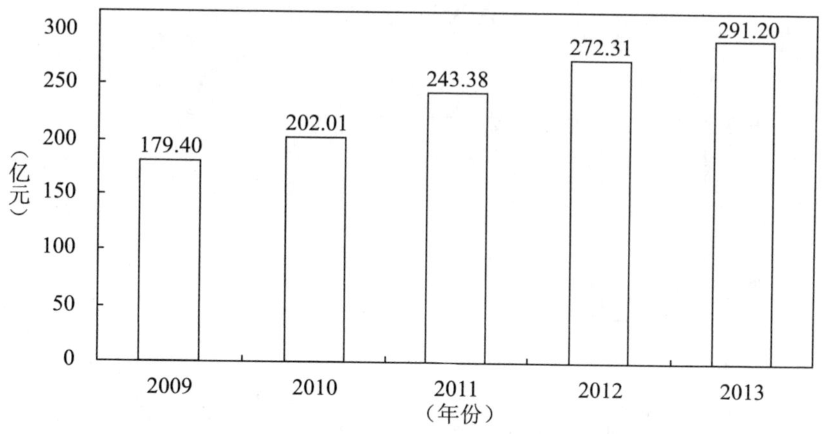

图 3-15　2009—2013 年长沙市农业农林牧渔增加值

全年粮食种植面积 37.1 万公顷，与上年持平，其中稻谷播种面积 34.0 万公顷，增长

0.6%，优质稻种植面积所占比重为80.5%；蔬菜种植面积16.8万公顷，增长8.6%；油料种植面积5.0万公顷，增长1.3%；出栏肉猪835.7万头，增长0.3 %。主要农产品产量保持稳定。如表3-6所示。

表3-6　　2013年长沙市主要农产品产量及其增长速度

产品指标	计量单位	产量	比上年增长（%）
粮食	万吨	244.35	−1.4
棉花	万吨	0.10	−7.7
油料	万吨	8.60	6.6
茶叶	万吨	2.86	5.5
蔬菜	万吨	535.64	7.8
禽蛋	万吨	5.55	3.8
水产品	万吨	11.94	4.6
出栏肉猪	万头	835.7	0.3
肉类总产量	万吨	71.51	0.5
牛奶	万吨	0.65	−17.9

全市农产品加工企业5747家，其中国家级、省级龙头企业59家，销售收入249.78亿元，实现净利润16.44亿元，上缴税金9.14亿元。农民专业合作组织5386个，比上年增长33.4%；入社农户10.09万户，参与农户24.16万户。

（2）工业。

全市实现工业增加值3352.34亿元，比上年增长13.2%，其中规模以上工业实现增加值2653.28亿元，增长14.0%。如图3-16所示。

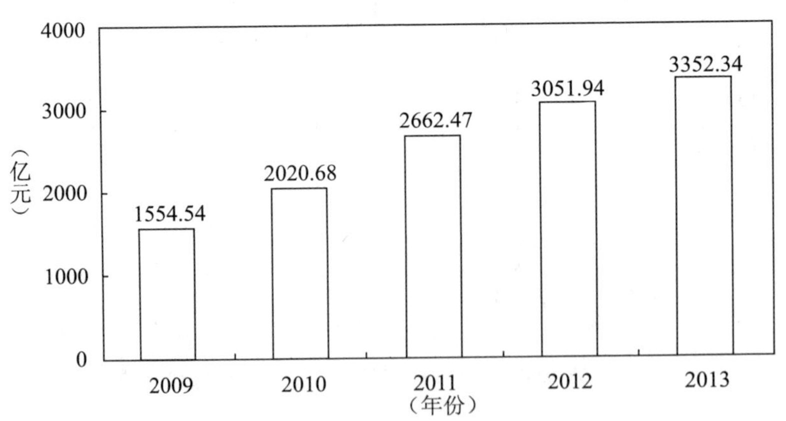

图3-16　2009—2013年长沙市全部工业增加值

在规模以上工业中，全市重工业实现增加值1511.65亿元，比上年增长15.4%。重工业增加值占规模工业增加值的比重达57.0%，对规模工业增长的贡献率达62.1%。全市园区规模以上工业增加值1604.88亿元，比上年增长13.9%，占全市规模以上工业增加值的60.5%，对规模以上工业增长的贡献率达62.7%。全市县域规模以上工业实现增加值1234.75亿元，比上年增长18.1%，高于全市平均水平4.1个百分点。

全市规模以上工业统计的196种主要产品产量中，产量增长的有132种，占产品数量的比重为67.3%。如表3-7所示。

表3-7　　2013年长沙市规模以上工业主要产品产量及其增长速度

产品名称	计量单位	产量	比上年增长（%）
卷烟	亿支	1862.10	1.3
焰火制品	亿元	317.35	20.5
化学农药原药	万吨	1.66	−5.2
涂料（油漆）	万吨	32.53	13.2
合成洗涤剂	万吨	19.48	28.1
中成药	万吨	0.83	−39.8
水泥	万吨	1423.19	7.9
铝材	万吨	75.51	11.1
起重机械	万吨	94.59	−8.3
混凝土机械	万台	4.53	−8.6
汽车	万辆	25.79	148.1
家用电冰箱	万台	20.04	21.4
电力电缆	万千米	132.35	2.8

全市规模以上工业企业经济效益综合指数达404.0，比上年提高24.9个百分点；实现主营业务收入7758.84亿元，比上年增长15.8%；利润总额达589.66亿元，增长13.0%；利税总额1431.12亿元，增长15.3%；亏损企业亏损额为19.02亿元，下降10.3%。

（3）商贸流通。

2013年实现社会消费品零售总额2801.97亿元，比上年增长14.1%，增速回落1.6个百分点；剔除物价因素实际增长12.2%。按经营地统计，城镇消费品零售额2714.08亿元，增长14.2%；乡村消费品零售额87.89亿元，增长12.6%。按消费形态统计，商品零售额2524.58亿元，增长15.3%；餐饮收入额277.39亿元，增长4.7%。

限额以上批发零售企业零售额比上年增长22.8%，分类别看，食品、饮料、烟酒类增长19.9%；服装、鞋帽、针纺织品类增长8.8%；化妆品类增长37.6%；金银珠宝类增长45.1%；体育、娱乐类增长4.7%；石油及制品类增长22.7%；通信器材类比上年增长3.8%；家用电器和音像器材类增长34.7%；汽车类增长28.2%。如图3-17所示。

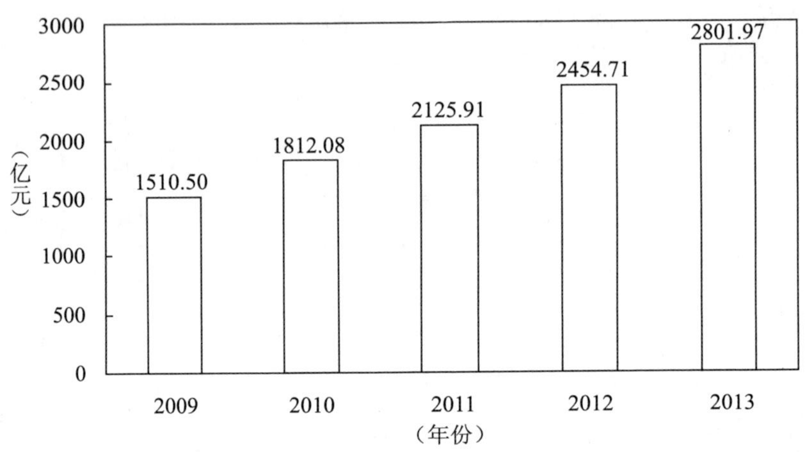

图3-17　2009—2013年长沙市社会消费品零售总额

（4）交通运输业。

全年全社会运输周转量410.13亿吨·公里，增长10.2%，旅客周转量增长8.7%，货物周转量增长10.7%。如表3-8所示。

表3-8　2013年长沙市交通运输业主要指标及其增长速度

指标	计量单位	绝对数	比上年增长（%）
货物周转量	亿吨·公里	334.07	10.7
铁路	亿吨·公里	46.41	−6.2
公路	亿吨·公里	235.25	14.1
水运	亿吨·公里	48.50	13.9
航空	亿吨·公里	0.81	11.7
旅客周转量	亿人·公里	276.7	8.7
铁路	亿人·公里	56.55	8.0
公路	亿人·公里	130.43	5.5
航空	亿人·公里	89.71	14.3

2. 株洲市物流发展的产业基础现状

(1) 农业。

2013年全市完成农林牧渔业增加值154.7亿元，增长2.9%。农业77.2亿元，增长3%；林业12.2亿元，增长3.3%；牧业55.6亿元，增长2.1%；渔业6.3亿元，增长5.6%。

全年粮食产量177.4万吨，下降1.8%；水果产量27.1万吨，增长11.5%；蔬菜产量246.8万吨，增长6%；水产品8.5万吨，增长7.7%；油料产量5.2万吨，增长21.4%；出栏牛羊60.7万头；猪、牛、羊肉总产量32万吨，增长0.5%。

(2) 工业。

2013年全市全部工业增加值首次突破千亿元，达到1042.1亿元，增长11.6%。规模工业实现增加值885.5亿元，增长12.6%；规模工业企业实现利润114.3亿元，增长32.7%；规模工业企业实现利税238.9亿元，增长32.9%；规模工业新产品产值476.4亿元，增长39.6%。

(3) 商贸流通业。

全市社会消费品零售总额660.3亿元，增长13.9%。其中限额以上企业消费品零售总额257.7亿元，增长18%。按限额以上企业批发零售商品分，吃类商品零售额40.3亿元，增长21.6%；穿类商品零售额68.8亿元，增长17.1%；用类商品零售额145.9亿元，增长18.4%；烧类商品零售额85.7亿元，增长16.4%。

全年进出口总额25.7亿美元，增长19.4%。其中，进口6.4亿美元，增长103.9%；出口19.3亿美元，增长4.9%。从对外出口国家看，对美国出口2.8亿美元，增长5.8%；对日本出口0.3亿美元，下降6.8%；对欧盟出口3.7亿美元，增长29.1%。从重点商品类别看，机电产品出口4.3亿美元，增长88.1%；高新技术产品出口2.2亿美元，增长121%。

(4) 交通运输业。

全市交通运输仓储邮政业增加值71.5亿元，增长5.5%。全市公路货运量1.9亿吨，增长13%；水运货运量0.9亿吨，增长11%。公路货物周转量213.9亿吨·公里，增长14.9%；水运货物周转量43.1亿吨·公里，增长18.3%。公路客运量1.6亿人，增长7.2%；水运客运量3.3万人，增长6.5%。公路旅客周转量83.7亿人·公里，增长6.3%；年末公路通车里程1.4万千米，增长1.6%。年末民用汽车保有辆61.9万辆。

3. 湘潭市物流发展的产业基础现状

(1) 农业。

全市粮食播种面积213.6千公顷，比上年增长0.4%；油料种植面积18.0千公顷，与上年持平；蔬菜种植面积58.7千公顷，增长7.7%。

全市粮食总产量 146.7 万吨，比上年下降 1.4%；油料产量 1.9 万吨，增长 7.9%；水果产量 6.8 万吨，增长 7.7%；蔬菜产量 172.9 万吨，增长 7.4%。全年出栏生猪 561.6 万头，增长 0.2%。

2013 年年末全市有市级以上农业产业化龙头企业 111 家，农民专业合作社 833 家。农业产业化龙头企业中，年销售收入过 20 亿元的 2 家，比上年增加 2 家；过 10 亿元的 6 家，增加 4 家；过 1 亿元的 45 家，增加 6 家。

（2）工业。

全市规模以上工业增加值比上年增长 11.2%。规模以上战略性新兴产业增加值增长 12.2%。规模以上高加工度工业和高技术产业增加值分别增长 14.5%和 26.9%。非公有制规模以上工业增加值增长 14.9%。如图 3－18 所示。

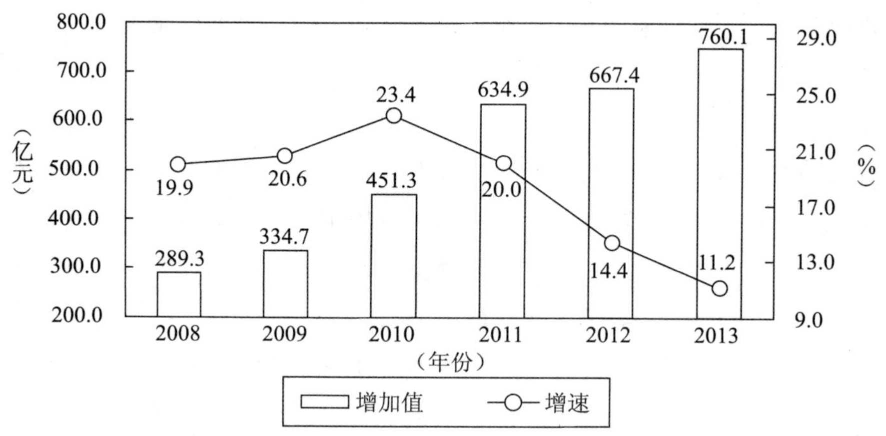

图 3－18　2008—2013 年湘潭市规模以上工业增加值及其增长速度

全市规模以上工业统计的主要工业产品中，产量增长的有 114 种，占产品总数的比重为 67.1%。原煤 88 万吨，比上年增长 7.4%；水泥 800 万吨，增长 6.2%；钢材 656.1 万吨，增长 4.5 %；交流电动机 647.2 万千瓦，增长 4.2%；风力发电机 102.3 万千瓦，增长 49.1%；汽车 17.4 万辆，增长 31.8%；发电量 87.2 亿千瓦・时，下降 7.0%；起重机械 3.0 万吨，下降 3.2%；燃气具 220.9 万台，下降 12.1%。

全市规模以上工业企业实现主营业务收入 2547.3 亿元，比上年增长 12.9%；盈亏相抵后实现利润 64.7 亿元，增长 82.8%。其中，国有企业实现利润 7.1 亿元；集体企业实现利润 0.8 亿元，增长 21.5%；股份制企业实现利润 47.1 亿元，增长 2.1 倍；外商及港澳台商投资企业实现利润 9.1 亿元，下降 7.8%。

（3）商贸流通业。

全市社会消费品零售总额 398.0 亿元，比上年增长 14.0%。按行业分，批发和零售业零售额 332.6 亿元，增长 13.8%；住宿和餐饮业零售额 65.5 亿元，增长 15.2%。

限额以上法人批发和零售业商品零售额 167.6 亿元，比上年增长 23.8%。其中，汽车类、粮油食品饮料烟酒类、石油及制品类、服装鞋帽针纺织品类、家用电器和音像器材类商品实现零售额分别增长 25.5%、15.7%、17.5%、18.7%、35.0%。

全市居民消费价格比上年上涨 2.2%。商品零售价格上涨 1.5%。

全市进出口总额 26.4 亿美元，比上年增长 27.6%。其中，出口 9.8 亿美元，增长 15.2%；进口 16.6 亿美元，增长 36.3%。按贸易方式分，一般贸易出口 6.3 亿美元，下降 9.1%；加工贸易出口 3.5 亿美元，增长 123.0%。

（4）交通运输业。

全市公路货运量 7638 万吨，比上年增长 9.4%；水运货运量 1690 万吨，增长 7.6%。公路货物周转量 79.2 亿吨·公里，增长 14.9%；水运货物周转量 40.7 亿吨·公里，增长 54.3%。2013 年年末全市机动车保有量 46.0 万辆，其中私人机动车保有量 44.0 万辆。

（二）长株潭城市群三市物流发展的产业基础比较分析

1. 长株潭城市群三市农业物流发展基础比较分析

2013 年长株潭城市群三市农林牧渔业总值为 638.7 亿元，占全省总值的 21%，其增幅略低于全省平均水平。如表 3－9、图 3－19 所示。

表 3－9　　长株潭城市群三市农林牧渔总值及增长情况

地区	农林牧渔业		农业		林业		牧业		渔业	
	总值（亿元）	增长（%）	增加值（亿元）	增长（%）	增加值（亿元）	增长（%）	增加值（亿元）	增长（%）	增加值（亿元）	增长（%）
长沙市	291.2	3	171	3.8	13.5	3.6	90.49	1	10.6	5.3
株洲市	154.7	2.9	77.2	3	12.2	3.3	55.6	2.1	6.3	5.6
湘潭市	192.8	2.9	0		0		0		0	
三（两）市合计	638.7	2.9	249		25.7		146.1		16.9	
湖南省	2990	3	1909.6	2	212.8	6	666.2	0.6	201.7	6.3
三市占全省比率	0.21		0.13		0.12		0.22		0.08	

2. 长株潭城市群三市工业物流发展基础比较分析

2013 年长株潭城市群三市工业增加值总额为 5136.57 亿元，占全省总值的 56.2%，其增长速度均高于全省平均水平。如表 3-10、图 3-20 和图 3-21 所示。

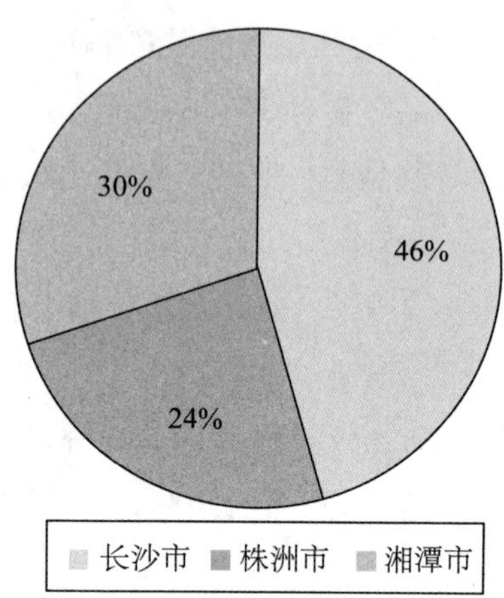

图 3-19　2013 年长株潭地区农林牧渔总值构成比例

表 3-10　2013 年长株潭地区工业增加值情况

地区	工业增加值（亿元）	增长（%）
长沙市	3352.34	13.2
株洲市	1042.1	11.6
湘潭市	742.13	11.2
三市合计或平均	5136.57	12
湖南省	10001	11.1
三市占全省比（%）	56.2	—

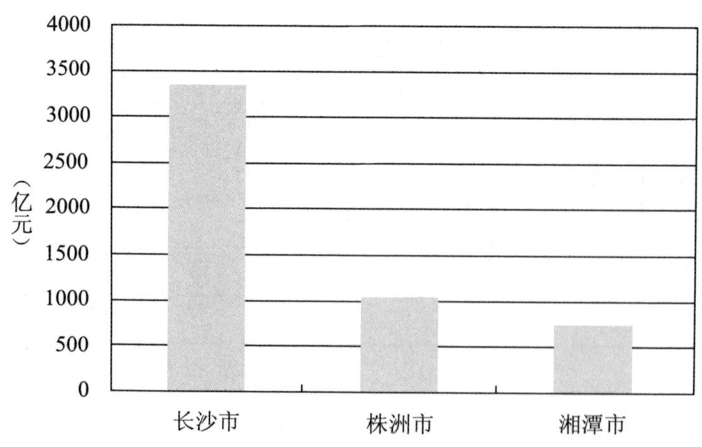

图 3-20　2013 年长株潭城市群地区工业增加值

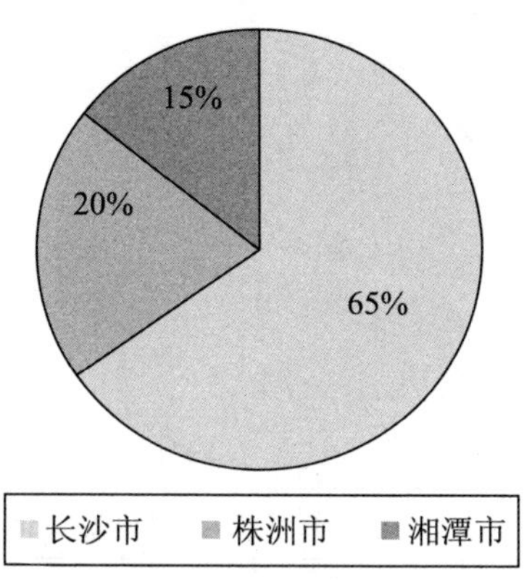

图 3-21　2013 年长株潭城市群地区工业增加值构成比例

3. 长株潭城市群三市商贸流通业物流发展基础比较分析

2013 年长株潭城市群三市全社会消费品零售总额总值为 3860.27 亿元，占全省总值的 43%，三市全社会消费品零售总额的平均增长速度均高于全省 0.2%。如表 3-11、图 3-22 和图 3-13 所示。

表 3-11　2013 年长株潭城市群涵盖地区社会消费品零售总额情况

地区	全社会消费品零售总额（亿元）	增长（%）
长沙市	2801.97	14.1
株洲市	660.3	13.9
湘潭市	398	14
三市合计或平均	3860.27	14
湖南省	8940.6	13.8
三市占全省比（%）	43	—

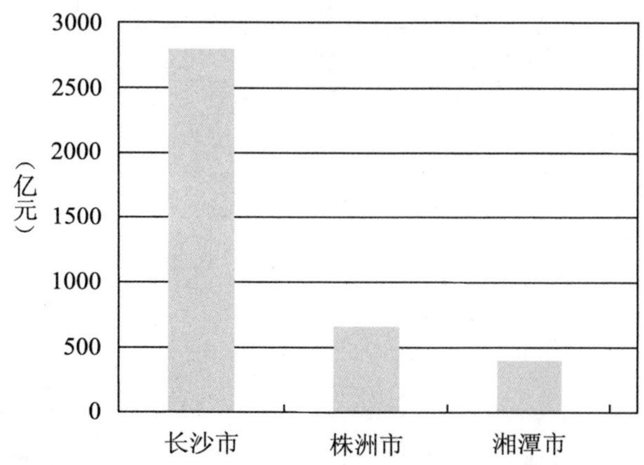

图 3-22　2013 年长株潭三市全社会消费品零售总额

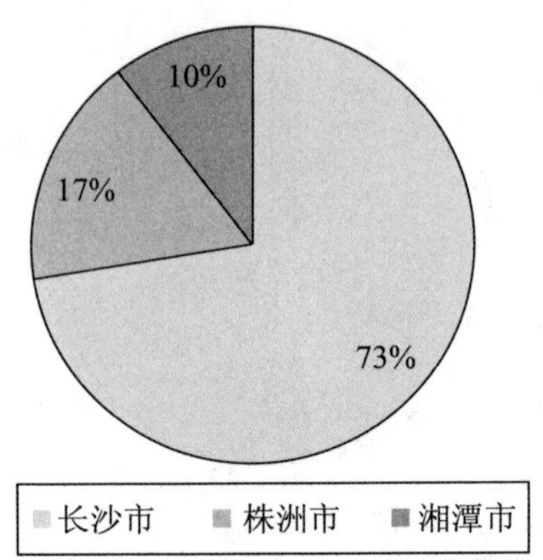

图 3－23　2013 年长株潭三市全社会消费品零售总额构成比例

4. 长株潭城市群三市物流业货运量现状比较分析

2013 年长株潭城市群三市公路货运周转量总计 627.17 亿吨·公里，占全省货运总量的 23%。其中长沙货运周转量为 334.07 亿吨·公里，位列第一。长株潭三市货运周转量的平均增长速度为 13.5%，远高于全省的平均水平 6.6 个百分点。如表 3－12、图 3－24 和图 3－25 所示。

表 3－12　　2013 年长株潭城市群涵盖地区公路货运量与周转量情况

地区	货运周转量（亿吨·公里）		货运量（亿吨）	
	绝对数	增长	绝对数	增长
长沙市	334.07	10.7	—	—
株洲市	213.9	14.9	1.9	11
湘潭市	79.2	14.9	—	—
三市合计或平均	627.17	13.5	—	—
湖南省	2713.1	6.9	21.14	10.5
三市占湖南省比（%）	23	—	—	—

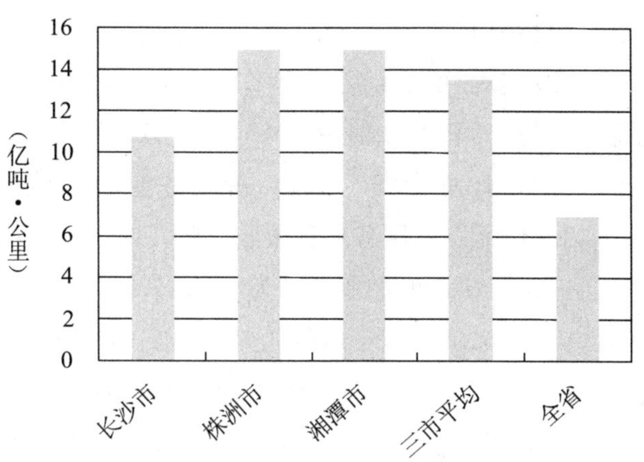

图 3-24　2013 年长株潭三市公路货运周转量增长情况

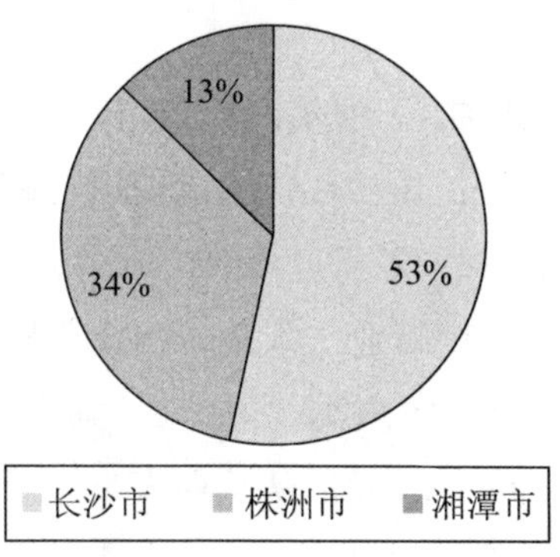

图 3-25　2013 年长株潭三市公路货运周转量构成比例

三、长株潭城市群物流产业发展大事件

（一）长沙市物流产业发展大事件

1. 统计部门深入调研把握长沙现代物流业的发展现状

近几年来，长沙经济持续健康发展，经济总量居省会城市第七位，城市竞争力跻身全球“十快”，全国“十强”，为现代物流业的快速发展奠定了重要的物质基础，新型工业化、城镇化的强力推进，为现代物流业注入了发展的活力和升级的动力，现代物流业已成为长沙经济发展新的增长点和最具活力的产业，继成功获批“全国流通领域现代物流示范城市”之后，再次获批“现代服务业综合试点城市”，逐步形成了以城市配送物流、商贸物流、产业物流、保税物流等为特色的城市现代物流发展体系。长沙市统计部门深入物流产业调研，全面把握长沙现代物流发展的现状及面临的发展机遇。

（1）现代物流业总量稳步提升。

初步测算，2013 年长沙实现社会物流总额 2.4 万亿元，占全省的 47%，同比增长 18.2%；全社会物流总费用与 GDP 的比值由 2012 年的 17.3%下降至 16.9%；实现物流业增加值 551.02 亿元，占 GDP 总量的 7.7%，占服务业增加值的 18.9%，同比增长 8.7%；实现税收收入 66.88 亿元，占服务业税收收入的 13.4%，同比增长 5.6%。

从总量看：批发业、道路运输业增加值分别为 330.37 亿元和 123.33 亿元，占全部物流业增加值的比重高达 60.0%和 22.4%；以管道运输业、仓储业、装卸搬运和其他运输业为主的其他行业增加值为 63.43 亿元，占现代物流业增加值的 11.5%；铁路运输业（9.10 亿元）、航空运输业（10.74 亿元）和邮政业（10.67 亿元）规模不相上下，水上运输业（3.38 亿元）相对较弱。从速度看：邮政业发展速度最快，增加值增幅高达 24.2%；航空业、批发业、道路运输业、其他行业等增势平稳；而水上运输业、铁路运输业则走势较为疲软，增长乏力。

（2）道路运输、批发业是现代物流业的主体。

全国第三次经济普查数据显示：长沙现代物流业以道路运输业、批发业为主。从单位数来看，2013 年物流业法人单位 18922 家，其中：道路运输业 619 家，装卸搬运和运输代理业 361 家，批发业 17700 家，三个行业法人单位占全部物流业法人单位数的 98.7%，其他各行业仅占 1.3%；全市物流业个体户 153386 家，其中：道路运输 105835 家，批发业 44023 家，占物流业个体户总数的 97.7%。从从业人员来看，全市物流业法人单位从业人员 32.64 万人，其中：道路运输业从业人员 3.42 万人，装卸搬运和运输代理业 0.78 万人，批发业 25.65 万人，三个行业从业人员占全部物流业法人单位从业人员的 91.5%。从营业收入来看，长沙物流业法人单位实现营业收入 3308.91 亿元，其中：道路运输业 91.96 亿元，装卸搬运和运输代理业 40.45 亿元，批发业 3116.91 亿元，三个行业营业收入占全部物流业法人单位营业收入的 98.2%。

（3）物流市场主体继续有所壮大。

长沙围绕“构建与全市经济发展水平相适应的现代物流体系”做文章，做大做强现代物流业，物流企业规模继续有所壮大。2013 年全市共有规模以上物流企业 824 家，其中：交通运输、仓储和邮政业 130 家，批发业 694 家；全市年营业收入突破 10 亿元的物流企业有 7 家，收入过亿元的有 20 余家。全市共有 5A 级物流企业 7 家（全省仅 7 家），4A 级物流企业 17 家，分别比 2012 年增加 1 家和 3 家，此外，还拥有 6 家五星级、3 家四星级仓储物流企业，比 2012 年各增加 1 家。

（4）物流外包成为企业共识。

随着现代化物流理念的传播，许多制造业企业和商家越来越认识到物流外包的优势，纷纷寻求第三方物流的专业化服务，实现物流业务的外包，有效地推进了专业化物流运作在长沙的发展和壮大。企业物流情况问卷调查显示：约有85.4%的企业选择了物流外包；78.0%的企业明确了物流管理部门；74.3%的企业认为物流外包后降低了成本，服务质量有所提高；57.1%的企业分别与物流服务商签订了年度合同或长期合同；认为服务外包比例将进一步增加的企业达22.8%，比例维持不变的为71.4%。

（5）物流专业化程度进一步提高。

目前，在长沙主要从事市区内生活必需品统一配送的专业化物流企业有实泰物流、融城物通、联运物流等20余家专业物流企业；主要从事农产品冷链物流的骨干企业有红星冷冻、黄兴冷链、长株潭广联等10余家专业冷链物流企业；主要为长沙市经济支柱产业提供物流服务的龙头企业有招商局物流、星沙物流、一力物流、大汉物流、全洲医药、国药控股近20家实力雄厚的综合物流企业。此外，粮食物流、烟草物流、烟花炮竹危险品物流等专业物流也得到了快速发展。

（6）物流发展环境不断优化。

为加快现代物流业的发展，长沙建立了物流工作协调机制，成立了长沙市推进现代化物流发展工作领导小组，建立健全了全市重点物流企业联动制度和重点项目调度库；同时，对物流项目和物流企业的财政支持力度进一步加大，一方面鼓励扶持全市物流项目建设，积极争取中央配套资金；另一方面以奖代扶，积极支持全市物流企业做大做强和开展标准化建设；另外加强了物流发展的基础工作，成立了长沙市物流行业协会，加强了行业监管；强化了物流人才的培养和培训，长沙拥有全国唯一的物流职业技术学院，中南大学、长沙学院、长沙理工大学、湖南商学院等高校都设立了物流专业院系。

（7）物流基础设施建设日臻完善。

为促进现代物流业的发展，近年来长沙加速推进交通基础设施的规划与建设，加大现代物流相关产业投资力度，统筹安排和合理布局公路、铁路、航空、水运节点和线路的建设。2013年全市现代物流业完成固定资产投资492.88亿元，同比增长22.2%，其中：交通运输邮政仓储业完成固定资产投资329.71亿元，同比增长21.7%；批发业完成固定资产投资163.17亿元，同比增长23.1%。全市主要公路通车里程15830千米，其中：国道504千米，省道2589千米，县道2071千米；总计中、高速公路通车里程达592千米。逐步形成了以现代化公路、高速化铁路、国际化航线为主要骨架，以黄花机场、长沙南站为区域枢纽的综合交通运输体系，并依托城际铁路及高速公路网络形成了以长沙为中心的长株潭“一小时交通圈”，3+5城市群的“90分钟交通圈”，物流业的硬件设施得到进一步提升。

（8）各种运输方式全面发展。

2013年全市汽车保有量达到118.94万辆，其中载货汽车11.47万辆，占9.6%。全市铁路、公路、水路、民航和管道五种运输方式实现全社会运输周转410.13亿吨·公里，同比增长 10.2%，其中，民航、水运、公路运输增长速度较快，分别为 14.0%、13.9%、13.6%。铁路、管道增速平稳，增速分别为 1%、11.7%。

铁路：2013 年实现货运量 149.46 万吨，同比减少 4.6%；实现货运周转量 46.41 亿吨·公里，同比减少 6.2%。

民航：2013 年实现货运量 5.90 万吨，同比增长 4.8%；实现货运周转量 0.81 亿吨·公里，同比增长 11.7%。

公路：2013 年以零担运输、大件运输、快件运输、特种运输、集装箱运输为主要方式的公路运输仍保持了最大的市场份额，实现货运量 24627.29 万吨，占全市货运总量的 87.8%，同比增长 6.4%；实现货运周转量 235.25 亿吨·公里，同比增长 14.1%。

水运：2013 年实现货运量 3079.88 万吨，同比增长 15.4%；实现货运周转量 48.5 亿吨·公里，同比增长 13.9%。

管道：全年实现货运量 185.21 万吨，同比增长 5.5%；实现货运周转量 3.11 亿吨·公里，同比增长 11.7%。

（9）物流园区建设发力。

随着经济社会的发展，特别是新型工业化、城镇化的提速，长沙物流园区建设步入新阶段。目前，东物流园、南物流园、西物流园、北物流园、长沙空港五大物流园区和十大物流中心正根据自身定位加紧开发和建设，其中，北物流园经过 20 多年的发展，主导产业日益壮大，依托其优越的交通区位条件发展多式联运，承担中南地区长途货运、区域物流集散、生产服务和城市配送，吸引着大批物流企业入驻；东物流园目前有实泰物流、家电物流中心、马王堆农产品物流中心、黄兴冷链、中顺冷链等项目入驻；西物流园也迎来了晟通物流、高星物流、金桥国际商贸物流城等项目入驻，物流园区呈现优势突出、特色明显、发展加速的势头。

2. 长沙现代物流业面临的重要机遇

物流活动是人类最基本的社会经济活动之一，随着经济全球化进程的加快，现代物流业在国民经济中的地位和作用日益重要，其发展水平已成为衡量一个国家和地区核心竞争力和经济运行质量的重要标志之一，大力发展并合理布局现代物流业将对长沙经济和社会发展产生深远的影响。

（1）物流业发展已引起决策层的高度重视。

基于物流业在国民经济中的重要基础性和先导性作用，如何加快长沙物流业的发展已引起决策层的高度重视。2012 年市政府出台了《长沙市现代物流业发展规划（2011—2020）》（以下简称《规划》），对长沙未来 10 年的产业发展和空间布局做了科学规划和展望，《规划》与长株潭城市群现代物流业发展规划以及长沙市“十二五”国民经济发展规划、城市总规划、土地利用规划及综合交通规划等相互对接，在产业发展上将生产制造业物流、商贸流通业物流、电子商务物流、城市配送物流和城市特殊物流确定为重点方向。同时，市政府出台了支持物流产业发展的政策（长政办发〔2013〕32号），明确了从2014年起，市财政每年拿出5000万元专项资金支持全市物流产业的发展，重点推进标准仓储建设、企业标准化建设、企业创先进位、物流金融和供应链管理等工作。

（2）长沙经济社会持续发展为物流业提供了强力支持。

2013年，长沙经济社会继续保持平稳较快增长，全市实现地区生产总值（GDP）7153.13亿元，比上年增长12.0%，总量和增速分别居全国省会城市第7位和第6位；实现工业增加值3352.34亿元，比上年增长13.2%；社会消费品零售总额2802亿元，比上年增长14.1%。形成了经济稳步快速发展，结构更趋合理，城市功能不断提升，创新能力显著增强，生态环境更加优化，城乡统筹一体发展，社会建设全面推进的良好发展格局。经济社会的持续健康发展为物流业发展提供了更大的市场空间，为物流业“走出去”和“请进来”提供了有力的市场支持。

（3）优越地理位置为现代物流业发展提供了广阔空间。

作为区域性物流节点城市之一，长沙正在成为中南地区最重要的交通枢纽城市，物流业的发展也将因此全面提速。放眼全国版图来看，长沙市地处珠江三角洲由南往北和长江三角洲由东向西的两大沿海发达经济区的产业转移的交叉重叠地带，多年来长沙一直是我国主要的公路交通枢纽和重要的铁路交通枢纽，特别是这一轮的中国交通大变局中，三条高铁的汇集将再度拔高长沙在南中国的交通战略地位，成为左右长沙未来城市格局的重大事件。长沙极有可能成为在四大经济中心城市（上海、广州、重庆、武汉）形成的环形经济圈中承担起资源依托、流通连接、技术吸纳、经济辐射的中心城市，为物流业发展带来了无限空间。

（4）长沙进入国家物流业发展的总规划、总布局，迎来难得的发展机遇。

2012年年末，长沙被列入现代服务业综合试点城市，现代物流业迎来新一轮发展机遇。作为中部唯一的现代服务业试点城市，长沙选择农产品现代物流作为此次国家现代服务业综合试点的主导产业，围绕该产业加快电子商务、社区商业、商贸物流等配套产业建设，把长沙打造成为具有全国影响力的农产品现代物流信息中心、交易中心、仓储集散中心、价格中心、认证中心，在全国发挥示范带动作用。2013年11月，国家发布了《全国物流园区发展规划》，长沙市被列入一级物流园区布局城市，与北京、上海、广州等一线城市处于同一序列。国家有关部门将开展国家级物流园区示范工程，列入国家级示范的物流园区，可给予土地、资金等政策扶持。

（5）网购与快递业互利互惠、深度融合。

近年来，“网购”的飞速发展与快递业形成了一条互利互惠、深度融合的产业链，使快递业成为物流业各行业中发展最快、最具人气的行业，推动快递业不断提升物流配送水平，提高服务能力。据国家邮政局统计数据显示：长沙在2013年“双11”淘宝网的成交额达4.95亿元，按城市排名居14位，比2012年前移了11位。初步统计：2013年长沙快递业务总收入同比增幅超过50%；2014年上半年实现快递业务量6046万件，同比增长71.4%；实现快递业务收入7.32亿元，同比增长31.5%。巨大的市场潜力吸引着大量本土和外来快递企业，截至2013年年底，在长沙落户快递企业达229家，其中：获得独立许可证的企业109家，分支机构120家，顺丰、联邦、中铁、申通、圆通等16家国内外快递企业抢滩长沙，将湖南营销总部落在隆平科技园。

（6）城镇化建设与物流业相互促进、相得益彰。

2013年长沙市常住人口722.14万人，其中城镇人口509.86万人，农村人口212.28万人，城镇化率达70.6%，提前两年实现长沙市城镇化率70%的“十二五”规划目标。内六区平均城镇化率高达89.1%，其中芙蓉区100%、天心区99.4%、岳麓区85.2%、开福区97.8%、雨花区99.0%、望城区52.2%；三县（市）城镇化率超过50%，达51.0%，其中长沙县54.4%、宁乡县47.0%、浏阳市52.2%，标志着长沙进入城镇化发展后期阶段。未来随着城镇化进程的加快，城镇人口的增加，城镇消费将进一步活跃，民生需求旺盛，将带来巨大的物流商机，对物流服务的需求也更加多元化、专业化和精细化，将推动物流业转型升级，迎来新一轮大发展、大提速。

（7）物流企业对行业前景看好。

物流企业调查问卷显示：绝大部分企业对现代物流业前景看好，82.9%的企业表示2014年企业规模将进行扩张，其中：34.1%的企业表示2014年本企业规模将快速扩张，48.8%的企业表示2014年本企业规模将缓慢扩张。对于企业的发展方向，87.8%的企业表示将加大物流的增值服务和创新服务项目；75.6%的企业表示将塑造企业品牌、提高社会知名度和建立或完善企业物流信息化系统；73.2%的企业表示将提升企业专业水平，确定企业的战略地位和主攻方向。85.3%的企业将在物流信息技术与设备方面有投资计划。未来企业主要将从以下几个方面加强工作：①拓展业务领域、增加服务项目（占87.8%）；②降低运作成本（占85.4%）；③优化业务网络（占78.0%）和提高信息化水平（占73.2%）；④加强市场营销（占70.7%）和与上、下游客户建立更紧密的合作关系（占68.3%）；⑤提高员工素质（占65.9%）[①]。

3. 长沙现代物流发展大事件

（1）高桥新商贸物流园将落户侯照片区。

2013年12月30日，高桥大市场商贸物流园建设项目调度督办会召开，市委顾问谢树林要求顺应长沙的发展，加快商贸物流园的项目建设，力争3年左右时间建成一个新的商

① 郭正宜．长沙现代物流业发展现状及对策建议。

贸物流园区。市人大常委会副主任芮英姿出席督办会。

高桥大市场是中南地区规模最大的国家级综合批发市场和全国第四大市场，其新的商贸物流园建设已被市委、市政府列入长沙市的重点建设项目。为了满足高桥大市场及周边地区经营户和店商的需要，高桥大市场商贸物流园初步选址在雨花区侯照片区。

(2)《规划》正式出台。

为了科学引导全市物流设施和物流功能的合理布局，长沙市商务局于2009年6月正式启动了《规划》的编制工作，并通过政府采购、以招投标的方式确定由同济大学课题组负责长沙市物流规划的研究工作。2011年1月6日，《长沙市现代物流业发展规划研究报告》顺利通过专家评审。在此基础上，市商务局组织编制了《规划》，并于2012年10月19日对《规划》主要内容在长沙晚报进行了公示。2013年7月25日，市长办公会对《规划》进行了专题研究。此后，市商务局根据市长办公会会议精神对《规划》进行了修改完善，并于2013年9月30日再次在长沙市商务局门户网站上进行了公示，多次修改完善形成了《规划》文本。

《规划》全文共分为七个部分，包括指导思想、基本原则、发展目标、空间布局、重点领域、主要任务以及保障措施，重点明确了全市物流节点的空间布局，包括选址、规模和功能定位。在空间布局方面，《规划》确定了全市现代物流系统的基础设施网络采用“物流园区—物流中心—企业配送中心”三层物流节点模式，确定了在长沙市规划建设东、南、西、北及空港五大物流园区和农贸物流中心、安沙物流中心、暮云物流中心、西物流中心、南物流中心、特种物流中心、含浦物流中心、钢铁物流中心以及宁乡、浏阳物流中心十大物流中心的布局思路。在产业布局方面，《规划》明确了以各重点物流园区和物流中心的建设为依托，逐步形成优势突出、特色明显的物流产业集群发展聚集区，重点推进城市配送物流、农产品冷链物流、优势产业物流、保税物流发展，进一步完善城市应急物流体系建设。在用地规模方面，《规划》明确了五大物流园区和十大物流中心（除浏阳物流中心和宁乡物流中心外）总计规划用地1998公顷，其中物流园区规划用地1308公顷，专业物流中心规划用地690公顷。

(3)长沙市荣获“2013年中国物流城市最佳投资环境奖”。

在2013年12月举行的“第十届中国国际物流节”上，长沙市获评“2013年中国物流城市最佳投资环境奖”。

近年来，长沙按照建设全国商贸物流中心城市和中部物流强市的整体目标，编制了全市现代物流产业发展规划；出台了支持物流产业发展的政策；从今年起，市财政连续两年每年拿出5000万元资金支持全市物流产业的发展；逐步形成了以城市配送物流、商贸物流、产业物流、保税物流等为特色的城市现代物流发展体系。

（4）湖南高星物流园试运营。

2013年11月，望城经开区内湖南高星物流园物流区开始试运营。由于物流成本低，周边辐射范围广，半个月的时间钢材吞吐量就达3000吨。目前高星物流园物流区集中了涟钢、湘钢、平钢、冷钢4个钢厂的钢材，采购钢材的客户主要以长沙市及其周边的常德、岳阳、益阳等城市为主。

针对长株潭地区装备机械和钢结构等行业的需求特点，高星物流园规划建设一个面积达2万平方米的加工中心，采用国内先进的生产线，配置加工范围全覆盖和加工能力全满足的剪切、加工等一系列设备，填补区域市场高精加工产品的空白。加工中心即将开工建设，预计2014年6月完成以后，物流园今后的加工能力可以达到50万吨·每年。

（5）长沙晋升一级物流园区布局城市。

2013年11月，由国家发改委会同有关部门组织编制的《全国物流园区发展规划》正式出炉，《全国物流园区发展规划》将全国物流园区的布局城市分为三级，长沙晋升一级物流园区布局城市，与北京、上海、广州等一线城市一同成为全国29个一级物流园区布局城市之一。

（6）长沙投入1.2亿元扶持电商和物流业。

2013年9月6日，长沙市政府同时发布了《关于促进电子商务产业发展的有关事项的通知》和《关于促进现代物流产业发展有关事项的通知》两项政策，明确将通过现金、税收奖励与贷款贴息等方式扶持电子商务产业及现代物流业的发展，前者两年共计投入2000万元专项资金，后者两年内拟安排1亿元专项资金。两项政策都将于2014年10月起执行。

（7）中南现代商贸物流城项目正式签约。

2013年8月1日下午，中南现代商贸物流城项目签约仪式在长沙市开福区世纪金源大酒店举行，深圳香江控股股份有限公司与长沙市开福区、长沙金霞经济开发区共同签署中南现代商贸物流城（香江）项目开发建设框架协议。开福区区长廖建华、金霞开发区管委会主任袁政国与香江控股集团商业公司总经理陆国军分别代表开福区人民政府、长沙金霞经济开发区与深圳香江控股股份有限公司签约。长沙市委常委、副市长张迎春，开福区委书记李蔚，开福区人大常委会主任许振勤，长沙市开福区政协主席熊建伟，长沙金霞经济开发区党工委书记张毅等及南方香江集团董事局主席刘志强、决策委员会主席符中士等管理人员共同出席了仪式。

中南现代商贸物流城项目是加快长沙市中心城区专业市场外迁提质、提升长沙现代商贸服务业发展水准的重要战略性项目。长沙市委市政府和开福区委区政府高度重视，自去年“中博会”上该项目签订战略合作协议以来，长沙市主要领导和开福区四大家领导先后赴广州、武汉、成都进行了现代商贸市场的调研，在成都重点考察了香江集团市场项目。

经过一年多的艰苦谈判，香江集团与开福区、金霞开发区最终达成一致并签订了项目开发建设框架协议，这预示着该项目将正式启动，同时拉开长沙城北商贸市场建设大幕。

项目位于长沙金霞经济开发区高岭组团，首期开发面积约580亩，投资总额约30亿元，规划总建筑面积约90万平方米，主要建设大型场馆式交易中心。项目首期将于2014年年底之前开业，项目全部建成开业后，年交易额将超过1000亿元。该项目定位于中南地区规模最大、现代化程度最高、辐射能力最强的综合型商贸物流基地；中南地区最大的大宗商品集散中心、工业原辅材料及配件物流配送中心、工业产品展示展销中心、区域性的会议会展中心。

（8）上药集团将在长建现代医药物流园。

2013年8月，省政府与上海医药集团股份有限公司就上药集团扩大在湘投资合作举行洽谈。上药集团拟投资2亿元在岳麓科技园建设上药九旺现代医药物流园，在医药流通、医药生产、现代物流、综合商贸等领域开展全面合作。副省长何报翔出席洽谈。

作为中国500强企业，上海医药集团股份有限公司业务覆盖医药研发与制造、分销与零售全产业链，去年销售收入700亿元，规模名列行业第2，是医药工业生产和分销市场的领跑者。此次，该集团将投入2亿元在岳麓科技园建设上药九旺现代医药物流园，以长沙为中心辐射全省14个市州，通过压缩药品流通环节，实现药品从生产企业到医疗机构的直接配送。

（9）长沙将打造现代农业物流中心。

从2013年开始，长沙市政府将整合资源设立现代农业发展专项扶持资金，并逐年递增；到2015年，力争农民人均纯收入突破2万元，2020年突破3万元……2013年召开的全市推进现代农业工作会议明确，长沙将深入开展现代农业综合配套改革试验，推进“两区一中心一节会”和现代农业“十大工程”建设，率先全省实现农业现代化，最终实现跃居全国一流、跻身世界先进行列的发展目标。

近年来，长沙市委、市政府从战略全局出发部署“三农”工作，坚持跳出农村建设农村、调整农业发展农业、转移农民致富农民的发展思路，取得了系列重大成就，为现代农业发展奠定了坚实基础。2012年，农民人均纯收入达到15763元。

长沙将深入开展现代农业综合配套改革试验，精心打造“两区一中心一节会”，即强力推进长沙现代农业综合配套改革试验区建设、精心打造花卉苗木产业经济区、全面启动长沙现代农业物流中心建设、努力提升中国中部（湖南）国际农博会水平。其中长沙现代农业物流中心将打造集生产加工、质量检测、冷藏保鲜、仓储运输、物流配送、电子商务、信息服务于一体的多功能现代化大型物流中心，形成辐射全国、接轨世界的现代农业物流网络和信息平台，用5年时间实现年农产品交易量1000万吨、年交易额1000亿元以上。而依托百里花卉苗木走廊，建设花卉苗木产业经济区，建成中部最大的花卉苗木产业基地和龙头实体，促进长沙花木产业集约化、标准化、品牌化发展，打造百亿花卉苗木产业集群。

（二）株洲市物流产业发展大事件

1. 株洲市投资50亿元打造保税物流园

在2013年的湘商大会上，株洲市将与中国交通建设股份有限公司签约，拟投资50亿元打造保税物流园。

此次签约的项目为海关监管区建设项目，拟在石峰区依托区位交通、产业优势，近期建成“两仓”，即出口监管仓库和保税仓库；远期拟建设一个连接铁路、公路、水运和航空运输四种运输方式，集仓储、配送、贸易产业于一体的现代化、综合性、多功能保税物流园区。

2. 明确株洲九大物流重点项目

市重点办公布的九大物流项目分别是：普洛斯物流园、安得现代物流园、中特物流中心、株洲烟草物流、太平洋药业仓储物流基地、株洲神农千金药品食品交易中心、湘江金属物流城、芦淞服饰物流配送中心、株百物流二期工程，总投资达95.9亿元。

（三）湘潭市物流产业发展大事件

1. 行业部门全面统计湘潭市物流业发展相关指标

（1）湘潭市全社会物流总额。

2013年，全市社会物流总额达到3254.26亿元，同比增长12.8%，增幅比上年回落2.5个百分点。从物流总额构成来看：

①工业物流总额为2421.36亿元，增长13.6%，较上年回落了3.4个百分点，占社会物流总额的74.4%。

②农产品物流总额324.22亿元，增长3.5%，占比10.0%。

③外市商品购进额346.91亿元，增长5.1%，占比10.7%。

④进口货物物流总额131.54亿元，增长19.8%，占比4.0%。

⑤再生资源物流总额16.36亿元，增长16.5%，占比0.5%。

⑥单位与居民物品物流总额13.87亿元，增长17.4%，占比0.4%。

（2）全市物流行业总收入。

2013年，全市物流行业总收入186.25亿元，同比增长13.8%，增幅比上年回落0.9个百分点。从物流行业总收入构成来看：

①铁路运输业收入23.18亿元，增长2.3%，占物流行业总收入的12.4%；

②道路运输业收入110.19亿元，增长17.2%，占物流行业总收入的59.2%。

③水上运输业收入12.61亿元，增长5.9%，占物流行业总收入的6.8%。

④管道运输业收入1.62亿元，增长15.9%，占物流行业总收入的0.9%。

⑤装卸搬运和运输代理业收入 5.34 亿元，增长 13.3%，占物流行业总收入的 2.9%。

⑥仓储业收入 10.48 亿元，下降 10.3%，占物流行业总收入的 5.6%。

⑦邮政业收入 6.68 亿元，增长 20.4%，占物流行业总收入的 3.6%。

⑧批发业收入 16.15 亿元，增长 14.7%，占物流行业总收入的 8.6%。

（3）社会物流总费用。

2013 年，全市社会物流总费用为 242.43 亿元，同比增长 11.2%，增幅比上年回落 1.8 个百分点；社会物流总费用占 GDP 的比重为 16.8%，占比较上年回落了 0.2 个百分点。从社会物流总费用构成来看：

运输费用 143.37 亿元，增长 10.2%，占社会物流总费用的 60.8%，增幅比上年下降 1.9 个百分点。其中：铁路运输费用 20.28 亿元，增长 7.8%，占运输费用的 14.2%；道路运输费用 108.29 亿元，增长 11.6%，占运输费用的 75.5%；水上运输费用 12.77 亿元，增长 2.1%，占运输费用的 8.9%；管道运输费用 2.03 亿元，增长 21.3%，占运输费用的 1.4%。

保管费用 54.71 亿元，增长 11.6%，占社会物流总费用的 22.6%，增幅比上年下降 0.7 个百分点。其中：利息费用 13.59 亿元，增长 17.6%，占保管费用的 24.8%；仓储费用 6.13 亿元，增长 6.1%，占保管费用的 11.2%；保险费用 0.69 亿元，增长 5.8%，占保管费用的 1.3%；货物损耗费用 1.07 亿元，增长 2.5%，占保管费用的 2.0%；信息及相关服务费用 3.83 亿元，增长 18.4%，占保管费用的 7.0%；配送费用 15.25 亿元，增长 10.7%，占保管费用的 27.9%；流通加工费用 1.75 亿元，增长 7.3%，占保管费用的 3.2%；包装费用 1.35 亿元，增长 7.6%，占保管费用的 2.5%；货代费用 3.02 亿元，增长 5.2%，占保管费用的 5.5%；一体化费用 3.25 亿元，增长 17.8%，占保管费用的 5.9%；装卸搬运费用 4.78 亿元，增长 15.4%，占保管费用的 8.7%。

管理费用 44.35 亿元，增长 12.5%，占社会物流总费用的 16.6%，增幅比上年下降 1.3 个百分点。

（4）物流业增加值。

2013 年，全市物流业实现增加值 108.42 亿元，同比增长 8.1%，增幅比上年回落 0.6 个百分点，占全市 GDP 的比重为 7.5%，较上年提高 0.2 个百分点，占全市服务业增加值的比重为 23.1%，较上年提高 0.1 个百分点。从物流业增加值构成来看：

交通运输、仓储和邮政业实现增加值 40.59 亿元，增长 7.2%，增幅较上年回落 5.6 个百分点，占全部物流业的 37.4%。

批发业实现增加值 42.74 亿元，增长 8.7%，增幅较上年回落 0.1 个百分点，占全部物流业的 39.4%。

其他行业物流实现增加值 25.09 亿元，增长 7.5%，占全部物流业的 23.2%。

2. 重点项目稳步推进

（1）湘乡神龙丰物流园。

项目位于湘乡市红仑新型产业区北部，距湘乡市中心城区 4 千米，周边用地以工业用地为主。项目主要建设内容：一期工程用地面积 67011.5 平方米（100.5 亩）。总建筑面积 93860 平方米，其中新建仓库 27544 平方米、综合服务楼 12398 平方米、商贸物流设施 53918 平方米及相关配套设施。

项目总投资 1.9 亿元。工程建设竣工后，投产第一年生产负荷按 80%考虑，第二年开始生产负荷按 100%考虑。项目运营后，年营业收入为 7247.71 万元。

（2）玮鸿冷链物流园。

项目设计分为二期：

第一期已征地 166667 平方米（折合 250 亩），第一期已建成 3 万吨冷库 2 座、形成 6 万吨冷库的库容，建设配套的制冷控制机房一座。为充分满足长株潭地区冷链物流发展的需求，建设与冷链物流配套的标准交易门面 328 个、单个建筑面积 64 平方米，可租赁面积 20992 平方米。地下停车场一座、宿舍房 80 套、酒店用房一栋，共计建设面积 12 万平方米，充分满足广大准链物流经营者交易的需求。

采用目前国内最先进的冷库节能设备，建设冷库冷冻冷藏系统，满足猪肉、蔬菜、食品、水果冷冻的需求；建设冷冻冷藏畜禽产品生产与销售的信息化管理系统，实现网上交易与电子商务；建设配套的供电、供水、道路、绿化与冷链物流运输系统。

具体选址：

伟鸿冷链物流交易中心场址位于湘潭市岳塘区荷塘乡上瑞高速连接线旁，场址北面临荷塘上瑞高速连接线，西临伟鸿食品有限公司总部，南面和东面为建设中的芙蓉大道和城市规划道路，拟用地面积 106720 平方米（折合 160 亩）。场址距湘潭市区中心约 8 千米，距长沙火车站 38 千米，湘潭火车站 5 千米，距上瑞高速公路和京珠高速公路 0.5 千米，107 国道和 320 国道在场地旁交汇，场址外部交通条件良好。

本项目用地规模为 106720 平方米（折合 106 亩），具体用地方案如表 3－13 所示。

表 3－13　　用地方案

序号	项目名称	单位	主要指标	备注
1	项目用地面积	亩	250	—
2	主要用地指标	—	—	—
2.1	项目占地面积	平方米	166667	—
2.2	建筑物占地面积	平方米	12996	—

续　表

序号	项目名称	单位	主要指标	备注
2.3	建筑系数	%	12.18	—
2.4	建筑面积	平方米	32696	—
2.5	容积率	—	0.30	—

投资规模与效益。本项目预计总投资额为6亿元人民币。本项目建成投产后，正常年预计可实现营业收入5567.47万元，利润总额2657万元，营业税及附加310.39万元，项目投资利润率9.10%，投资利润税率13.55%，贷款偿还期（含建设期）8年，税后静态投资回收期为8～10年（含建设期），税后财务内部收益率为13.64%，项目具有一定的抗风险能力。

（3）中南工程机械再制造物流园。

项目位于湘潭国家高新技术产业开发区，占地面积173.46亩。项目主要建设门面、客商公寓货物堆场、停车坪以及项目配套的设施（道路、供水、排水、供电、绿化等市政设施）。其中，物流信息中心建筑面积1.9299万平方米，客商公寓建设面积3.201万平方米，4S维修用房建设面积1.92万平方米，4S经营用房建设面积3.24万平方米。

项目总投资2.8亿元。项目建成后，将实现货运吞吐量20万吨以上，宏观物流产值8亿元以上。

（4）湘潭钢铁合金物流园。

项目位于湘钢铁路专用线以东、晓塘东路以西、滨江大道以北，紧邻铁牛埠码头二期，占地1500亩。新建建筑面积76万平方米，成立钢铁及钢铁合金、锰合金、有色金属和稀土金属三个交易市场。

项目总投资10亿元，计划分两期建设，建设期为36个月。预计通过前3年的建设和运作，物流园可形成年钢铁、合金销售量120万～150万吨，年产值240亿元以上，其中上缴国家税金15亿元以上；后5年通过扩大现有规模和发展国内钢铁、合金“连锁园”等系列举措，物流园钢铁、合金销售量达到750万～900万吨，实现产值1200亿元以上，其中上缴国家税金60亿元，从而打造湖南省乃至全国最大的合金物流基地和平台。

（5）中部公路港物流分拨中心。

项目位于昭山二十三号路以东，芙蓉大道以西，总占地500亩。建设标准仓储区、配送及物流加工区，区域分拨中心、商务交易区、电子交易大楼等。项目总投资25亿元。建成后可承接长株潭乃至全国的货运物流分拣、配送、中转业务、网上交易业务等，将打造中部地区最大的物流集散中心。

（6）湘潭综合保税区保税物流中心。

项目位于湘潭经济技术开发区综合保税区内，规划总面积 0.78 平方千米，主要建设物流监管仓库区、物流库房区、办公区三大区域。项目总投资 10 亿元。保税物流中心建设后，可以凭借自身优势，通过便捷的信息，先进的技术，加快形成具备国际化水平的现代物流产业群。湘潭保税物流中心对国际贸易趋势、资本流动取向具有极强的敏感性，成为湖南省和国家中西部地区先进产业的风向标，通过产业链的延伸，将对湖南省毗邻地区和经济腹地的国际贸易发展、就业增加和财政收入提高发挥重要的推动作用，促进了区域经济的发展。

（7）长株潭“城市矿产”加工物流示范基地。

项目位于湘潭市雨湖区鹤岭工业园。总占地 400 亩，分三期建设，第一期建设规模 150 亩，重点建设再生资源交易市场，完善再生资源仓储中心功能；第二期建设规模 251 亩，重点扩建再生资源分拣加工处理中心。对分拣加工处理设备进行升级改造，建设信息化管理平台。第三期以打造现代虚拟智能物流平台为核心，完善平台各种功能，打造“第四方现代物流综合产业园”。项目总投资 3.06 亿元，其中土地费用 0.49 亿元，建安成本 2 亿元，设备费用 0.15 亿元，辅助设施 0.42 亿元。项目完成后将实现年交易量 916 亿元，处理再生资源回收 2022.82 万吨，项目投资回收期 8 年。

（8）中部国际机械物流园。

项目建设地点位于湘潭市岳塘区荷塘乡一期工程旁，分为两片地，其中一片地 3844.5 平方米（折 57.66 亩）位于芙蓉大道以北，锦绣路以西；一片位于佳木路以南，新团竹路、荷塘支路六以东、荷塘支路西以北、锦绣路以西，中间为沃土路。工程机械物流交易与展示 4S 电的建设；二手工程机械交易与租赁区的建设；工程机械拍卖中心的建设；工程机械驾驶员培训中心的建设；特种汽车销售 4S 店的建设；不同交易平台的建设；配套设施建设。项目总投资 98735.8 万元。

（9）湖南最大农产品物流中心在湘潭奠基。

2013 年 6 月 16 日，在岳塘经济开发区内，湖南金阳农产品商贸物流城（金阳城）项目一期工程正式奠基。这里全部建成后，将成为湖南省最大的农产品商贸物流中心，辐射湖南及华中、华南地区，是中部地区最具现代化的国际农产品物流集散中心，也将为农场和市场拉起一条双向流通的绿色纽带。

项目主体湖南时代金阳农产品开发股份有限公司，是由湖南时代阳光科技发展有限公司（湖南时代阳光医药集团）和湖南金阳农业股份有限公司（湖南红星水果批发市场经营业主组建）共同出资 3 亿元注册的股份制企业。

金阳城项目总用地 1500 亩，总投资金额达 35 亿元，总建筑面积达到 150 万平方米，共分四期开发，预计 2018 年全面建成并投入运营。项目将建设涵盖水果蔬菜、生鲜水产、糖酒副食、粮油干货、农产品深加工与仓储配送在内的农产品商贸物流市场集群。

项目一期水果专业市场用地 260 亩，建筑面积 20 万平方米，投资金额 5 亿元，预计于 2014 年 1 月建成投入运营。一期建成后，年交易额将达到 50 亿元，成为省内最大、国内排名前列的水果批发和物流集散中心。

第四章　湘南物流圈物流业发展研究

一、湘南经济区概况

湘南是通粤达海的湖南的“南大门”，一直受到湖南省委省政府的重视。20 世纪 80 年代，随着广东经济的飞速发展，湖南认识到，必须向广东学习，尽快实现由封闭式经济向外向型经济转变，才能加快改革开放步伐，促进经济发展。1988 年 2 月，湖南省委、省政府决定将衡阳、郴州、永州三市作为湖南省改革开放试验区，建立一个过渡地带，实行一些类似于广东的政策。1988 年 5 月 11 日，国务院批准湖南省人民政府《关于加快湘南开发的请示》，同意将衡阳市、郴州地区、永州地区作为由沿海向内地改革开放的过渡试验区，设立湘南改革开放试验区。

2009 年，中共湖南省委、省人民政府把加快湘南地区开发开放作为实施区域经济协调发展的重大战略，以支持承接产业转移为重点，出台了一系列政策文件，在产业布局、园区建设、工业用地、建设规划、环保审批、财政支持、金融服务、口岸通关等方面给予政策支持。湘南三市均被批准为国家承接产业转移基地城市，衡阳市被国家发改委列为服务业综合配套改革试点、国家综合性高技术产业基地，设立了衡阳综合保税区、郴州出口加工区。

（一）湘南大开发的总体要求

湖南对湘南大开发的总体要求是：坚持以改革开放和科技进步为动力，着力增强自主创新能力、提升产业结构、转变增长方式、保护生态环境、促进社会和谐，把湘南地区建设成为珠三角区域经济中重要的有色金属深加工基地、出口加工基地、能源基地、优质农产品基地和旅游休闲基地，提高湘南地区的综合经济实力、整体竞争力和可持续发展能力。

多年来，珠三角一直是湖南最重要的内外资来源地，湘南是承接珠三角产业转移的桥头堡，初步形成了一批新的产业和企业。但在更大程度上承接珠三角产业转移还缺乏明确的总体规划和可操作性指导意见，载体功能有限，各类工业园区的规划建设、基础设施、运作机制、服务意识和管理水平还相对落后。

从区域经济范围来看，湘南处于均衡状态的“包围”下，北有长株潭，实力略胜一筹；西靠广西桂林，势均力敌；南临韶关，可谓旗鼓相当；东有赣州，在伯仲之间。如再向外拓展，便直接进入到沿海发达地区或长株潭城市群腹地。从“珠三角”“长三角”“长株潭”产业辐射半径以及原料采购半径、产品销售半径来看，湘南并没有太多优势可言？但湘南的发展还必须要有空间，要与发达地区形成产业关联。湖南省提出的构建湖南“3＋5”城市群，衡阳（湘南的中心城市）成为最南部的重要组成部分，这就为湘南的向北发展和融入“3＋5”城市群提供了条件。紧邻广东、地处梯级过渡地带的“大湘南”，拥有 65000 多平方千米的土地面积，人口 2000 万。作为湖南通粤达海的“南大门”，衡阳、郴州、永州 3 市战略地位举足轻重，犹如 3 颗镶嵌在湘南大地的明珠。

（二）湘南大开发的战略意义

1. 战略地位与发展基础

湘南地区包括衡阳市、郴州市、永州市。地理区位独特，战略地位重要。三市地处湖南省最南端，交通便捷，是湖南的南大门，是中部地区对接粤港澳的前沿，也是珠三角产业转移进入中西部地区最直接、最便捷的通道之一。随着泛珠三角区域经济合作和中国-东盟区域合作的进一步深化，三市在全省区域经济布局中的战略地位更加凸显。资源丰富，物产富饶。三市具有丰富的有色金属、非金属矿、农林产品、人文和旅游资源，是著名的有色金属之乡、旅游胜地和湖南省主要煤炭生产基地。产业优势明显，发展基础良好。三市装备制造、有色金属加工、盐化工及精细化工有较强基础，能源工业、新型建材、电子信息、食品和农产品加工业有一定规模。

2. 战略意义

加快湘南地区开发开放，是深入学习实践科学发展观、贯彻落实省第九次党代会精神，抢抓国家促进中部地区崛起、推动沿海产业内移、支持泛珠三角区域经济合作等历史机遇，促进湖南省区域协调发展，加快富民强省步伐的必然要求；是应对全球金融危机，充分利用国家宏观政策机遇，积极扩大投资、拉动内需的重大举措；是发挥三市区位、资源和产业等优势，加快与中国粤港澳全方位对接融合，推动区域间生产要素合理流动和优化配置，把三市打造成湖南省对外开放桥头堡和充满活力、富有吸引力、具有竞争力地区的现实途径。

（三）湘南发展历程与动态

清康熙三年（1664 年），湖广行省分为湖北、湖南两省，置衡永郴道，驻衡州府，领衡州府（衡阳县、清泉县、衡山县、耒阳县、常宁县、安仁县、酃县、桂阳州、临武县、蓝山县、嘉禾县）、永州府（零陵县、祁阳县、东安县、道州、宁远县、永明县、江华县、新田县）、郴州（永兴县、宜章县、兴宁县、桂东县），雍正十年（1732 年）增领桂阳州，更名衡永郴桂道。

民国三年（1914 年），废府存道，改衡永郴桂道为衡阳道，俞寿璋任道尹，衡阳道

（全省三道：衡阳道、湘江道、辰沅道）所辖县仍如清代衡永郴桂道，治所衡阳市，直辖湘南34县。

1952年，设立湘南行署，行署驻衡阳市。原衡阳专区所属衡阳、衡南、衡山、耒阳、安仁、酃县、常宁7县和原郴州专区所属郴县、永兴、资兴、桂东、汝城、宜章、临武、蓝山、嘉禾、桂阳10县，原零陵专区所属零陵、东安（驻白牙市）、祁阳、祁东、新田、宁远、江华、道县、永明9县划入湘南行政区，辖1市26县。

1974年1月10日，湖南省革委发出通知，决定成立湖南省革命委员会开发湘南领导小组。领导小组由章伯森、史杰、戈华、曹文举、曾广成、王明湘、葛冠卿7位同志组成，章伯森任细长，史杰、戈华、曹文举任副组长。

1988年5月11日，国务院批复湖南省人民政府《关于加速湘南开放开发的请示》，原则同意湖南省加速开放开发的8条措施，同意衡阳市、郴州地区、零陵地区作为由沿海向内地改革开放的过渡试验区，并实行一些过渡政策和灵活措施。主要包括：允许湖南省政府在湘南逐步实行一些过渡政策和灵活措施，如财政足额上交包干或定额补贴包干，外贸进出口切块包干，积极培育湘粤边际共同市场，在基建、技改和引进项目审批等方面，赋予省级管理权限等。

2007年4月13日，大湘南旅游圈紧密合作结盟及联合营销启动仪式在南岳举行，衡阳、株洲、郴州、永州四市旅游局局长共同签下了旅游合作文本，标志大湘南旅游圈拉开帷幕。

2008年6月，湖南省委、省政府在衡阳召开全省承接产业转移、发展加工贸易座谈会，出台了《关于积极承接产业转移促进加工贸易发展的意见》。

2011年10月6日，湘南承接产业转移示范区正式获批，成为第4个国家级承接产业转移示范区。

2012年1月9日，衡阳市委、衡阳市人民政府与30多家省级金融机构举行座谈，湖南省委常委、衡阳市委书记张文雄出席，诚邀各金融机构支持衡阳打造成为大湘南区域金融中心。张文雄指出，衡阳是全省第二大城市，有全省最早的金融机构——1908年就设交通银行、发达的工商业、完善的金融体系，希望金融机构一如既往地重视和支持大湘南的发展，大力支持衡阳打造成为大湘南区域金融中心。

2012年5月17日，衡阳市加快推进现代服务业改革发展动员大会召开，衡阳市委副书记、衡阳市人民政府市长张自银指出，服务业发展为千亿支柱产业，衡阳成大湘南区域性服务中心。

2012年5月28日，湘南承接产业转移示范区第二批重大项目推进大会在衡阳召开，衡阳、郴州、永州3市共启动114个重大项目，投资总额为951.19亿元人民币。

2012年8月4日，湘南承接产业转移示范区首批重大项目建设推进大会在衡阳、永州、郴州三市同时举行。会上共启动项目 92 个，总投资额 719.4 亿元。其中衡阳市项目 36 个，投资金额 289.1 亿元，项目数量和投资额度均居三市之首。

2012 年 8 月 4 日上午，湖南省第二个、湘南地区第一个无水港在衡阳市三塘镇挂牌并试运行。衡阳市人大常委会主任胡国初、广州港集团公司总经理周小溪、衡阳市委常委、副市长朱玉萍、衡阳市人民政府副市长胡水龙为项目启动剪彩并揭牌。

2012 年 9 月 1 日，国务院正式批准衡阳市高新技术产业开发区升级为国家高新技术产业开发区，衡阳高新区全力打造湘南地区科技创新的综合示范区、产业技术转移升级的承载区、现代化的和谐新城区，衡阳高新区技工贸收入、高新技术产品增加值、财政总收入都以年均 30%以上的速度递增，已成为引领衡阳产业结构调整和发展方式转变，带动湘南地区高新技术产业发展的“引擎”。

2012 年 10 月 29 日，湘南地区最大商贸物流项目——衡阳华阳商贸物流城项目签约，省委常委、副省长陈肇雄出席并讲话，总投资 120 亿元以上，打造以衡阳市为中心，立足湖南，辐射赣、粤、桂、黔的品种齐全、设施完善、超大规模的现代化综合商贸物流城。

2012 年，湘南 3 市 GDP、实际利用外资、外贸进出口分别占据全省的 20.4%、26%、23.2%。加工贸易进出口额达到 30.03 亿美元，占全省的 47.1%。

2012 年，湘南地区生产总值 4523.5 亿元，增长 11.8%。

2013 年，湘南地区生产总值 5016.7 亿元，增长 10.3%。

2014 年 10 月 14 日，总投资 20 亿元的云集大利汽贸城项目落户衡南，紧靠衡阳南岳机场，占地面积 803 亩，总建筑面积 87.9 万平方米，为湘南地区规模最大、功能最全、品位最高的综合性汽贸城。

2014 年 11 月 5 日，衡阳市委书记、市人大常委会主任李亿龙对金融工作进行深度调研，将衡阳打造成湘南区域性金融中心和金融生态安全区。

2014 年 11 月 17 日至 24 日，湖南省旅游局组织考察组对衡阳市 12 个县（市）区的 21 个旅游景点进行了现场调研，衡阳为《大湘南区域旅游发展规划》中的唯一一个区域中心。

2014 年 11 月 17 日至 20 日，省厅组织由国际商报、湖南日报、湖南广播电台、湖南卫视、湖南经视等媒体赴湘南三市就承接产业转移和开放型经济发展进行专访。先后来到衡阳松木经济开发区、衡阳综合保税区和白沙洲工业园，分别采访衡阳电科电源有限公司、衡阳市洲旗电子有限公司、松木污水处理厂。

2014 年 11 月 21 日，由湖南省政府主办，衡阳、永州、郴州 3 市人民政府、省发改委、省商务厅承办第二届湘南承接产业转移投资贸易洽谈会开幕。衡阳市副市长张贺文出席开幕式并代表衡阳作投资环境说明。大会以展览展示、购销洽谈、项目对接洽谈为重点，衡阳市发布重点招商项目 34 个，总投资额 226.45 亿元。

（四）湘南承接产业转移示范区

1. 示范区简介

湘南承接产业转移示范区成立于2012年10月6日，衡阳、郴州、永州三市是湖南改革开放的先行地区，具有区位条件优越、资源要素丰富、产业基础和配套能力较好等综合优势。建设湘南承接产业转移示范区，有利于顺应国内外产业转移新趋势，为中部地区科学有序承接产业转移探索新途径、新模式，发挥典型示范和辐射带动作用，推动湘南地区经济社会又好又快发展。着力深化区域合作，积极推进湘南地区新型工业化、新型城镇化、农业现代化和信息化进程，加快资源节约型和环境友好型社会建设，努力把湘南地区建设成为中部地区承接产业转移的新平台、跨区域合作的引领区、加工贸易的集聚区和转型发展的试验区。

2. 产业布局

衡阳重点承接发展先进装备制造、新能源新材料、精细化工、电子信息、矿产品精深加工等产业，大力发展现代物流、生态人文旅游、文化创意等产业，形成中部地区重要的先进制造业和现代服务业基地。

郴州重点承接发展有色金属精深加工、电子信息、生物医药、新材料、先进制造等产业，成为有色金属精深加工基地、加工贸易基地、旅游休闲基地；

永州重点承接汽车及零部件、生物医药、矿产加工、电子信息和农产品加工等产业，构建加工贸易基地、汽车零部件制造基地、农产品精深加工基地。

二、湘南物流圈经济社会发展概况

（一）经济实力保持较快增长

1. 人口众多，面积大

根据2013年湖南省统计年鉴数据，全省常住人口为6690.60万人，如表4-1所示。湘南三市人口总数为1724.19万人，占全省总人口的25.77%。

表4-1　　全省常住人口的地区分布

地区	人口数（万人）	人口密度（人/平方千米）	面积（平方千米）
衡阳市	725.00	47.35	15310
郴州市	466.53	24.06	19388
永州市	532.66	23.74	22441
三市合计	1724.19	—	57139

续　表

地区	人口数（万人）	人口密度（人/平方千米）	面积（平方千米）
湖南省	6690.60	31.58	211883
三市合计占湖南比重（%）	25.77	—	26.97

资料来源：湖南省第六次全国人口普查主要数据公报，2013。

2. 经济保持较快增长（见表4-2）

表4-2　“湘南地区”主要经济指标情况（2013年）

指标	绝对值	比上年增长（%）	占全省比重（%）
土地面积（平方千米）	56901	—	26.9
常住人口（万人）	1724.19	0.9	25.8
生产总值（亿元）	5030.41	10.3	19.7
第一产业增加值（亿元）	769.24	2.8	27.1
第二产业增加值（亿元）	2454.60	11.1	18.7
第三产业增加值（亿元）	1806.57	12.5	18.9
人均地区生产总值（元）	29305	9.5	—
固定资产投资（亿元）	3985.70	34.4	21.7
地方财政收入（亿元）	373.75	18.8	18.4
公共财政支出（亿元）	924.50	19.6	19.7
城镇居民人均可支配收入（元）	21080	—	—
农村居民人均可支配收入（元）	10282	—	—
农林牧渔业总产值（亿元）	1299.46	6.2	25.8
规模以上工业企业单位数（个）	2991	2.3	22.0
规模以上工业总产值（亿元）	6732.29	13.8	20.5
规模以上工业企业利润总额（亿元）	412.35	7.5	20.1
社会消费品零售总额（亿元）	1732.93	13.5	19.2
进出口总额（万美元）	605133	19.0	24.0
出口额（万美元）	367639	22.7	24.8
实际利用外资（万美元）	240536	26.8	27.6
金融机构人民币存款余额（亿元）	4777.49	16.7	17.9
金融机构人民币贷款余额（亿元）	2070.82	20.5	11.7

湘南物流圈所涵盖的区域 2013 年 GDP 总额为 5016.69 亿元，占全省 GDP 的 20.47%；湘南物流圈区域平均 GDP 增幅为 10.27%，较高于全省平均发展水平。如表 4-3 所示。

表 4-3　　2013 年湘南物流圈涵盖地区 GDP 情况

地区	地区国民生产总值 GDP（亿元）	GDP 增幅（%）
衡阳市	2169.44	10.2
郴州市	1685.5	11.1
永州市	1161.75	9.5
湘南三市合计	5016.69	平均增幅 10.27
湖南省	24501.7	10.1
湘南三市合计占湖南比重（%）	20.47	—

资料来源：湖南省各地区统计公报，2013。

从人均生产总值情况来看，永州市以人均生产总值 21951 元处于湘南地区末位，仅为全省平均水平 36763 元的 59%左右，未达到及格水平。湘南地区圈的人均生产总值总体上还处于较低水平，只有衡阳、郴州突破 3000 元，人口众多而经济发展不均衡是该区域的主要特点。如图 4-1 所示。

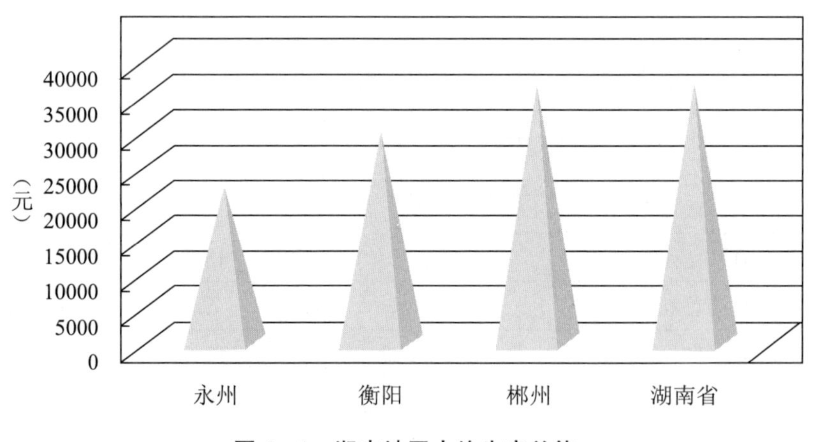

图 4-1　湘南地区人均生产总值

3. 产业结构不断优化

从经济结构来看，湘南物流圈所涵盖的区域加快转变经济发展方式，产业结构逐步优化。如表 4-4 所示。

表 4-4　　2013 年湘南物流圈涵盖地区 GDP 情况

地区	第一产业增加值（亿元）	增幅（%）	第二产业增加值（亿元）	增幅（%）	第三产业增加值（亿元）	增幅（%）	人均生产总值（元）
衡阳市	338.41	2.80	1039.42	10.70	791.61	12.80	21951
郴州市	164.80	2.80	970.50	11.90	550.20	12.20	30030
永州市	249.70	2.90	447.29	10.10	464.76	12.50	36256
湘南三市合计	752.91	平均 2.83	2457.21	平均 10.90	1806.57	平均 12.50	平均 29412
湖南省	3099.20	2.80	11517.40	10.90	9885.10	11.40	36763
占湖南比重（%）	24.29	—	21.33	—	18.28	—	80.01

资料来源：湖南省各地区统计公报，2013。

从三次产业比重来看，湘南物流圈地区第二产业比重明显偏高，工业化水平较好，对经济发展的贡献量日益增强，永州市的第一产业比重增加值比较大，第二产业占比相对比较低，是典型的以农业为主的发展区域。其中三个城市的第三产业增加值增幅均高于全省平均水平，说明湘南地区的服务业总量增加，经济转型显现，但郴州第三产业结构不优，占 GDP 比重偏低，但衡阳、郴州的第二、第三产业的增幅均高于全省平均水平，说明产业结构在发展中不断优化，为地方经济发展提供了良好的基础条件。如表 4-5 所示。

表 4-5　　2013 年湘南物流圈涵盖地区 GDP 结构情况　　单位：%

地区	第一产业比重（2012 年）	第二产业比重（2012 年）	第三产业比重（2012 年）	第一产业比重（2013 年）	第二产业比重（2013 年）	第三产业比重（2013 年）
衡阳市	16.5	48.5	35.0	15.6	47.9	36.6
郴州市	10.3	58.0	31.7	9.8	57.6	32.6
永州市	23.0	38.8	38.2	21.5	38.5	40.0
湘南三市平均	16.6	48.4	35.0	15.6	48.0	36.4
湖南省	13.6	47.4	39.0	12.7	47.0	40.3

资料来源：湖南省各地区统计公报，2013。

通过对比湘南三市 GDP 结构情况和全省平均值，发现湘南三市的第一产业比重均值比全省均值高 3 个百分点，第二产业比重均值比全省均值低 4 个百分点，第三产业比重均指比全省均值低 3.9 个百分点。如图 4-2 所示。

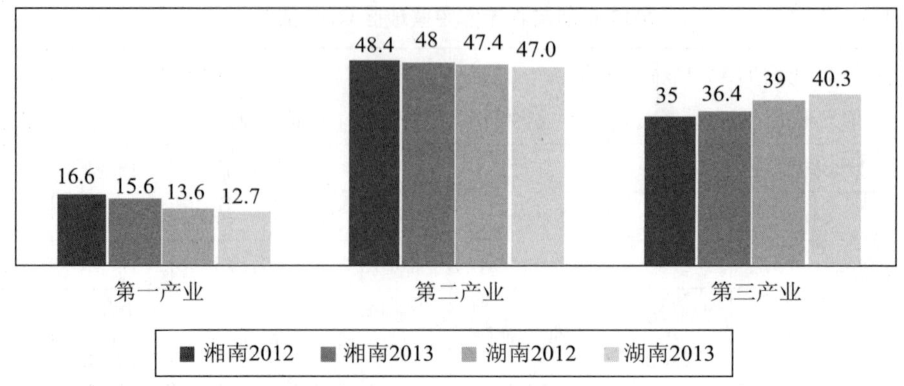

图 4-2 2013 年湘南物流圈涵盖地区 GDP 结构均值与全省均值比较

总的来看，湘南物流圈地区的发展势头强劲，产业结构有待继续调整，发展潜力有待挖掘，发展水平有待提高，发展实力有待加强。

（二）财政收入规模扩大

1. 财政实力不足

湘南物流圈区域 2013 年各财政收入总和只有 528.36 亿元，占全省比例为 18.02%，平均增幅低于湖南省 0.57 个百分点，地方财政收入 373.71 亿元，仅为全省地方财政收入的 21.04%。其中衡阳和郴州突破 200 亿元大关，实现了一个跨越式发展，有着里程碑意义。如表 4-6 所示。

表 4-6　　2013 年湘南物流圈涵盖地区财政收入情况

地区	财政收入（亿元）	财政收入增长率（%）	地方财政收入（亿元）	地方财政收入增长率（%）
衡阳市	211.88	13.00	157.20	16.00
郴州市	216.10	18.70	146.50	22.40
永州市	100.38	15.80	70.01	17.70
三市总和	528.36	15.83	373.71	18.70
湖南省	2931.8	16.20	1776	17.10
湘南三市占全省（%）	18.02	—	21.04	—

资料来源：湖南省各地区统计公报，2013。

将湘南三市的人口比重、面积比重、财政收入比重和地方财政收入比重对比如下，可

以发现：湘南物流圈地区人口多，面积大，财政收入少。如图 4－3、图 4－4 所示，

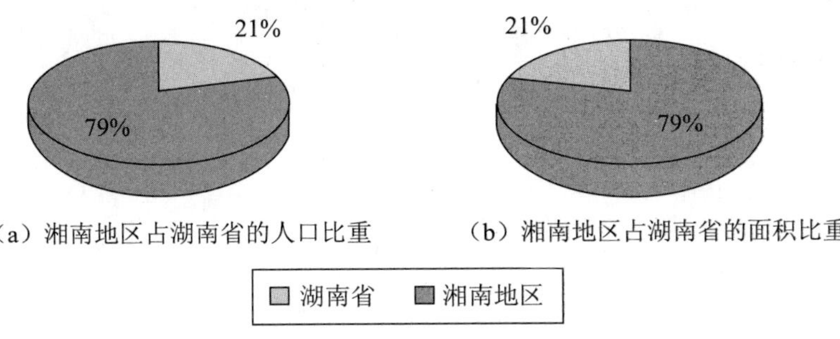

图 4－3　湘南三市人口、面积占湖南比重情况

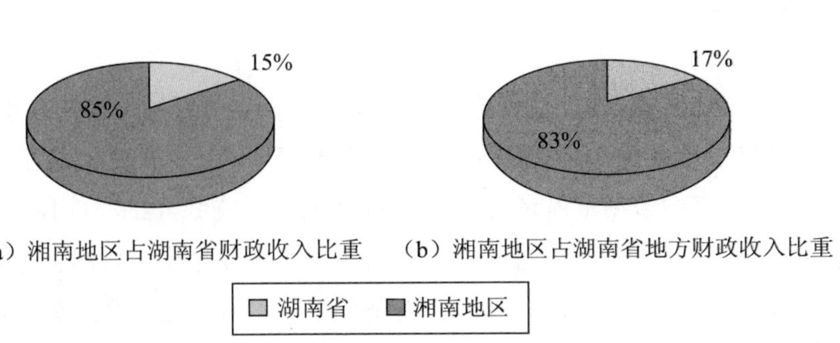

图 4－4　湘南三市财政收入、地方财政收入占湖南比重情况

2. 投资保持快速增长

2013 年，湘南物流圈地区全社会固定资产投资总额为 3995.04 亿元。由于湘南地区交通施工条件的不便和投资成本大，交通基础设施严重滞后，公路交通不发达，等级普遍低，路况差。近年来，全省加大了对湘南物流圈地区的投资力度，使交通等基础设施情况得到了大幅度改善。如表 4－7 所示。

表 4－7　2013 年湘南物流圈涵盖地区全社会固定资产投资总额情况

地区	全社会固定资产投资总额（亿元）	全社会固定资产投资总额增长率（%）	城镇固定资产投资（亿元）	城镇固定资产投资增长率（%）	工业投资（亿元）	工业投资增长率（%）
衡阳市	1446.60	35.10	1326.00	37.10	782.50	35.40
郴州市	1474.10	34.20	1267.90	27.20	671.30	34.40
永州市	1074.34	33.80	748.37	31.00	447.22	34.50

续　表

地区	全社会固定资产投资总额（亿元）	全社会固定资产投资总额增长率（%）	城镇固定资产投资（亿元）	城镇固定资产投资增长率（%）	工业投资（亿元）	工业投资增长率（%）
湘南三市总和	3995.04	—	3342.27	—	1901.02	—
湖南省	18381.40	26.10	16211.10	22.80	8080.80	27.60
湘南三市占全省（%）	21.73	—	20.62	—	23.53	—

资料来源：湖南省各地区统计公报，2013。

以永州市为例，2013年完成交通重点项目建设投资34.39亿元。其中，永蓝高速扫尾完成投资9亿元；干线公路建成3347千米，完成投资16.56亿元；农村公路建成19147千米，完成投资6.91亿元，其中通畅工程完成投资4.83亿元；干支线养护完成投资1.5亿元；站场建设完成投资0.43亿元。全年新增干线公路通车里程295千米。农村公路通畅工程完成701千米；危桥改造工程开工161座，其中建成完工的100座；渡改桥工程新开工12座，完工1座；完成渡口码头改造9道；安保工程处治隐患里程347.3千米；76座水毁桥梁全部完工。到2013年年底，全市公路总里程为22983千米，其中高速公路489千米。

（三）政策环境改善，发展机遇好

1. 顶层设计基本完成

由省发改委牵头制定的《湖南省湘南承接产业转移示范区规划》，明确“三极四带”的发展格局，即打造衡阳、郴州、永州“三极”和京港澳沿线产业集聚带、二广沿线产业集聚带、泉南沿线发展带、厦蓉沿线发展带“四带”，将示范区建设成为中部地区承接产业转移新平台、跨区域合作引领区、加工贸易集聚区和转型发展试验区，基本完成了湘南示范区的顶层设计。

2. 政策推动强劲有力

近年来，中央和省里出台了一系列促进承接产业转移的政策，主要有文件：《国务院关于中西部地区承接产业转移的指导意见》（国发〔2010〕28号共30条）、《湖南省人民政府关于加快承接产业转移发展加工贸易的若干政策措施》（湘政发〔2008〕16号共16条）、《湖南省委办公厅、省政府办公厅关于支持郴州承接产业转移先行先试的若干政策规定》（湘办〔2009〕24号共34条）、《中共湖南省委、湖南省人民政府关于进一步扩大开放加快发展开放型经济的决定》（湘发〔2011〕6号共28条）、《湖南省人民政府关于加快发展开放型经济的若干政策措施》（湘政发〔2011〕8号共38条）、《中共湖南省委、湖南省人民政府关于加快推进湘南承接产业转移示范区建设若干意见》（湘发〔2012〕14号共45条）、《湖南省人民政府办公厅关于出台湖南省湘南承接产业转移示范区规划》（湘发〔2012〕42号）、《湖南省人民政府办公厅关于鼓励支持劳动密集型企业和中小微企业吸纳就业的若干措施》（湘政办〔2013〕41号共6条）等。省直23个部门根据各自职责，出台了具体的具有突破性和操作性的实施办法，形成了坚强有力的政策支撑体系，设立了专项扶持资金。

3. 重大项目顺利推进

截至2013年5月，省政府先后启动了两批重大项目，包括重大平台、重大基础设施和重大产业项目。其中第一批启动的92个重大项目已全部开工建设，投资总额719.4亿元，截至9月底，累计完成投资231.01亿元。第二批重大项目114个，投资总额为951.19亿元人民币，截至9月底，累计完成投资112.63亿元。富士康、飞利浦、华耀城、五矿集团、台达电子、欧姆龙、中国神华集团等一批世界500强、国内500强及大型央企相继落户示范区。

4. 平台建设不断夯实

一是功能性平台有新进展。衡阳综合保税区已于2013年10月获批，已通过预验收，即将封关运行；湖南出入境检验检疫局、长沙海关驻永州办事处正式获批；郴州国际快件中心开始营运。衡阳、郴州、永州“内陆无水港”建设也正在建设当中。二是园区平台有新突破。衡阳高新区已获批国家级高新区。近年来，三市调规扩园面积达216平方千米，目前，示范区所有县市（区）已实现了至少有一个省级工业园或省级集中区的目标。三是会展平台稳步推进。全省最大的会展中心——郴州国际会展中心已基本完工。

三、湘南物流圈地区物流供给能力分析

（一）物流基础设施条件

湘南物流圈地区物流基础设施总体概况。

（1）铁路物流基础设施具有传统优势。

湘南地区铁路交通较为发达。京广、洛湛铁路、武广客运专线，京港澳、二广经过此区域，在大开发的背景下，湘南地区规划湘桂复线（衡阳—永州段）、怀邵衡铁路、永州—郴州铁路；改造提升京港澳铁路、洛湛铁路、湘桂铁路；建设桂林—郴州—赣州铁路，郴三铁路延伸至安仁接衡茶吉；规划建设台北—南宁高速铁路郴州段和安张衡铁路；启动湘南三市铁路环线建设，形成湘南地区铁路环线。

未来，2020年形成“三纵三横”立体铁路网：根据《规划》，到2020年，湖南铁路路网将实现质的飞跃，形成“三纵三横”的立体铁路交通格局。“三纵”，指南北向的京广、洛湛、焦柳3条线路；“三横”，指东西向的黔张常—常岳九、沪昆、湘桂3条线路。其

中，客货分线的京广大通道（京广既有线、京广客运专线）与客货分线的沪昆大通道（沪昆既有线、沪昆客运专线）将构成湖南铁路“十”字形主骨架。2020 年前，湖南省城际铁路也将粗具规模，将新建长株潭、长沙至常德等城际铁路 650 千米。

至 2030 年，全省铁路营运里程将达 6130 千米，建设的主要项目有：洛湛铁路永玉段（永州一玉林）增建二线、焦柳铁路石柳段（石门一柳州）增建二线、荆益铁路华益段（华容一益阳）、岳吉铁路（岳阳一江西吉安）等。

湘南物流圈地区的铁路具有传统优势，随着铁路线路的不断完善，对于相关地区的民工输出、旅游开发、货物运输、加强东西部交流起着非常重要的作用，经济意义重大，也使湖南作为西南门户的地位进一步得到巩固。

（2）公路物流基础设施发展迅速。

以 2011 年湖南省公里里程数据为例，湘南物流圈地区三市公里里程总计为 61195 千米，占全省比例为 26%；等级公路里程仅为 53056.19 千米，占全省比例仅为 25.68%，说明湘南物流圈地区公路里程还比较少；湘南物流圈地区三市高速公路总里程为 1600.89 千米，占全省比例为 31.49%；湘南物流圈地区三市一级公路总里程为 212.84 千米，占全省比例为 19.84%。以上分析说明：湘南物流圈地区公路里程基本达到全省平均水平，但是公路等级不高，尤其是一级公路仅占全省的比重偏低。如表 4-8 所示。

表 4-8　　2013 年湖南省各地州市公路长度　　单位：千米

地区	里程总计	等级公路						等外路
			高速公路	一级公路	二级公路	三级公路	四级公路	
全　省	235396	206625	5084	1072.91	10702	6059	183707.35	28770.89
衡阳市	20706	16369.71	570.21	55.64	841.28	222.87	14679.72	4336.38
郴州市	17522	16100	541.31	100	1103.53	439.72	13914.63	1422
永州市	22967	20586.48	489.37	57.2	921.3	606.71	18511.91	2380.83
湘南三市合计	61195	53056.19	1600.89	212.84	2866.11	1269.3	47106.26	8139.21
湘南占全省比重（%）	26.00	25.68	31.49	19.84	26.78	20.95	25.64	28.29

资料来源：根据湖南省统计年鉴整理，2014。

湘南物流圈地区已有的主要高速公路情况为：

衡阳是全国 45 个公路交通主枢纽城市之一，衡阳市境内有 G4 京港澳高速、G72 泉南高速、衡邵高速公路、京港澳复线、南岳高速、衡邵高速公路；国道有 107 国道、322 国道。

郴州 106 国道、107 国道、107 绕城公路、G76 厦蓉高速公路（厦门至成都）、G4 京港澳高速公路、G4E 京港澳高速复线、322 省道、岳深高速（湖南岳阳至深圳高速郴州段）、长莽高速（长沙至郴州莽山）宜凤高速在 2011 年 9 月 25 日已经建成通车，这成为郴州南下广东的第二条出省通道。

永州市境内有 207 国道、322 国道、G55 二广高速公路、G72 泉南高速公路、永连公路都贯穿全境及九条省道在境内纵横交错。

（3）航空物流基础设施发展相对滞后

湘南物流圈地区拥有衡阳南岳机场和芷江国内机场。

衡阳南岳机场位于衡阳市衡南县云集镇，为国家 4C 支线机场，一期工程由南岳机场投资总公司承建，由国家和省、衡阳市出资建设，总投资 8.9 亿元，其中国家总投资 5.6055 亿元，占地面积 2142 亩，新建一条标准为 2600 米×45 米的跑道 ，一座 14300 平方米的航站楼，一个 3400 平方米停机坪 ，1 条长 155.5 米、宽 18 米的联络滑行道；站坪面积 3.1 万平方米，停机位 4 个（3C1B）；停车场 3400 平方米；建设通信导航、助航灯光及其他相关生产、生活辅助配套设施 。

南岳机场于 2010 年 11 月获国务院常务会议通过，机场投资 8.9 亿元，辐射衡阳、邵阳、郴州、永州、株洲、娄底、井冈山等周边地区，对于打造衡阳西南云大都市区，构建大衡阳都市圈，提升南岳衡山品牌奠定基础，刺激周边省市产业群布局具有重大意义。东临、京港澳高速公路、衡炎高速公路、湘江，北接衡阳白沙洲工业园区（深圳工业园）、衡昆高速公路，西连潭衡高速公路、衡邵高速公路。衡阳市中心城区通过衡云干道直达南岳机场。南岳机场以衡阳为核心，辐射邵阳、郴州、永州、娄底和株洲、炎陵、攸县、茶陵、湘潭县等周边 49 个县市，面积 8.67 万平方千米，受益人口超过 3000 万。2014 年 7 月 31 日，衡阳南岳机场有限责任公司挂牌成立，这标志着南岳机场托管模式正式运行，南岳机场正式通航进入倒计时，标志着衡阳市政府与省机场管理集团的合作进入了新的阶段。

衡阳南岳机场的建成有利于完善华南北部地区和湖南机场布局，填补湘中南地区民用机场的空白，进一步改变湘中南地区的交通面貌，加速湘中南地区人流、物流、资金流的流动，促进华南北部地区区域经济的发展。新建南岳民用机场，是重构衡阳空中走廊，形成国际水陆空大立体交通格局的关键一步，是完善“1189”交通战略工程的重要一环。

衡阳南岳机场既服务 890 万衡阳人民，又可通过以衡阳为核心的高铁、高速公路，辐射邵阳、永州、郴州、娄底、株洲五市人口的广大区域。尤其是欧姆龙、富士康、中建材、中国五矿、玖龙纸业等 14 家世界 500 强的引进和 16 家央企的入驻衡阳，将会带来各种商品、人员、物资的巨大流通增量，使衡阳对机场的需求量明显提升。

衡阳南岳机场对于衡阳西南云大都市区和南岳区经济产生极大的拉动效应，为进一步唱响南岳衡山品牌奠定了良好的基础，必将进一步刺激周边地区产业群合理布局，特别是将带动大衡阳都市圈和大南岳衡山旅游圈经济的快速增长，社会效益巨大，辐射效应进一步凸显。

永州零陵机场分公司位于永州市冷水滩区岚角山镇，距冷水滩市区 7 千米，距零陵市区 11 千米，距连接冷零两城区的零陵大道 1.2 千米，机场净空条件良好。机场服务区占地面积 199.97 亩左右，其中候机楼占地 3363 平方米，内设的售票、医疗救护、值机、安全检查和电动传送行李等地面服务设施完善，航行调度指挥、通信导航等航空保障设备齐全。同时建成于 2002 年的永航大酒店是集住宿、餐饮、机票销售、航空货运等业务于一体的宾馆，是与零陵机场相配套的服务设施。永州零陵机场于 2001 年 4 月 30 日正式通航，2003 年 6 月 18 日借民航改制机遇，机场公司划归湖南省机场管理集团统一管理。但只开通了长沙、海口两条航线（每周一、周五共四个），航班密度不够，机场的作用未得到较好地发挥，也不具备物流功能。

（4）水运物流基础设施发展滞后。

流经衡阳的湘水归阳至株洲 316 千米干线航道。耒水 155 千米、洣水 75 千米、蒸水 139 千米、舂陵水 65 千米，共计 434 千米的地方航道。

郴州市属非水网地区，通航里程达 663 千米，位列全省第 11 位。2010 年年底，全市有港口、码头 110 个，航道里程总量少，技术等级低。等级航道里程所占比重为 52.6%，高于全省 35.2%的平均水平。

永州市境内水运航道里程 551 千米，其中等级航道 150 千米。现有码头泊位 262 个，其中 100 吨码头泊位 33 个，50 吨码头泊位 29 个。

（二）物流设施设备条件

截至 2013 年年底，湘南物流圈地区三市共有民用车辆 186 万辆，占全省的 20.47%；其中载客汽车 30.98 万辆，占全省的 10.21%。载货汽车 15.41 万辆，占全省比例为 25.19%。如表 4－9、图 4－5 所示。

表 4－9　2013 年民用车辆拥有量

地　区	合计（万辆）	汽车（万辆）		摩托车（万辆）	拖拉机（万辆）	挂车（万辆）	机动车驾驶员（万人）	汽车驾驶员（万人）
		载客	载货					
全　省	909.42	303.54	61.17	474.56	28.2	—	995.79	700.83
衡阳市	64.14	0.95	5.19	—	—	—	82.74	57.27
郴州市	64.17	17.07	6.12	36.82	2.99	0.13	47.45	38.22
永州市	57.85	12.96	4.1	36.44	3.13	0.08	—	—
湘南三市合计	186	30.98	15.41	—	—	—	—	—
湘南三市占全省（%）	20.47	10.21	25.19	—	—	—	—	—

资料来源：省交通厅，2013。

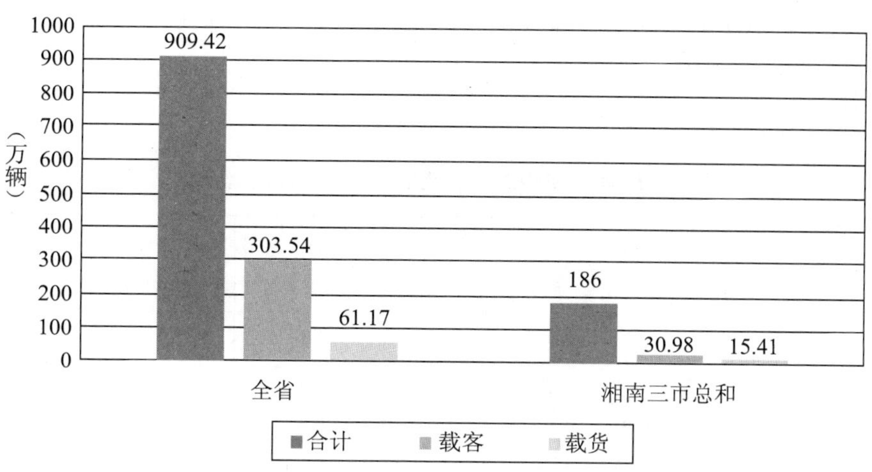

图 4-5 湘南地区民用车辆数量与湖南省民用车辆数量对比

(三) 社会运输能力分析

2013 年全省客货运输周转量 5248.6 亿吨·公里，比上年增长 7.0%。货物周转量 4281.9 亿吨·公里，增长 6.9%。其中，铁路周转量 969.5 亿吨·公里，减少 7.1%；公路周转量 2713.1 亿吨·公里，增长 13.4%。旅客周转量 1891.5 亿人·公里，增长 8.2%。其中，铁路周转量 865.7 亿人·公里，增长 7.6%；公路周转量 925.1 亿人·公里，增长 8.3%；民航周转量 98.0 亿人·公里，增长 12.5%。年末全省公路线路里程 23.5 万千米，比上年末增长 0.6%。年末全省民用汽车保有量 397.8 万辆，增长 16.9%；私人汽车保有量 327.2 万辆，增长 20.6%；轿车保有量 194.9 万辆，增长 23.1%。如表 4-10 所示。

表 4-10　　2013 年湖南省运输货运周转量情况

指　标	单位	绝对数	比上年增长（%）
货运周转量	万吨	211405.9	10.5
其中：铁路	万吨	4901.4	−8.2
公路	万吨	185073.2	11
水运	万吨	20690.2	10.6
民航	万吨	6.1	4.7
管道	万吨	735	11.8

资料来源：湖南省统计公报，2013。

湘南物流圈地区三市的社会货运量占全省比例为 28.56%，全社会货运周转量占全省比例为 24.24%。说明湘南物流圈地区货运量在全省有着重要地位，具有货运距离长的特点。如表 4－11 所示。

表 4－11　　2013 年湘南物流圈涵盖地区全社会运输情况

地区	货运量（万吨）	增幅（%）	货运周转量（亿吨·公里）	增幅（%）
衡阳市	23300	11.60	376.45	16.00
郴州市	26435	13.00	420.9	14.90
永州市	10652	12.40	240.4	14.80
湘南三市合计	60387	—	1037.75	—
湖南省	211405.9	10.50	4281.9	6.90
湘南三市合计占湖南比重（%）	28.56	—	24.24	—

资料来源：湖南省各地区统计公报，2013。

四、湘南物流圈地区物流需求分析

（一）农产品物流产量丰富，冷链物流需求旺盛

2013 年，湘南三市农作物播种面积为 2483.14 千公顷，占全省比例为 28.71%；其中粮食作物播种面积为 1437.45 千公顷，占全省比例为 29.12%。如表 4－12 所示。

表 4－12　　湘南三市农作物播种面积（2013 年）　　单位：千公顷

地区	农作物播种面积	粮食作物	稻谷面积	油料面积	蔬菜面积
全省	8650	4936.57	4085.03	1382.49	1283.75
衡阳市	972.9	552.29	498.46	214.73	103.07
郴州市	615.97	342.21	254.72	71.24	98.73
永州市	894.27	542.95	419.78	79.31	177.12
湘南三市合计	2483.14	1437.45	1172.96	365.28	378.92
湘南占全省比例（%）	28.71	29.12	28.71	26.42	29.52

2013年，湘南三市主要农产品产量占全省比例较高。粮食产量合计8123539吨，占全省比例为26.31%。主要牲畜头数和畜产品产量占全省比例28%以上。如表4－13至表4－15所示。

表4－13　　湘南三市主要农产品产量（2013年）

种类	全省合计（吨）	衡阳市（吨）	郴州市（吨）	永州市（吨）	湘南三市合计（吨）	湘南占全省比例（%）
粮食合计	30879086	3214824	1822017	3086698	8123539	26.31
稻　谷	27212291	3015674	1492751	2643394	7151819	26.28
小　麦	86871	3702	208	1087	4997	5.75
玉　米	2076296	67967	184166	210077	462210	22.26
大　豆	288272	28876	26144	60547	115567	40.09
薯　类	997684	73332	109349	138316	320997	32.17
油菜籽	1946089	291866	78389	94633	464888	23.89
黄红麻	599	83	—	24	107	17.86
苎　麻	15882	79	—	42	121	0.76
烤　烟	247846	26133	64557	45526	136216	54.96
茶　叶	146031	2585	4030	1982	8596.5	5.89
柑　橘	4173169	92003	309136	476152	877291.2	21.02

表4－14　　湘南三市主要牲畜头数和畜产品产量（2013年）

市　州	大牲畜年末存栏数(头)	牛（万头）	生猪存栏（万头）	肉猪出栏（万头）	猪肉产量（吨）	牛肉产量（吨）	羊肉产量（吨）	禽蛋产量（吨）
全省合计	5329027	5276344	4703	8000	5736004	219014	118713	1136757
衡阳市	289363	286290	558	964	727778	15864	9813	223126
郴州市	349907	349251	322	557	400539	14603	6906	28327
永州市	875505	869489	512	813	578918	28708	9883	57158
湘南三市合计	1514775	1505030	1391.19	2333.72	1707235	59175	26602	308611
湘南占全省比例（%）	28.42	28.52	29.58	29.17	29.76	27.02	22.41	27.15

表 4－15　　湘南三市农畜产品产量（2013 年）

市　州	粮食产量（万吨）	棉花产量（吨）	油料产量（万吨）	水果产量（万吨）	肉类产量（万吨）	猪牛羊肉产量	奶类（吨）	水产品产量（吨）
全省合计	3088	296161	224	878	699	609	78546	2339083
衡阳市	321	23026	33	73	91	76	969	271418
郴州市	182	270	11	70	47	42	898	104317
永州市	309	3132	14	125	75	62	858	175417
湘南三市合计	812.35	26428	58.11	268.55	213.41	179.62	2725	551152
湘南占全省比例（%）	26.31	8.92	25.92	30.59	30.52	29.51	3.47	23.56

（二）工业加快发展，制造业物流成为热点

近年来，湘南物流圈地区积极推进新型工业化，工业发展明显提速。利用项目承接发展进出口贸易，建立标准厂房的情况有所提升。如表 4－16、表 4－17 所示。

表 4－16　　湘南三市规模以上工业企业基本情况（2013 年）　　单位：亿元

市　州	主营业务收入	利润总额	利税总额	资产总计	负债合计
全省合计	31855	2048	4250	20051	11082
衡阳市	3011	176	301.4	1242	717
郴州市	2819	194	395	1400	639
永州市	814	42	104	526	253
湘南三市合计	6644	412	800	3168	1609
湘南占全省比例（%）	20.9	20.1	18.8	15.8	14.52

表 4－17　　湘南三市主要工业产品产量（2013 年）

市　州	全　省	衡阳市	郴州市	永州市	湘南三市合计	湘南占全省比例（%）
纱（万吨）	106.53	3.61	1.93	0.05	6	5.3
布（亿米）	3.52	—	0.11	0.08	0	5.5
针棉织品（折用纱线）（万吨）	1.16	—	—	—	0	0.0

续　表

市　州	全　省	衡阳市	郴州市	永州市	湘南三市合计	湘南占全省比例（%）
机制纸及纸板（万吨）	421.44	6.50	44.29	17.79	69	16.3
电光源（万只）	249.07	196.00	—	—	196	78.7
成品糖（万吨）	0.67	—	—	—	0	0.0
卷烟（万箱）	372.42	—	32.88	31.76	65	17.4
化学药品原药（吨）	38009.47	37.36	—	—	37	0.1
食用植物油（万吨）	279.70	8.06	0.46	6.03	15	5.2
饲料（万吨）	1534.93	172.58	28.02	42.88	243	15.9
粗钢（万吨）	1840.36	138.51	25.75	9.30	174	9.4
生铁（万吨）	1739.77	89.97	1.62	44.70	136	7.8
原煤（万吨）	—	—	—	—	0	0
发电量（亿千瓦时）	1277.20	68.90	193.37	58.30	321	25.1
水电	438.40	16.73	70.78	54.29	142	32.3
钢材（万吨）	1977.91	144.67	32.22	8.26	185	9.4
水泥（万吨）	11264.67	942.01	1013.89	929.80	2886	25.6
平板玻璃（万重量箱）	1832.75	—	290.40	—	290	15.8
硫酸（万吨）	309.67	79.16	29.70	5.31	114	36.9
烧碱（万吨）	75.02	30.24	6.75	—	37	49.3
化学农药（原药）（万吨）	11.58	0.61	1.50	0.64	3	23.8
化学肥料（折纯量）（万吨）	128.23	11.22	6.26	—	17	13.6
氮肥（万吨）	117.70	10.66	6.26	—	17	14.4
磷肥（万吨）	10.54	0.56	—	—	1	5.3
电石（万吨）	14.60	—	—	—	0	0.0
初级形态的塑料（万吨）	65.24	11.90	6.89	—	19	28.8
矿山专用设备（万吨）	28.04	1.04	0.19	0.05	1	4.5
金属切削机床（台）	3381	—	—	1421	1421	42.0

（三）消费需求拉动物流需求增长

城乡消费市场繁荣。2013 年，湘南地区实现社会消费品零售总额增加到 1732.9 亿元，总量占全省的 19.2%，平均增幅为 13.53%略低于全省平均水平；除郴州市消费市场增幅略低外，其他地区的增幅明显高于全省平均值。如表 4－18、表 4－19 所示。

表 4-18　　湘南三市国内外贸易、对外经济和旅游（2013 年）

市　州	社会消费品零售总额（亿元）	批发和零售业（亿元）	住宿和餐饮业（亿元）	实际利用外商直接投资金额（万美元）	旅游业总收入（亿元）
全省合计	9019	7909	1110	870482	2682
衡阳市	732	653	79	76215	187
郴州市	626	540	86	101808	221
永州市	375	337	38	62513	119
湘南三市合计	1733	1530	203	240536	528
湘南占全省比例（%）	19.2	19.3	18.3	27.6	19.7

表 4-19　　湘南三市限额以上批发零售贸易业商品购销存总额（2013 年）　　单位：亿元

市　州	购进总额	销售总额	批发额	零售额	年末库存总额
全省合计	70248707	76407769	40501835	35905934	5634852
衡阳市	4049514	4508002	1984563	2523439	465578
郴州市	4331042	5624371	3680524	1943847	374661
永州市	1578245	2071907	749999	1321908	89820
湘南三市合计	9958801	12204279	6415086	5789193	930059
湘南占全省比例（%）	14.2	16.0	15.8	16.1	16.5

从区域分类情况来看，2013 年湘南物流圈涵盖地区城市消费品零售总额 1341.19 亿元，平均增幅为 13.49%，低于全省平均水平 13.9%；农村市场增幅较低，特别是永州市，县及县以下消费品零售总额仅为 48.32 亿元，增幅仅为 11.6%。如表 4-20 至表 4-22 所示。

表 4-20　　2013 年湘南物流圈涵盖地区社会消费品零售总额（分行业）情况

地　区	社会消费品零售总额（亿元）	增幅（%）	城市消费品零售总额（亿元）	增幅（%）	县及县以下消费品零售总额（亿元）	增幅（%）
衡阳市	731.92	13.90	460.03	14.48	271.89	13.00

续　表

地　区	社会消费品零售总额（亿元）	增幅（%）	城市消费品零售总额（亿元）	增幅（%）	县及县以下消费品零售总额（亿元）	增幅（%）
郴州市	626.10	12.90	554.6	11.80	71.50	13.20
永州市	374.88	13.80	326.56	14.20	48.32	11.60
湘南三市合计	1732.90	13.53	1341.19	13.49	391.71	12.60
湖南省	8940.60	13.80	8033.5	13.90	907.10	13.30
湘南三市合计占湖南比重（%）	19.38	—	16.69	—	43.18	—

资料来源：湖南省各地区统计公报，2014。

表 4－21　　湘南三市进出口商品总值（2013 年）

市　州	进出口总值（万美元）	出口（万美元）	进口（万美元）	比上年增减（%）
全省合计	2516439	1482083	1034356	15
衡阳市	181364	126098	55266	－10.0
郴州市	378805	200947	177858	37
永州市	44964	40593	4371	55
湘南三市合计	605133	367639	237494	82
湘南占全省比例（%）	24.0	24.8	23.0	557.8

表 4－22　　湘南三市居民人均可支配收入（2013 年）

市　州	农村居民人均可支配收入（元）	增长速度（%）	城镇居民人均可支配收入（元）	增长速度（%）
全省合计	136181	—	297517	—
衡阳市	11876	13	22297	10.0
郴州市	9692	13.1	21634	10.3
永州市	8863	11.1	18526	8.3
湘南三市合计	30431	—	62457	—
湘南占全省比例（%）	22.3	—	21.0	—

五、湘南物流圈地区物流发展中存在的主要问题

湘南物流圈地区物流的现状，物流体系逐步完善，取得了较大的成绩，但是，相对于工业、农业、商贸的发展以及居民生活等对城市物流的需求来说，城市物流还有许多亟待解决的问题，主要表现在以下四个方面。

（一）现代物流欠发达且管理水平低

物流网络建设滞后，城市物流功能不足。主要表现在：城市物流园区规模较小，物流资源聚集度较低，物流效率低下，物流成本偏高，物流功能要素之间缺乏有效链接，物流产业链还没有形成；从布局来看，物流节点失衡，近 1/3 分布在主城区边缘，在所辖县级市和县城，物流节点较少，大多集中在城区一带，物流集疏运与城市交通的矛盾日益突出，缺乏在城市物流带动下的城乡一体化物流网络布局；城区道路不畅，交通拥堵；从服务功能来看，物流基础设施建设分散，物流设施及装备的技术水平较低，物流作业效率不高，远远落后于国内标准化水平。

（二）第三方物流业发展滞后，物流服务能力较低

许多物流企业自身经营管理水平较低，观念保守、管理手段落后、技术含量低。目前大多数的物流企业是在过去的运输、仓储业基础上改造发展起来的，缺乏现代经营理念、且自身经营规模小、硬件和软件设施水平低，服务能力有限，服务水平不高。物流企业的物流功能停留在传统的运输、仓储、配送等环节，物流企业的信息化程度较低，在物流增值服务、服务方案设计等方面与现代物流的要求还存在大的差距，满足不了市场需要。真正的第三方物流在市城市物流中的比重不高，仍然有许多企业采取的是自营物流，导致城市过多的车辆空载行驶、非满载行驶，造成交通拥挤、空气污染，以及物流成本居高。很多物流企业仍采用最原始的信息传递和控制方法，物流企业之间信息不共享，资源难以整合，导致城市物流的规模效应和整体协同效应不能充分发挥出来，降低了物流服务水平。

（三）物流信息平台建设滞后，城市物流信息化程度较低

目前，湘南三市还没有建立起全市共享的物流公共信息平台，物流信息不能及时有效地互通共享，物流信息的沟通传递不畅，物流效率不高，也制约了湘南三市物流业的发展。

（四）城市物流统筹协调不够，缺乏支撑现代物流业发展的政策体系

就我国整体而言，城市物流发展仍处于起步阶段，许多地方政府制定的物流发展规划缺乏可行性，相关制度和法规有待完善，与城市物流发展紧密相关的融资制度、产权转让制度、社会保障制度、市场准人和退出制度等方面的改革还不能适应其发展的需要。

多年来，我国物流界对宏观物流和企业物流研究较多，而城市物流却一直在物流研究

的边缘徘徊。城市物流无序、物流技术落后、缺乏统一组织管理、城市物流管理“条块分割”现象严重、缺乏规划与管理、物流资源利用率不高、物流效率低下并且加剧了城市交通拥堵及环境污染，这些成了目前国内城市物流的通病。

六、湘南物流圈地区物流发展对策与政策建议

发展城市物流是一个长期性的、复杂的、跨地区、跨部门、跨行业的系统工程，需要从国家、省和市经济发展和产业规划的角度，对湘南三市城市物流全面规划、分步实施、加强指导与管理，针对湘南三市物流发展中存在的问题，综合采用以下策略和措施。

（一）设立城市物流主管部门，完善管理体制

设立物流主管部门，履行城市物流管理职能，健全完善管理机制等，是改变城市物流无序状态、消除条块分割现象的必要条件。只有统一的管理，才能对整个城市的物流系统进行统一规划，并组织实施，才能从经济效益、环境效益和城市可持续发展的战略高度，制定城市物流发展方案和制定相关的政策法规，促进整个城市物流的优化发展。可在现有交通主管部门的基础上扩大和延伸其职能，把城市交通运输、仓储保管、装卸搬运、加工包装、配送服务等统筹统管起来，使政府对城市物流设施资源、物流能力、存在的问题等做到心中有数，才能制定切合实际的城市物流规划、实施办法和相关的政策法规，促进湘南三城市物流顺利发展。在城市物流发展与管理中，要体现“政府引导、市场运作”的原则，政府物流管理部门制定整个湘南三市的物流发展规划，完善城市物流发展机制体制，创造良好的物流发展环境，以现代市场经济为导向，发挥市场配置物流产业资源的作用，形成消费为引导、企业为主体、政府有效监管和适度调节的良性循环，推进湘南三市的物流业健康协调发展。

（二）科学规划湘南三市的物流发展工作

（1）在确立城市发展战略与制定城市规划时，要加强物流研究。物流科学是一门新兴的技术经济科学。其知识体系和产业体系与其他学科和其他产业有着广泛而深刻的交叉。就城市物流而言，它不可能脱离城市其他产业而独立存在，所以，在研究城市其他问题如交通、环保、城市规划、土地管理时应充分考虑物流因素。同样，在城市物流规划与物流设施建设中也应考虑到上述领域对城市物流的影响，最终使物流业与城市其他产业能够协调发展。特别是要考虑湘南三市的产业转移中物流需求。

（2）在规划中，要明确城市物流发展的目标和定位。城市规划应结合城市物流发展现状、发展趋势和城市区位条件，科学预测城市物流未来的发展规模和发展要求，从而明确城市物流发展的目标和定位。整合社会资源降低经济运行成本、实现一个城市及其周边区域的物流合理化问题、发展生产力，促进产业结构合理调整与升级，这是现代城市物流发

展追求的根本目标。就湘南三市来说，在城市物流管理中，应以科学发展观为指导，以改革开放为动力，推进体制机制创新，以市场为导向，以提高物流效率为宗旨，以先进技术为支撑，以物流一体化和信息化为主线，发挥湘南三市的区位、交通、产业与资源优势，构建有利于现代物流业发展的政策环境和发展平台。构建集多种运输方式于一体的快捷、高效、安全、特色物流服务体系，支撑现有农工商业的发展，进一步提升湘南三市的优势制造业、商贸流通、物流服务业的影响力和辐射力，使物流业成为湘南三市经济发展的主导产业，实现以物流业为主导，工业为支撑，农业为基础的经济结构目标，不断增加物流业在国民经济中的比重，转变经济增长方式，利用国家粮食物流通道、煤炭物流通道、长江与内河物流通道特色优势，把湘南三市建成鄂豫陕渝毗邻地区物流中心、全国重要的物流节点城市和全国主要物流信息交换枢纽。

（3）在规划中，要加强城市物流园区建设，科学规划其布局。能否合理布局城市物流园区、物流中心，以及能否加强物流基础设施建设直接关系到物流效率和物流成本的高低，进而影响到城市物流发展水平。在城市物流规划与建设中，政府必须加强宏观指导，在物流园区、网点布局与选址、基础设施建设上要根据城市产业经济发展情况、商品流向、交通运输及城市发展状况进行统一规划，对不符合城市整体布局要求的建设要严格控制，对符合城市物流发展规划要求的要给予土地、资金、税收等政策上的支持。

（4）根据当地经济发展现状，确定物流发展的重点领域。结合湘南三市经济产业现状和优势，以及在区域经济中的作用和影响，湘南三市物流规划应确定未来物流发展的重点领域：一是为湘南三市汽车、能源、化工、粮食、纺织服装、装备制造、建材、食品等主导产业服务的工业物流；二是完善粮食物流体系，积极培育农业物流服务企业，发展生鲜农产品、果蔬的保鲜及肉类、水产品的仓储、加工、运输、配送的冷链物流；三是发挥湘南三市区位优势的中转物流；四是提高居民生活水平的生活物流。

（5）在规划制定与实施过程中，要坚持充分利用现有物流资源，统筹兼顾，突出特色，以产业物流贴近企业、商贸物流贴近市场、中转物流贴近交通枢纽，合理布局物流设施的物流规划原则，建设结构合理、布局科学、功能互补的现代物流产业，使物流业与生产、消费共同协调发展。

（三）引入绿色物流的理念和机制

引入绿色物流的理念和机制，是建设宜居城市的需要，是“绿色湘南”建设的重要内容之一。城市各种废弃物品的回收，工业与生活垃圾的处理，污水循环利用等是城市物流的组成部分。所谓绿色物流，就是以降低环境污染、减少资源消耗为目标，采用先进技术来规划和实施具体的物流活动，形成一种环境共生型的物流管理系统。从长远考虑，实施绿色物流并不等同于物流成本的增加，通过科学的管理和信息技术的运用，提高城市物流系统合理化水平，在大幅度降低物流经营成本的同时，降低物流活动对资源的消耗和环境的负面影响，使物流经营活动与城市经济协调发展，才是现代城市物流可持续发展的必然选择。虽然绿色物流的实施离不开先进科技的支撑，但更为关键的是物流从业人员要树立绿色环保理念，政府要引入绿色物流机制，事实上，凡是绿色物流起步早、发展快的城市，都有政府的积极倡导和大力支持。

目前，国内许多城市对于绿色物流的理念未形成统一认识，对于绿色物流的内涵和实施运作模式没有进行深入的挖掘和研究，因此，不少城市在城市物流绿色化政策方面还存在着一些不明确、不完善的地方。因此，在推行绿色物流理念的同时，还需不断完善政府相关配套机制，制定绿色物流法规，推行绿色物流发展战略，对城市物流系统目标、物流基础设施建设和城市物流活动管理等进行研究、改进与调整。

（四）建立便捷高效的城市物流信息平台

城市物流中物资的集散和配送，对交通运输系统有较强的依赖性，而交通运输系统具有很强的动态特性，而频繁的物流活动大多集中于城市，我国目前城市物流的管理和运转效率处于较低水平的重要原因就在于物流信息不能畅通、不共享。由于信息不畅通，一方面，导致城市内部重复运输、单程运输现象突出，致使城市交通拥挤，噪声及汽车尾气排放等环境污染加剧；另一方面，有相当一部分运输能力处于闲置状态，物流资源浪费严重，城市物流效益低下。现代物流业发展的一个鲜明特点是以通信技术、信息技术等为代表的高新技术在物流中的应用。一个完善的物流信息平台可以实现物流系统内部信息和物流系统外部信息的有机结合，实现物流信息共享，有助于现有物流资源的整合、优化，提升物流协作和管理水平，使物流系统发挥最大的整体效益。截至目前，湘南三市还没有一个公共物流信息平台，制约了物流业的发展。湘南三市物流主管部门应下设物流信息管理组织机构，负责制定物流信息开发、交换、使用规则，设计共同遵守的制度，建立物流信息资源的共享机制，并积极培育铁路、公路、航空、水路运输及仓储信息的经营主体，扶持车代、船代、货代及其他物流信息经营企业，鼓励物流企业、物流中介、仓储经营企业、运输经营企业参与建立湘南三市物流公共信息数据库，开展信息发布和信息系统外包等物流信息服务。在现代物流企业中推广条码、电子数据交换技术（EDI）、全球卫星定位系统（GPS）、地理信息系统（GIS）、射频识别技术（RFID）、电子订货系统（EOS）、客户关系管理（CRM）、企业资源管理系统（ERP）、供应链管理系统（SCM）、物流信息系统（LMS）等先进物流技术，提高物流企业的信息化水平和管理水平。

（五）整合物流资源，大力发展第三方物流

物流中最繁杂的是短途运输和多品种、小批量的商品配送。制造企业、批发企业、商业零售企业若都自营物流，城市交通将不堪重负，物流效率将降到极低。解决这个问题的有效途径是发展第三方物流，不但使城市物流设施得到合理利用，而且也为城市的管理者及行业中介机构协调、组织、管理城市物流提供了便利，使建立高效统一的城市物流网络系统成为可能。每个城市都有大量的属于企业的物流设施和资源，政府应通过一套相应的管理模式和机制，将这些属于企业的物流设施和资源整合起来，成为整个城市的物流资源，将能最大限度地发挥其作用。这是一项使城市物流合理化的投资少、见效快的重要措施。另外，要彻底打破行业垄断和条块分割，通过整合城市中现有的物流企业和企业的物流资源，组建大中型的第三方物流企业，更好地为城市物流服务。

湘南三市发展第三方物流，应加强规划引导和政策扶持，鼓励不同所有制企业投资成立物流公司，开展不同规模、不同功能的物流业务，发展专注于粮食物流、第三方冷链物流等专业物流，以满足城市消费、工业品下乡、农产品进城的物流需求。对传统的运输、仓储物流企业进行现代物流企业的改造，实现物流功能整合和服务延伸，加快向现代物流企业转型。引导湘南三市内外大型物流企业在湘南三市设立区域总部或分支机构。采取外引内联、优势互补的措施，加大政策支持力度，鼓励物流企业通过参股、控股、兼并、联合、合资、合作等多种形式进行资产重组，促其尽快做大做强。以服务水平高、竞争力强、经营规模大、发展前景好的物流企业为龙头，将原来分属不同部门的物流资产和相关业务进行剥离，以市场为导向，吸收社会资金进行产权改造，组建若干个有特色的大型物流集团，实现规模化经营，创建具有知名度的物流服务品牌。吸引国际国内知名物流企业直接投资落户湘南三市，通过多种渠道、多种方式培育具有强大影响力和辐射力的现代物流企业。

（六）设立物流业发展专项资金，确保实施物流重点工程

发展湘南三市城市物流，在“十二五”期间，城市物流园区、物流中心、物流配送中心工程以及其他物流基础设施的建设力度加大，培育大型物流企业、引导物流资源整合和传统物流企业改造提升的步伐加快，这些都需要大量的资金。市政府应设立物流业发展专项资金，用于城市物流建设工作，可以采取投资补助、贷款贴息或资本金注入等多种方式筹措物流发展资金，以确保湘南三市物流发展中的重点工程建设。

（七）开展物流金融服务，促进物流企业发展

所谓物流金融就是为物流产业提供资金融通、结算、保险等服务的金融业务，它伴随着物流产业的发展而产生。在物流金融中涉及三个主体：物流企业、客户和金融机构。物流企业与金融机构联合起来为资金需求方企业提供融资，物流金融的开展对这三方都有非常迫切的现实需要。物流金融业务，是物流与金融相结合的产品，不仅能提高第三方物流企业的服务能力和经济效益，而且可以协助企业拓展融资渠道，降低融资成本，提高资本的使用效率。金融物流服务将开国内物流业界之先河，是第三方物流服务的一次革命。目前湘南三市尚未开展物流金融服务业务，政府部门应着手调查研究物流金融服务的模式，协调物流企业与金融企业的关系，在湘南三市物流企业中逐步推进物流金融服务，通过为客户提供更完善的服务，促进第三方物流需求的增加，达到物流业与其他产业共同发展、

相互促进的结果。

（八）充分发挥物流协会的作用

充分发挥物流协会在组织业务交流、普及行业管理规范、推广技术标准、沟通和联系行业内企业、物流从业人员尤其是管理人员的业务培训等方面的作用，推动城市物流统计工作，开展物流企业的评先、评级工作。鼓励物流协会建立物流企业行为档案，以建立记录体系、公布“黑名单”等方式，加大惩罚力度，维护企业合法权益，促进物流企业公平竞争，诚信经营，提高行业自律水平，促进物流企业提高经营与管理水平，促进湘南三市第三方物流的发展。

（九）普及物流知识，培养物流人才

就世界范围而言，物流发展到今天，已经成为一大产业，其知识体系已构成一门学科，其专业人才正日益成为物流企业家、物流专家和物流学者。然而，由于现代物流教育在我国开展的时间并不长，物流专业人才是我国很多城市经济发展的紧缺人才之一。除了物流技术人才和物流运作管理人才的缺乏外，企业高层领导及政府管理部门领导对现代物流认识的缺乏或偏见对城市物流的发展有很大的阻碍作用。因此，除了高等院校的学历教育外，对企业领导、政府有关部门的人员进行培训，普及基本物流知识，了解国外发达国家的物流发展现状是很有必要的。

第五章　湘北片区物流发展研究

一、湘北片区三市经济发展总体状况

（一）湘北片区三市经济发展概况

1. 岳阳市经济发展概况

2013年岳阳市地区生产总值2430.52亿元，比上年增长10.2%。其中，第一产业增加值265.9亿元，增长2.1%；第二产业增加值1338.94亿元，增长11.0%；第三产业增加值825.68亿元，增长11.8%。预计人均地区生产总值43864元，增长9.4%。

全市三次产业结构为10.9∶55.1∶34.0，第一、第二、第三次产业对经济增长的贡献率分别为2.4%、61.5%和36.1%。其中，工业增加值对经济增长的贡献率为57.7%。高新技术产业增加值占地区生产总值的比重为16.7%，比上年提高1.1个百分点。非公有制经济增加值1484.01亿元，增长13%，占地区生产总值的比重为61.1%。

全市固定资产投资（不含农户）1485.35亿元，比上年增长27.2%。其中，城镇投资1347.9亿元，增长25.7%；农村投资137.4亿元，增长43.7%。国有投资332.9亿元，增长23.8%；非国有投资1152.4亿元，增长28.2%。第一、第二、第三产业分别完成固定资产投资40.1亿元、872.8亿元、572.4亿元，分别增长－1.6%、26.1%、31.6%。民间投资804.5亿元，增长23.8%，占全市投资的比重达54.2%。

全市新增固定资产投资1027.3亿元，增长20.2%。亿元以上项目共有314个，完成投资416.4亿元，占全部项目投资的比重为28.0%。年末高速公路通车里程达313千米，比上年末增加82千米。

全市财政总收入256.06亿元，比上年增长11.0%。公共财政预算收入106.0亿元，增长17.2%。其中，税收收入52.68亿元，增长18.2%。上划中央“两税”138.37亿元，增长6.3%。全市财政支出275.93亿元，增长17.5%。其中，涉及民生支出205.07亿元，增长20.2%。

2. 常德市经济发展概况

2013年常德市完成地区生产总值2264.9亿元，增长10.3%。其中，第一产业完成增加值323.7亿元，增长2.8%，对经济增长的贡献率为4.3%；第二产业完成增加值

1102.4亿元，增长10.7%，对经济增长的贡献率为50.2%；其中工业完成增加值1001.4亿元，增长10.9%，对经济增长的贡献率为46.6%；第三产业完成增加值838.8亿元，增长13.2%，对经济增长的贡献率为45.4%。人均地区生产总值达到39169元。三次产业结构由上年的14.8：49.5：35.7调整为14.3：48.7：37.0。

全市完成财政总收入168.7亿元，比上年增长13.5%。公共财政预算收入122.5亿元，增长14.8%，其中税收收入74.5亿元，增长16.8%；非税收入48.0亿元，增长11.8%。公共财政预算支出313.6亿元，增长23.3%，其中重点支出项目为社会保障和就业支出54.7亿元，增长21.6%；教育支出53.2亿元，增长1.2%；农林水事务支出50.1亿元，增长49.9%；医疗卫生支出27.1亿元，增长17.3%。增速较快的支出项目分别是住房保障支出、农林水事务、城乡社区事务和文化体育与传媒，分别增长174.4%、49.9%、44.6%和31.6%。

2013年，全市紧紧围绕“新常德新创业”，继续开展“项目建设年”活动，狠抓项目建设和项目引进。共完成固定资产投资1284.2亿元，增长35.7%。基础设施、工业投资、民生工程、房地产开发投资均保持快速增长态势。随着“三改四化”路改工程、东常高速、桃花源大桥（沅水西大桥）等重大项目的顺利推进，基础设施投资全面提速，完成基础设施建设投资295.4亿元，增长39.0%。同时，随着“1115”工程强力推进，工业投资增势强劲，共完成工业投资653.5亿元，增长34.3%，纳入省政府考核的十二大振兴产业完成投资423.2亿元，增长39.7%。

3. 益阳市经济发展概况

2013年益阳市实现地区生产总值（GDP）1123.13亿元，比上年增长10.5%，增速居全省第5位。其中，第一产业增加值213.54亿元，增长3.0%；第二产业增加值507.78亿元，增长12.1%；第三产业增加值401.81亿元，增长12.6%。按常住人口计算，人均GDP 25773元，折合4227美元，增长9.8%。全市三次产业结构由上年的20：45：35调整为19：45.2：35.8，第二、第三产业比重提高1个百分点。

全年财政总收入86.05亿元，比上年增长14.7%，增速居全省第6位，超过全省平均水平2.1个百分点。其中地方财政收入52.06亿元，比上年增长18.7%；全年财政支出200.52亿元，增长16.4%。财政总收入中税收收入68.17亿元，税收占财政总收入的比重为79.2%。财政总收入占GDP的比重为7.7%，比上年提高0.3个百分点。

全年完成固定资产投资842.37元，比上年增长34.7%，增速居全省第6位。其中城镇固定资产投资669.68亿元，增长26.4%。从三次产业来看，第一、第二、第三产业分别完成投资22.49亿元、455.93亿元和363.94亿元，三次产业投资比重由上年2.9：65.9：31.2调整为2.7：54.1：43.2，第三产业比重明显提高。

（二）湘北片区三市经济发展比较分析

湘北片区所涵盖的区域2013年GDP总额为5818.55亿元，占全省GDP的24%；湘北片区区域平均GDP增幅为10.33%，略高于全省平均发展水平0.23%。如表5-1、图5-1、图5-2所示。

表5-1　　2013年湘北片区涵盖地区GDP情况

地区	地区国民生产总值GDP（亿元）	GDP增幅（%）
岳阳市	2430.52	10.2
常德市	2264.9	10.3
益阳市	1123.13	10.5
三市合计	5818.55	10.33
湖南省	24501.7	10.10
三市合计占湖南比重（%）	24	—

资料来源：湖南省各地区统计公报，2013。

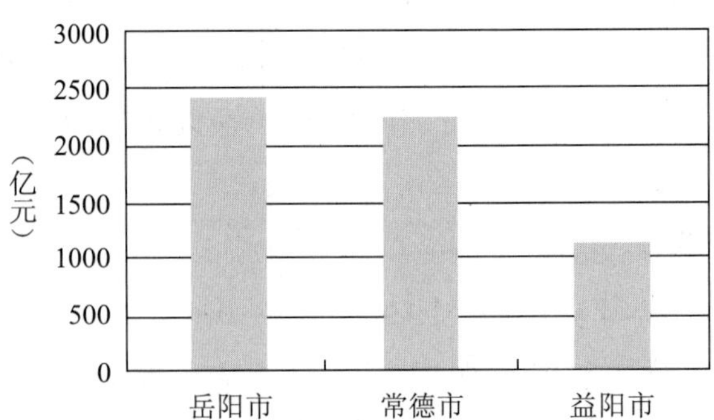

图5-1　2013年岳常益地区国民生产总值GDP情况

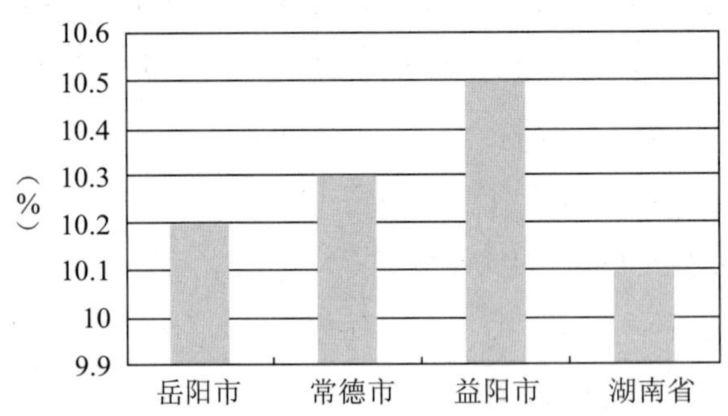

图5-2　2013年岳常益地区国民生产总值GDP增幅情况

在岳常益三市中，岳阳地区国民生产总值高于其他两个城市，名列第一；湘北三市的GDP增幅均高于全省平均水平，其中益阳增长速度最快，常德次之。

从经济结构来看，湘北片区所涵盖的区域加快转变经济发展方式，产业结构逐步优化。如表5-2、图5-3至图5-5所示。

表5-2　　2013年湘北片区涵盖地区GDP情况

地区	第一产业增加值（亿元）	增幅（%）	第二产业增加值（亿元）	增幅（%）	第三产业增加值（亿元）	增幅（%）
岳阳市	265.9	2.1	1338.94	11	825.68	11.8
常德市	323.7	2.8	1102.4	10.7	1001.4	10.9
益阳市	213.54	3	507.78	12.1	401.81	12.6
三市合计或平均	803.14	2.63	2949.12	11.27	2228.89	11.77
湖南省	3099.2	2.80	11517.4	10.90	9885.1	11.40
占湖南比重	0.2591443	—	0.2560578	—	0.2254798	—

资料来源：湖南省各地区统计公报，2013。

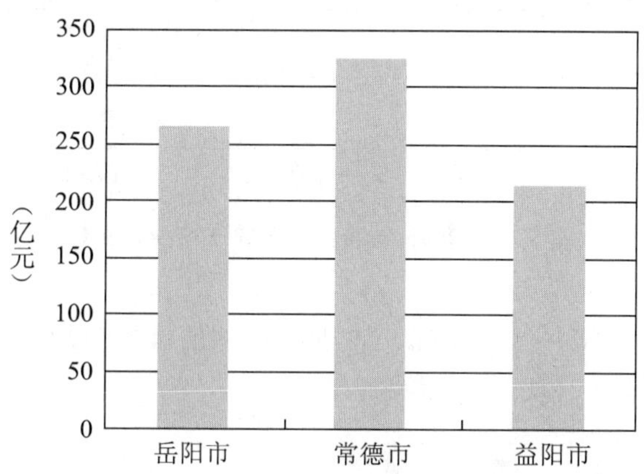

图5-3　2013年湘北三市第一产业增加值

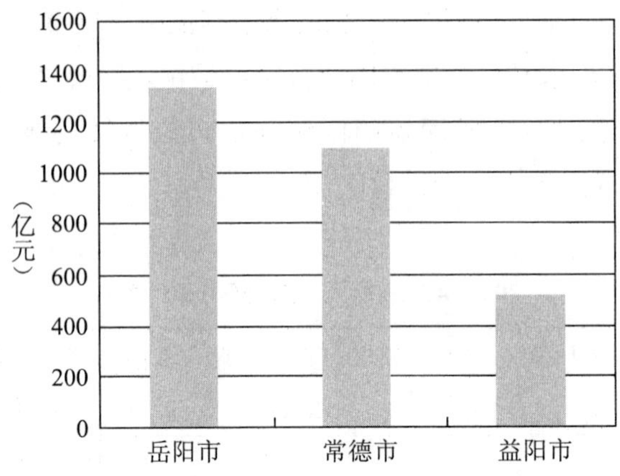

图 5－4　2013 年湘北三市第二产业增加值

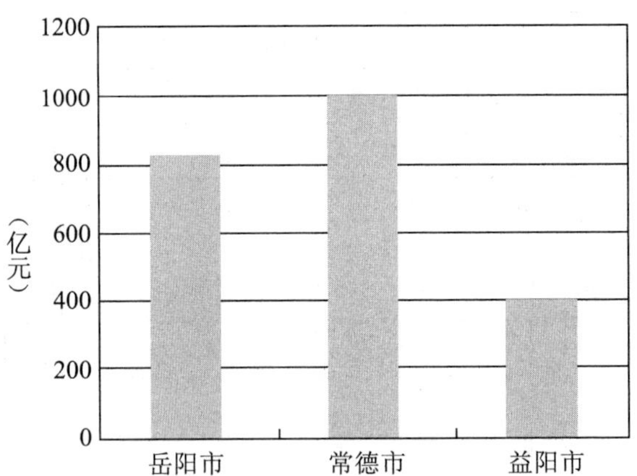

图 5－5　2013 年湘北三市第三产业增加值

在湘北片区三市中，第一产业与第三产业的增加值常德市均位居第一，岳阳市的第二产业位居第一。如表 5－3、图 5－6 所示。

表 5－3　　2013 年湘北片区涵盖地区 GDP 结构情况　　单位：%

地区	第一产业比重（2012 年）	第二产业比重（2012 年）	第三产业比重（2012 年）	第一产业比重（2013 年）	第二产业比重（2013 年）	第三产业比重（2013 年）
岳阳市	11.7	55.5	32.8	10.9	55.1	34
常德市	14.8	49.5	35.7	14.3	48.7	37
益阳市	20	45	35	19	45.2	35.8

续　表

地区	第一产业比重（2012年）	第二产业比重（2012年）	第三产业比重（2012年）	第一产业比重（2013年）	第二产业比重（2013年）	第三产业比重（2013年）
三市平均	15.50	50.00	34.50	14.73	49.67	35.60
湖南省	13.6	47.4	39	12.7	47	40.3

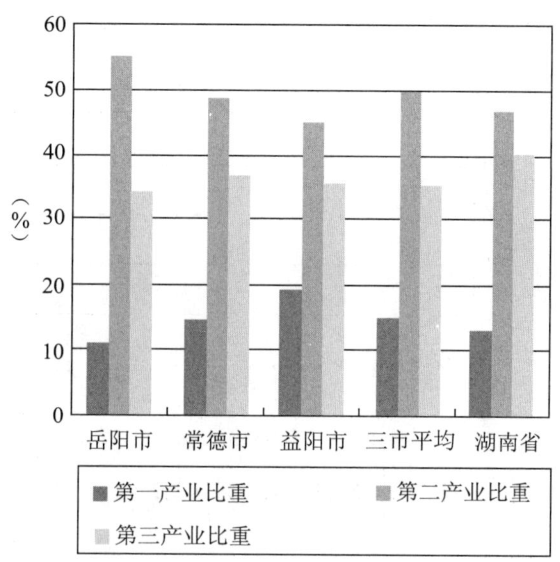

图 5－6　2013 年三次产业结构情况

资料来源：湖南省各地区统计公报，2013。

通过对比岳常益三市 GDP 结构情况和全省平均值，发现岳常益三市的第一产业比重均值比全省均值高 2.03 个百分点，第二产业比重均值比全省均值高 2.67 个百分点，第三产业比重均值比全省均值低 4.7 个百分点，产业结构持续优化。

（三）财政收入规模扩大

1. 财政实力雄厚

湘北片区区域 2013 年各财政收入总和 510.81 亿元，占全省比例为 17%，平均增幅低于湖南省 3.13 个百分点。如表 5－4、图 5－7、图 5－8 所示。

表 5－4　　2013 年湘北片区涵盖地区财政收入情况

地区	财政收入（亿元）	财政收入增长率（%）
岳阳市	256.06	11
常德市	168.7	13.5

续 表

地区	财政收入（亿元）	财政收入增长率（%）
益阳市	86.05	14.7
三市总和	510.81	13.07
湖南省	2931.8	16.20
三市占全省（%）	17	

资料来源：湖南省各地区统计公报，2013。

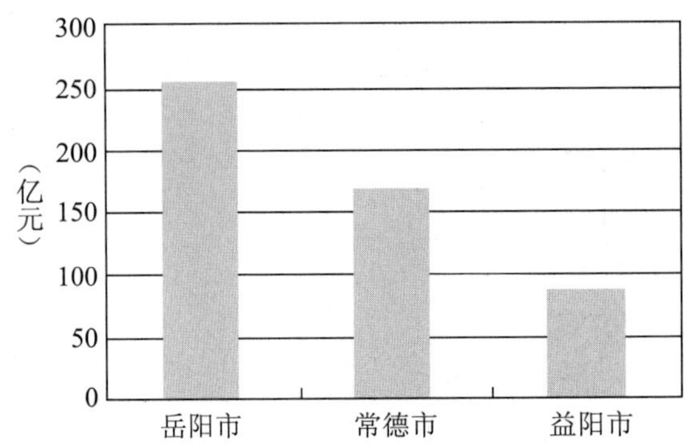

图 5－7　2013 年湘北三市财政收入

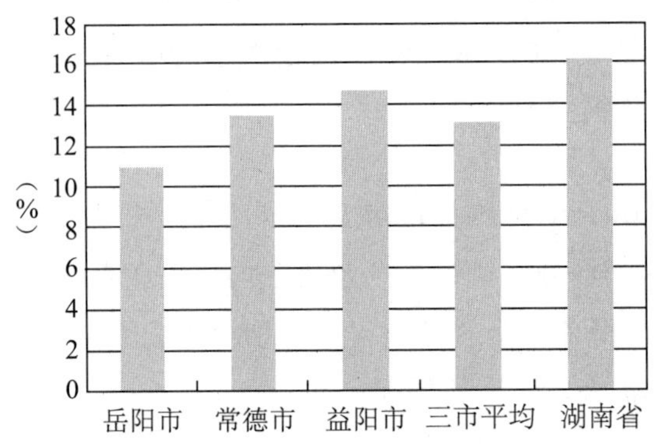

图 5－8　2013 年湘北三市及全省财政收入增长情况比较

2. 投资保持快速增长

2013 年，湘北片区地区全社会固定资产投资总额为 3611.92 亿元，占全省全社会固定资产投资的 20%，三市全社会固定资产投资总额平均增长率高于湖南省 6.43%。如表 5－5、图 5－9 和图 5－10 所示。

表 5 - 5　　2013 年湘北片区涵盖地区全社会固定资产投资总额情况

地区	全社会固定资产投资总额（亿元）	全社会固定资产投资总额增长率（%）
岳阳市	1485.35	27.2
常德市	1284.2	35.7
益阳市	842.37	34.7
三市总和	3611.92	32.53
湖南省	18381.4	26.10
长株潭三市占全省比重（%）	20	—

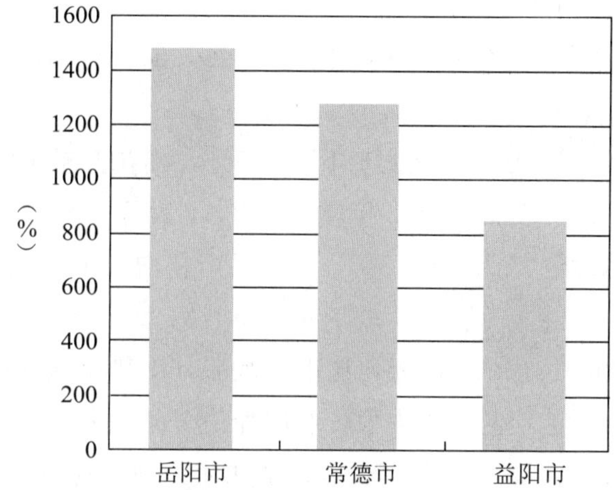

图 5 - 9　2013 年湘北三市全社会固定资产投资比重情况

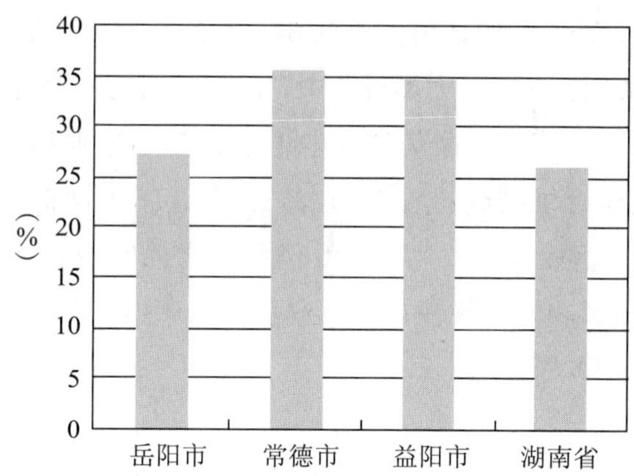

图 5 - 10　2013 年湘北三市全社会固定资产投资总额增长情况

资料来源：湖南省各地区统计公报，2013。

二、湘北片区物流发展的产业基础

（一）湘北片区三市物流发展的产业基础现状

1. 岳阳市物流发展的产业基础现状

（1）农业。

全市农林牧渔业总产值405.27亿元，比上年增长2.1%。其中，农业产值191.3亿元，增长1.1%；林业产值13.2亿元，增长6.1%；牧业产值131.4亿元，增长2%；渔业产值63.3亿元，增长3.5%。

全市粮食播种面积545.07千公顷，比上年增长1.6%；棉花种植面积40.57千公顷，增长2.4%；糖料种植面积0.74千公顷，下降2.6%；油料种植面积124.38千公顷，增长3.1%；蔬菜种植面积94.47千公顷，增长5.3%。

全市粮食总产量310.13万吨，比上年下降1.6%，棉花产量下降9.8%，油料产量增长7.9%，茶叶产量增长5.2%，水果产量增长4.2%，蔬菜产量增长4.7%。猪、牛、羊肉类产量增长1.9%，禽蛋产量下降2.5%，水产品产量增长4.8%。

（2）工业。

全市全部工业增加值1216.78亿元，比上年增长11.3%。规模以上工业增加值增长11.6%。规模以上高加工度工业和高技术产业增加值分别增长13.1%和25.5%，增速比全市平均水平分别高1.5个和13.9个百分点；增加值分别占规模工业的26.3%和7.1%，比上年分别提高0.4个和0.8个百分点。六大高耗能行业增加值占规模工业的40.2%，比上年降低0.2个百分点。非公有制规模工业增加值增长14.2%，比规模工业增速快2.6个百分点。分轻重工业看，轻工业增加值增长8.6%，重工业增加值增长13.7%。

全市规模工业统计的主要37个大类行业中，33个行业实现增长。其中增长较快的有：金属制品业增长51.6%，计算机、通信和其他电子设备制造业增长42.1%，燃气生产和供应业增长40.0%，化学纤维制造业增长31.3%，非金属矿物制品业增长30.5%。

规模工业企业实现主营业务收入4583.46亿元，比上年增长9.1%；盈亏相抵后实现利润134.72亿元，增长26.4%。规模以上工业新产品产值64.16亿元，增长25.4%。规模以上工业企业产品销售率97.26%。

（3）商贸流通业。

全市社会消费品零售总额782.14亿元，比上年增长13.8%。按经营地分，城镇零售额578.24亿元，增长13.8%；乡村零售额203.89亿元，增长13.9%。按消费形态分，批发和零售业零售额622.13亿元，增长14.0%；住宿和餐饮业收入额160.01亿元，增长12.8%。

全市居民消费价格比上年上涨 2.2%。其中，城市上涨 3.1%。商品零售价格上涨 1.8%。工业生产者出厂价格下降 1.5%。固定资产投资价格上涨 1.3%。

全市进出口总额 6.44 亿美元，比上年增长 10.8%。其中，出口 2.44 亿美元，增长 16.6%；进口 4.0 亿美元，增长 7.6%。从贸易方式看，一般贸易出口 2.14 亿美元，增长 23.1%；加工贸易出口 0.3 亿美元，下降 15.1%。从重点商品看，机电产品出口 0.36 亿美元，增长 5.2%；高新技术产品出口 0.15 亿美元，下降 62.3%；农产品出口 0.14 亿美元，增长 4.1%。

（4）交通物流业。

全市货物运输量 21316 万吨，比上年增长 10.3%。其中，铁路货运量 1211 万吨，减少 2.9%。公路货运量 13223 万吨，增长 13.0%。旅客运输量 13658 万人，增长 13.3%。其中，铁路旅客 654 万人，增长 9.4%；公路旅客 12995 万人，增长 13.6%；水运旅客 8.76 万人，下降 35.4%。如表 5－6 所示。

表 5－6　　2013 年各种运输方式完成客货运输量及其增长速度

指标	单位	绝对数	比上年增长（%）
货运量	万吨	21316.08	10.3
其中：铁路	万吨	1211.00	－2.9
公路	万吨	13222.72	13.0
水运	万吨	6545.52	7.8
管道	万吨	336.84	13.1

2013 年年末全市公路线路里程 2.02 万千米，比上年末增长 0.2%。2013 年年末全市民用车辆保有量 58.15 万辆，增长 4.7%；2013 年年末全市民用汽车保有量 26.78 万辆。

2. 常德市物流发展的产业基础现状

（1）农业。

2013 年，全市粮食播种面积 695.3 千公顷，增长 1.6%；棉花种植面积 99.8 千公顷，增长 3.8%；油料种植面积 305.8 千公顷，增长 1.7%；糖料种植面积 2.5 千公顷，下降 1.2%；蔬菜种植面积 94.3 千公顷，增长 9.0%。

全年粮食总产量 371.3 万吨，比上年减产 1.6%。棉花产量 14.4 万吨，减产 10.1%。油料产量 56.7 万吨，增产 6.9%。蔬菜产量 207.5 万吨，增产 11.0%。水果产量 85.7 万吨，减产 0.9%。茶叶产量 1.5 万吨，增产 7.0%。

全年出栏生猪 614.3 万头，增长 0.2%；出栏牛 15.5 万头，下降 1.3%；出栏羊

178.7万头，增长0.7%。全年肉类总产量65万吨，增长3.7%。水产品产量43.6万吨，增长8.6%。牛奶产量1.5万吨，下降16.4 %。

全市拥有农业机械总动力80.4万台，增长4.7%。农业机械总动力540.6万千瓦，增长5.2%。农村用电量11.7亿千瓦时，增长2.3%。

（2）工业。

2013年，全市完成工业增加值1001.4亿元，增长10.9%。规模以上工业增加值增长11.2%。非公有制规模以上工业增加值增长18.7%。

规模以上工业企业经济效益综合指数为532.86%，增长69.6%；产销率为98.5%，下降0.9%；实现利税总额636.8亿元，增长19.2%；实现利润190.0亿元，增长25.5%；亏损企业亏损额4.5亿元，下降43.4%。

（3）商贸流通业。

2013年，全市社会消费品零售总额726.8亿元，增长13.8%。分地域看，城镇社会消费品零售额624.7亿元，增长13.7%；乡村社会消费品零售额102.1亿元，增长14.6%。分行业看，批发业零售额39.2亿元，增长15.3%；零售业零售额582.6亿元，增长14.1%；住宿业零售额11.6亿元，增长1.8%；餐饮业零售额93.4亿元，增长12.7%。

（4）交通物流业。

2013年，全市完成交通运输、仓储和邮政业增加值105.8亿元，增长6.2%。公路及水路客运量1.6亿人，比上年增长15.8%，客运周转量76.6亿人·公里，增长7.7%；公路及水路货运量1.2亿吨，增长5.1%，货运周转量233.2亿吨·公里，增长6.6%。

2013年年末全市汽车保有量23.3万辆，比上年增长18.6%。本年新注册汽车4.1万辆，增长23.6%。年末私人汽车保有量20.2万辆，增长19.3%。年末私人轿车保有量11.1万辆，增长22.5%。

3. 益阳市物流发展的产业基础现状

（1）农业。

全市农林牧渔业总产值336.43亿元，比上年增长3%，增速高于全省平均水平0.2个百分点，增速居全省首位。

全市粮食播种面积416.89千公顷，比上年增长0.7%，其中稻谷369.72千公顷，增长0.9%；油料137.36千公顷，增长2.9%；棉花40.68千公顷，增长1%；蔬菜109.77千公顷，增长7.6%；药材2.81千公顷，增长27.7%。受7月、8月持续旱情影响，粮食总产量237.89万吨，下降1.6%，其中稻谷222.8万吨，下降1.2%；棉花6.24万吨，下降10%。因面积增加，油料产量达23.06万吨，增长6.5%；蔬菜313.94万吨，增长13.6%；药材3.15万吨，增长28.4%。全年出栏生猪479.62万头，增长0.4%；出栏牛

19.21万头，增长10.3%；水产品产量33.88万吨，增长8.6%。

（2）工业。

2013年全市866家规模工业企业实现增加值456.1亿元，增长12.6%，增速居全省第2位。规模工业中轻工业增加值193.8亿元，增长13.5%；重工业增加值262.3亿元，增长11.9%；高技术产业增加值43.9亿元，增长13.7%，增速比全市平均水平高0.9个百分点；六大高耗能行业增加值88.6亿元，增长12.5%，增加值占全部规模以上工业比重19.4%，比上年低0.5个百分点；非公有制工业增加值389.8元，增长15.2%，比全市平均水平高2.6个百分点；九大主要行业增加值385.5亿元，增长11.4%，增加值占全部规模以上工业比重84.5%。全市规模以上工业企业866家，其中：九大园区规模以上工业企业338家，实现增加值237.5亿元，增长12.7%。

全市规模以上工业企业生产人造板316.3万立方米，增长11.5%；精制茶9.1万吨，增长6.1%；纱11.1万吨，增长25.3%；起重机3.4万吨，增长18.7%；电子元件352.5亿只，增长11.2%。大米233.3万吨，下降21.3%；混凝土机械9535台，下降28.1%；苎麻纱2.5万吨，下降12.9%；锑品7.7万吨，下降3.4%。

规模工业综合效益指数337.6%，比上年提高11.9个百分点。主营业务收入1509.1亿元，增长18.4%；实现利润58.2亿元，增长20.1%，其中9大主要行业实现利润49.1亿元，占全部规模以上工业的84.4%。产品销售率达99.5%。

（3）商贸流通业。

2013年，益阳市社会消费品零售总额402.8亿元，增长13.8%。分地域看，城镇消费品零售额346.3亿元，乡村零售额56.5亿元，分别增长13.8%和14.3%。分行业看，批发业零售额45.4亿元，增长16.4%；零售业零售额311.0亿元，增长14.1%；住宿业零售额8.2亿元，增长9.5%；餐饮业零售额38.2亿元，增长10.3%。全市限额以上批发零售业零售额150.9亿元，增长19.9%，占社会消费品零售总额的37.5%。

2013年，全市外贸进出口总额48219万美元，同比增长36.77%。其中出口43937万美元，增长37.74%；进口4281万美元，增长27.55%。一般贸易进出口额38857万美元，增长32.46%，占进出口总额80.58%；加工贸易进出口额9220万美元，增长60.95%，占进出口总额的19.12%。

（4）运输业。

2013年全社会货物周转量195.99亿吨·公里，增长12.5%；旅客周转量52.79亿人·公里，增长6.0%。年末民用车辆拥有量54.96万辆，比上年增长7.5%，其中汽车18.76万辆，增长18.3%。私人汽车16.91万辆，增长19%。

（二）湘北片区三市物流发展的产业基础比较分析

1. 湘北片区三市农业物流发展基础比较分析

2013 年湘北片区三市农林牧渔业总值为 1065 亿元，占全省总值的 36%，其增幅略低于全省平均水平。如表 5－7、图 5－11、图 5－12 所示。

表 5－7　湘北片区三市农林牧渔总值及增长情况

地区	总值（亿元）	增长（%）
岳阳市	405.3	2.1
常德市	323.7	2.8
益阳市	336.4	3
三（两）市合计	1065	2.6
湖南省	2990	3
三市占全省比率（%）	36	—

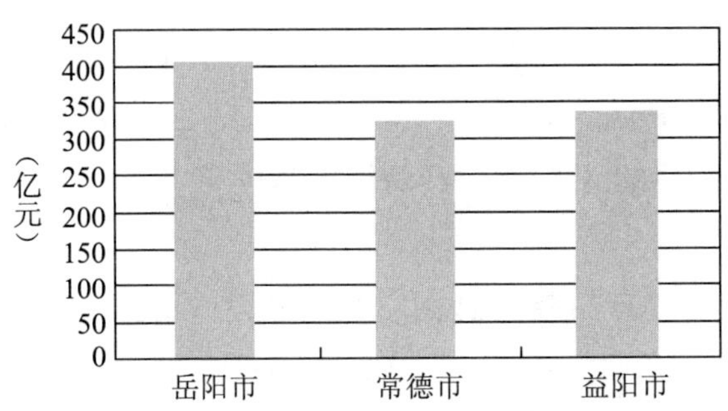

图 5－11　2013 年湘北三市农林牧渔总值情况

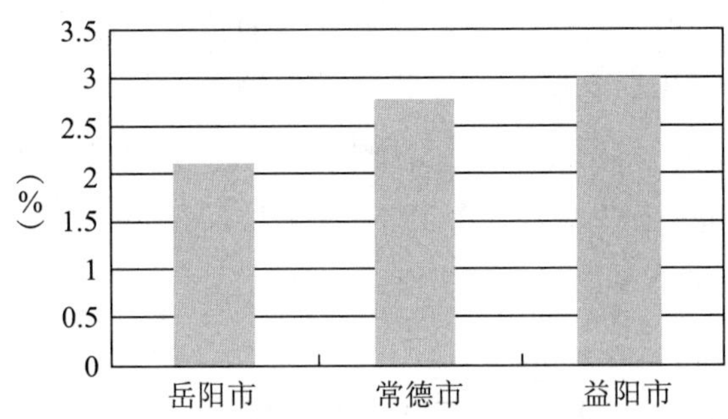

图 5－12　2013 年湘北三市农林牧渔总值增长情况

2. 湘北片区三市工业物流发展基础比较分析

2013 年湘北片区三市工业增加值总额为 2725.96 亿元，占全省总值的 27%，其平均增长速度略高于全省平均水平，只有常德市略低于全省平均水平。如表5－8、图5－13、图5－14所示。

表5－8　　2013年湘北片区涵盖地区工业增加值情况

地区	工业增加值（亿元）	增长（%）
岳阳市	1216.78	11.3
常德市	1001.4	10.9
益阳市	507.78	12.1
三市合计或平均	2725.96	11.4
湖南省	10001	11.1
三市占全省比（%）	27	—

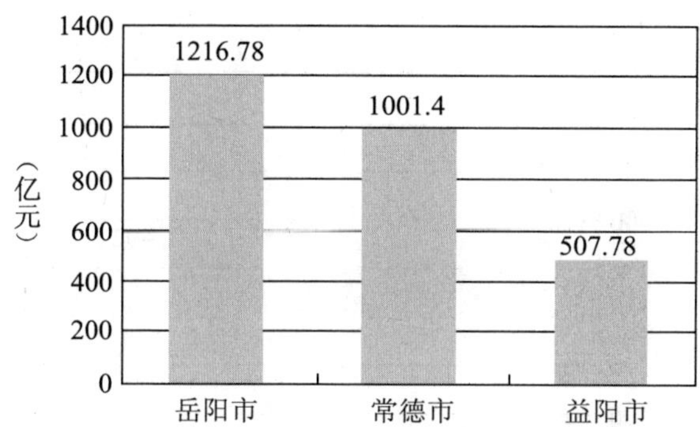

图5－13　2013年湘北片区地区工业增加值

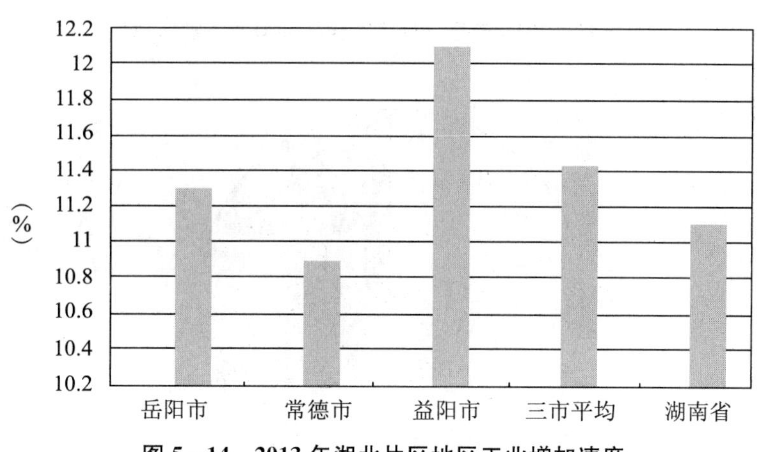

图5－14　2013年湘北片区地区工业增加速度

3. 湘北片区三市商贸流通业物流发展基础比较分析

2013年湘北片区三市全社会消费品零售总额总值为1911.74亿元，占全省总值的

21%，三市全社会消费品零售总额的平均增长速度均高于全省 0.2%。如表 5－9、图 5－15、图 5－16 所示。

表 5－9　　2013 年湘北片区涵盖地区社会消费品零售总额情况

地区	全社会消费品零售总额（亿元）	增长（%）
岳阳市	782.14	13.8
常德市	726.8	13.8
益阳市	402.8	13.8
三市合计或平均	1911.74	13.8
湖南省	8940.6	13.8
三市占全省比（%）	21	—

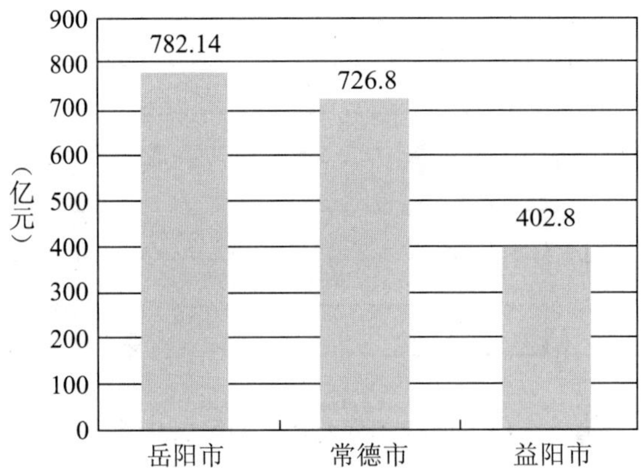

图 5－15　2013 年岳常益三市全社会消费品零售总额

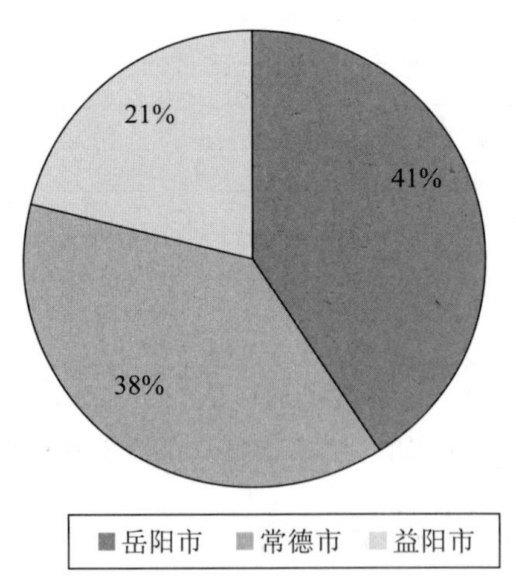

图 5－16　2013 年岳常益三市全社会消费品零售总额构成比例

4. 湘北片区三市物流业货运量现状比较分析

2013年湘北片区三市公路货运周转量总计758.29亿吨·公里，占全省货运总量的28%。其中岳阳货运周转量为329.1亿吨·公里，位列第一。岳常益三市货运周转量的平均增长速度为9%，高于全省的平均水平2.1个百分点。如表5-10、图5-17、图5-18所示。

表5-10　　2013年湘北片区涵盖地区货物周转量情况

地区	货物周转量（亿吨·公里）	
	绝对数	增长（%）
岳阳市	329.1	8
常德市	233.2	6.6
益阳市	195.99	12.5
三市合计或平均	758.29	9.0
湖南省	2713.1	6.9
三市占湖南省比（%）	28	—

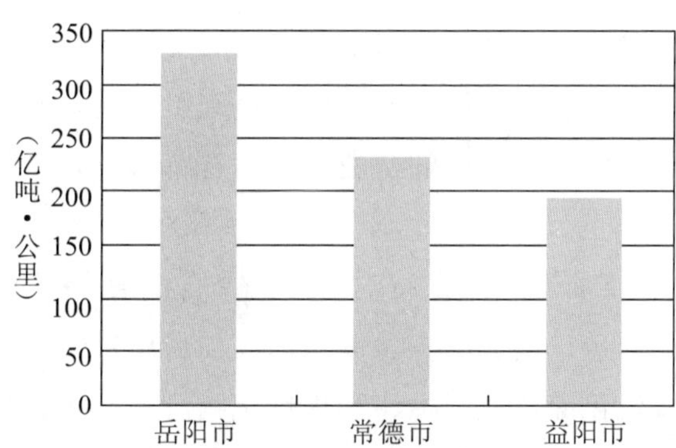

图5-17　2013年湘北三市公路货运周转量增长情况

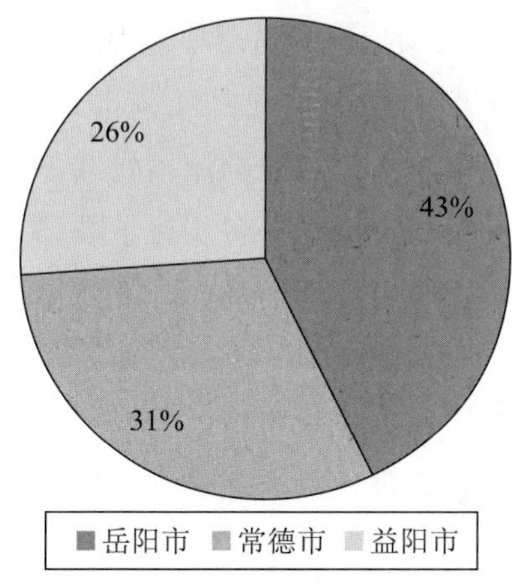

图5-18　2013年湘北三市公路货运周转量构成比例

三、湘北片区物流产业发展大事件

（一）岳阳市物流产业发展大事件

1. 岳阳市人民政府办公室发布《关于进一步加快现代物流业发展的意见》

为充分发挥岳阳市区位优势，加快物流设施建设，培育物流服务市场，优化产业结构，扶持现代物流业快速发展，打造长江中游物流节点城市，助推岳阳市经济稳步发展。根据国务院办公厅《关于促进现代物流业健康发展政策措施的意见》（国办发〔2011〕38号）、省人民政府办公厅《关于进一步加快现代物流业发展的若干意见》（湘政办发〔2007〕41号）精神，结合岳阳市实际，岳阳市人民政府办公室发布《关于进一步加快现代物流业发展的意见》。该意见侧重物流业发展的扶持重点、财政支持、用地保障、税收支持、金融服务、优化配套环境等多个方面。

2. 城陵矶港打造冷链产品物流基地

在岳阳城陵矶新港兴建的湖南省首个进口肉类指定口岸查验平台，于2012年5月动工建设，分普丰冷链、海泰冷链和城陵矶口岸进口肉类实体平台（查验平台）三大块，总占地220亩，总投资4.5亿元。目前已完成主体建筑施工，进入调试阶段。该项目的建成将填补长江中游进口肉类查验平台建设的空白。湖南省将形成以城陵矶港为龙头的湖南冷链产品物流基地。

该平台于2013年上半年前通过国家质检总局验收后将正式投入运营。这将是继上海、重庆后，长江内河港第三个进口肉类的查验港口。该项目项目建成后，将有利于城陵矶港口提升竞争力，并打造现代化综合交通枢纽和现代化物流中心，进而推动岳阳航运物流业和外向型经济发展。

3. 岳阳交通物流信息有望实现全国共享

2013年10月30日，湖南交通物流信息共享平台应用推介会在岳阳举行，全省14个市州物流信息建设负责人及市重点物流企业负责人等80余人参加会议。会议通过现场演示、图文解说的方式全面生动地介绍了省交通物流信息共享平台。该平台是国家交通运输物流信息的区域平台，与国家交通物流信息平台实行了数据对接，可为全省物流企业提供信息共享，对优化物流产业环境、整合物流资源、降低物流成本、提高物流效率具有十分重要的作用。

会上，岳阳市很多与会企业表示将积极申请，争取尽快入驻。到时，岳阳交通物流信息有望实现全国共享，将助推岳阳市现代物流业进一步发展。

（二）常德市物流产业发展大事件

1. 石门县着力打造物流中心和流通大县

在中共石门县委十一届八次全委（扩大）会议上，县委书记董岚向全县人民发出了“新石门·新创业·新跨越”的号召，提出了“三个打造”的要求，其中一个打造便是打造湘鄂西物流中心和流通大县，这是加快推进富民强县的一大重要战略举措，也是实现经济社会又好又快发展的战略需要。

流通产业是国民经济的基础性和先导性产业。加快流通产业发展，对繁荣城乡市场、方便群众生活、引导生产发展、促进居民消费、推动经济转型具有十分重要的意义。

（1）打造石门县物流中心和流通大县的有利因素。

①流通基础设施建设凸现规模。随着安慈高速、宜张高速石门段的建设，国道703线、国道621线的建设，石门境内国道、高速公路即将迎来零的突破。火车北站的开站营运，石长铁路二线的通达，澧水航道的全面通航，县城到乡镇三级以上公路联通，乡镇之间四级以上公路联通，农村水泥路100%通达，这些都有效带动石门县人流、商流、信息流、资金流，对石门县流通产业发展产生深远影响。

②快递物流服务业正在起步。石门县目前除原有邮政速递网点已遍及全县城乡外，新增了申通、中通、圆通、韵达等新兴速递服务业；货运物流业也在快速发展，全县已有从事货运物流业主及企业近百家。为顺应物流产业发展，占地面积三百余亩、湘西北最大的物流园区项目在石门县东城区落户。目前，该项目各项批文手续及初步设计已经完成，居民拆迁安置房建设和临时道路、排水系统工程，以及施工用电、用水、高压线迁移前期基础工作正在进行已经启动，预计不久的将来，一座现代化的物流中心将在石门大地拔地而起。

③商贸流通发展基础不断增强。石门县地处湘鄂边界，商业购销规模和辐射范围优势明显。据调查统计，2012年完成社会消费品零售总额64.9亿元，同比增长15%。一是城乡市场体系建设正在完善。自国家商务部实施“万村千乡市场工程”以来，石门县城乡市场体系建设开始焕发生机。在国家补贴政策引导下，商务部门协同相关职能部门严格按照农家店改造规范，以龙头企业为主体，实行加盟和直挂形式开展农家店改造提升，成效显著。到目前为止，全县乡镇全部建立了农家店，覆盖面达100%，712个自然村中共建农家店516个，村级覆盖面达72.5%以上。农家店的建立和规范改造，促进了乡村零售额大幅度增长，其商品统一配送率和信息化应用水平明显提高。农贸市场建设进展加快。全县现有农贸市场38家，其中乡镇31家、县城区7家，总占地面积8.3万平方米，共有摊位5800多个，已容纳8400多人就业，年交易额达2.5亿元以上。商业网点建设正在扩展。截至目前，营业面积达5000平方米以上大型网点已有4个，总营业面积216097平方米，年创营业额约4.6亿元。平安、广兴、惠利佳、好润佳等大型生活用品超市和楚江、亚

太、和盛等家电超市在城区比肩而立，方便了城镇居民的日常生活。二是餐饮住宿服务业有所提升。截至目前，全县共有餐饮住宿门店1500家，其中县城区508家。国际大酒店、尧业国际、世纪豪廷、好望角、维多利亚宾馆等大型宾馆酒店相继营运，相对改善了石门县旅游接待条件。

（2）石门县流通产业发展存在的制约因素。

①物流资源相对分散。石门县物流资源尚未脱离部门分割的制约，系统化程度较低。各类物流资源处于分散和低效运行状态，导致物流产业难以形成经济规模和效率优势。

②现代物流企业规模小。石门县的物流企业大都存在资金不足、实力较弱的问题。因此，一部分企业只能简单地提供运输和仓储服务，而在流通加工、信息服务、库存管理、物流成本控制等物流增值服务方面还没展开；遇有大单生意，不敢接，做不好。

③物流市场缺乏规范。物流行业市场准入、行业规范、经营秩序等管理调控措施不到位，商业网点布局较为分散，各自为阵、互不干涉较为突出，没有形成专业化、高起点、大容量、大规模的专业市场，市场体系还不够完善，缺少支撑现代物流业发展的兼容性基础设施、信息网络和政策环境平台，物流需求的培育和供给能力的增强都受到一定的制约。

打造物流中心和流通大县的思路如下。

一个国家、一个地区的竞争能力，越来越取决于流通能力，能否加快现代流通的发展，已成为一个国家和地区经济增长的关键。今年省政府为深入贯彻《国务院关于深化流通体制改革加快流通产业发展的意见》（国发〔2012〕39号），突出加快实施全省流通产业重点工程，充分发挥流通产业在稳增长、调结构、扩内需中的先导性、基础性作用，继2月28日出台《湖南省人民政府关于加快流通产业发展的意见》（湘政发〔2013〕11号）后，又于8月6日出台了《湖南省人民政府关于进一步促进流通产业加快发展的意见》（湘政发〔2013〕30号）。因此我们要抢抓这个时机，立足现有基础，扬长避短，开拓思路，认真研究编制石门行政范围内商贸流通产业规划，将各项工作做到前面，落到实处，实现把石门县打造成湘鄂西物流中心和流通大县的战略构想。

一是提高思想认识。从石门县流通产业发展的基础、优势、市场发育程度和发展潜力来看，只要加强规范引导，注重规模化、集约化、现代化，完全可以把现化流通产业发展作为“五大战略”的龙头来抓，作为实现“三个石门”的突破口来抓。要研究和制定一系列有利于流通产业发展的优惠政策和可操作性措施，为流通业发展提供保障。要进一步规范税费行为，营造公开公平公正收费环境，切实为经营者减轻负担。要认真听取经营者的呼声、愿望、要求、反映和投诉，多排忧解难。

二是加快县乡流通基础设施建设。要实施县乡流通再造工程，畅通农产品进城和工业品下乡的双向渠道。深入推进“万村千乡市场工程”，规范和提高农家店经营水平。推进农贸市场标准化改造，逐步消除“马路市场”。加快推进东城物流中心建设，大力发展第三方物流，加快发展快递物流，支持流通企业发展共同配送。

三是培育壮大流通主体。要支持中小微流通企业发展，建议设立县级流通产业促进专项资金，对农贸市场标准化改造、蔬菜直销店及县级流通再造工程试点等项目进行扶持，资助企业参加省内外展会，并对新增限额以上企业进行奖励及培训，壮大石门县流通主体。进一步加大招商引资力度，引进有实力的商业品牌企业落户石门。加大各类专业批发市场招商，培育壮大经济型住宿、拍卖、典当、租赁、商务服务、会展等行业。

四是培育新的消费增长点。要围绕火车北站、汽车东站打造商贸经济圈，培育新的服务、消费平台，要按照政府搭台、市场主导、企业承办的方式，组织商贸流通企业办展会、搞促销，繁荣市场，扩大节会消费。积极参与“湘品出湘”工程，努力开拓国内市场，将石门县的名优特产品推向全国。要引导商品消费，巩固汽车等大件消费，促进服务消费，加快建立家政服务体系，举办好第三届石门汽车展销会。

五是提高流通信息化水平。要继续抓好全国农村商务信息服务试点，为“三农”提供便捷、高效的商务和农产品信息服务。进一步抓好农超对接、农批对接、网上对接、绿色通道等工作，要在商务部新农村商网开辟石门产品专题推介，提高石门农产品、土特产品市场占有率和份额。

2.2013 年常德市武陵区商贸物流项目建设进展顺利

2013 年常德市武陵区商务局重点做好 20 个商贸物流项目的引进与服务工作，总投资 295.1025 亿元。其中在建项目 7 个，总投资 127.5025 亿元；在谈项目 8 个，总投资 144 亿元；重点开发项目 5 个，总投资 23.6 亿元。截至目前，商贸物流项目总计完成固定资产投资 44225 万元，完成年计划的 147%。其中居和嘉美二期项目已全面建成，市场将于 12 月初开市营运，完成投资 9600 多万元；小海豚酒店已建成并于 5 月 1 日正式营业，完成投资 1500 万元；柳悦酒店已建成并于 7 月 8 日正式营业，完成投资 5000 万元；常德汽贸城的部分汽车 4S 店已动工建设，今年完成投资 24000 万元；再生资源投资 600 万元升级改造了市场水、电管网和道路等基础设施；城区农贸市场新建和提质改造工作完成投资 3525 万元。截至目前，争取上级专项资金和项目投资 961.7 万元，占年计划的 100%。其中国家对废旧物资市场建设补贴资金 620 万元；常德七七七家政服务公司扶持资金 240 万元；农贸市场新建和提质改造资金 75 万元；争取承接产业转移发展加工贸易引导资金工作经费 6 万元；争取农贸市场建设引导资金工作经费 9 万元；争取农贸市场长效管理工作经费 11.7 万元。

在建项目有以下几个。

(1) 常德汽贸城。

市城建投集团在城区西北部，新河渠以东，筑基路以南，龙港路以西，新河路以北，新建一个集汽车销售、汽配产品交易以及汽车文化、汽车运动、汽车娱乐、餐饮休闲为一体的“一站体验式”新型汽贸园区，计划用地约980亩，总投资47亿元。目前，项目一期用地120多亩已于2012年12月31日完成土地摘牌，奔驰、奥迪、雪铁龙、起亚、比亚迪、长安商用、通用五菱7家4S店签订了入园协议。今年5月28日一期正式开工建设，园区内的“三通一平”等基础设施建设已完成，东风起亚·悦达4S店的桩基础施工已完成，现正抓紧地上构筑物的建设，东风雪铁龙、比亚迪等4S店正在进行进场施工的前期准备工作，奔驰、长安商用正在进行总平面图报批及施工图审定工作。市政府就汽贸城项目优惠政策进行了专题研究，并形成了《常德市人民政府第25次专题会议纪要》。项目二期用地431亩，其中51亩（原网络科技学校）用地征拆正在扫尾，380亩用地的入户调查、预算编制工作已完成，二期用地正在进行财政评审，计划于11月进场实施拆迁。汽贸城北区范围内，通过联系与接洽，先后与24家汽车品牌4S店初步达成进驻意向，其中有20家汽车品牌4S店已签订入园意向书。

（2）常德陶瓷交易中心。

广东东鹏陶瓷常德东星投资有限公司在筑基路以南、新河渠以西、常德大道以北，新建一个集陶瓷交易、展示、研发、仓储、酒店、公寓及住宅开发于一体的物流园，规划用地400亩，总投资50亿元。该项目于2011年4月7日正式签约，4月19日签订了涉及项目具体内容及土地价格的补充协议。5月，东鹏陶瓷注册成立了项目公司——常德东星投资有限公司，注册资金5000万元。规划用地400亩已批回。项目已于2013年9月12日开工建设，一期土地184亩的征拆、土地招拍挂和地勘工作已完成，正在进行项目建设的报批报建、园区内的“三通一平”、动工前的招投标等准备工作。11月20日，赵市长、匡市长专题调度商贸物流项目时明确“同质化竞争问题，按以前的文件、合同、会议纪要办理”。

（3）常德花卉苗木市场。

市经建投集团在芦荻山乡台家铺村和石公庙村，新建一个集花卉、苗木盆景交易，绿化、园林景观、园艺展示等于一体的城市休闲区，规划面积420亩，总投资7亿元。2012年9月29日，市政府召开专题会议，决定常德花卉苗木市场项目与常德农产品综合物流园一并建设。为加快项目建设进度，7月22日已提前开工建设，目前，项目征地拆迁、土地招拍挂和园区内的“三通一平”等工作已完成。市规划局对设计方案进行了评审，现正着手设计方案的审定工作。

（4）常德兴隆国际物流中心。

连云港兴隆实业集团有限公司在杨桥河路以东、筑基路以南、兴发安置小区以西、常德大道以北的区域（东鹏陶瓷以西地块），拟建一个集建筑装饰材料、五金机电展示、销售、运输、配送、仓储、包装、搬运装卸、加工及相关物流信息处理九大服务功能的综合物流中心，计划用地1000亩，一期规划用地640亩，总投资20亿元。目前，该项目一期397亩土地已批回。设计方案正报市规划局审定。现正着手征地拆迁前的有关工作。11月20日，赵市长、匡市长专题调度商贸物流项目时明确“同质化竞争问题，按以前的文件、合同、会议纪要办理”。

（5）居和嘉美二期。

浙湘房产有限公司在现居和嘉美一期卖场的西面，新建家具展示馆，家具卖场、建材市场等，占地面积48亩，总建筑面积21000平方米，总投资3亿元。2012年10月13日正式动工，该项目6栋主体工程已于2013年5月10日全面封顶，2013年7月27日举行了二期建材市场开盘典礼，预计2013年12月开市。

（6）常德市武陵区小海豚酒店。

项目定位：小海豚酒店有限公司在紫菱路以南、龙港路以西、柳叶大道以北区域，新建一家酒店，总投资1500万元。项目已于2013年4月8日开业。

（7）城区农贸市场新建与提质改造。

2013年年初，城区下达的农贸市场新建与提质改造任务是完成3525万元投资，但是皂果农贸市场（投资额1300万元）被市政府改为2014年改造计划，唐家溶农贸市场（投资额1300万元）相关用地手续办齐全。到10月月底，城区完成了省政府下达的新河路农贸市场、楠竹山农贸市场标准化改造建设任务，11月月底完成新坡桥农贸市场改造建设任务，总改造建设面积7600平方米（楠竹山2500平方米，新河路3400平方米，新坡桥1700平方米），总投入资金905万元。城区新增好又多生鲜超市，完成投资1200万元。城区农贸市场新建与提质改造总计完成投资2105万元。

在谈项目有以下几个。

（1）原市公安武陵分局地块商业广场。

友阿集团公司、太平洋百货拟在原市公安武陵分局地块，新建一个经营面积最大、档次最高、功能最齐全的城市综合体，地块总面积约26.3亩，总投资10亿元。10月15日，区人民政府向市政府提出了《常德市武陵区人民政府关于发布原常德市公安局武陵分局地块商业广场项目招商公告的请示》，周市长签署“请依法依规依程序办理。请武福市长阅示”。卢市长签署“同意由武陵区政府发布并组织招商，挂牌后的合同应提交市国土、规划、财政、法制办等单位会审并签字盖章”。目前，待区政府召开相关会议后对外发布公告确定投资业主。

（2）白马湖商业广场。

市政府拟在繁港路以东、紫菱路以南、皂果路以西、柳叶大道以北，拟建一个集购物、餐饮、休闲娱乐、文化活动、酒店式公寓、办公楼、标准五星级酒店、高尚住宅等为一体的城市综合体，规划用地约334亩，总投资70亿元。该项目用地已全部拆迁完毕，达到交地条件。2013 年 8 月市政府就该地块（共 330 亩）的设计方案发布了招标公告。

（3）常德农产品物流园。

中国农产品交易有限公司在芦荻山乡石公庙村，拟建一个集蔬菜、水产、肉食、水果等展示、交易、冷藏、加工、集散为一体的农产品综合物流园，规划用地 1300 亩，总投资 3 亿多美元（折合人民币约 20 亿元）。项目区域芦荻山小集镇组团规划方案和项目控制性详细规划已通过市规委会审定；两广高速连接线工程等基础设施建设的前期工作已启动；武陵区人民政府于 4 月 14—16 日对中国农产品交易有限公司和其投资建设与经营的洛阳宏进农副产品国际物流中心、武汉白沙洲农副产品大市场进行了实地考察；6 月 19 日武陵区人民政府与中国农产品交易有限公司在香港已签订合作意向书，并草拟了合作框架协议；项目一期建设用地 222.8 亩于 2013 年 8 月 29 日已批回；8 月 31 日，武陵区已部署该一期用地的征拆工作；9 月 18 日，匡市长签署了“请市商务局德新局长抓紧推进项目落地”的意见；9 月 27—30 日和 10 月 16 日，中国农产品交易有限公司负责人前来与市、区主要领导进行了项目对接；10 月 15 日区人民政府向市政府提出了《常德市武陵区人民政府关于确定常德农产品物流园项目投资业主的请示》，市政府秘书科签订“请市商务、市财政、市规划、市国土、市法制办审定并拿出意见报市政府”，目前市商务、市规划、市财政、市国土、市法制办均已签署意见，《请示》已报市政府主要领导审定；11 月 20 日，赵市长、匡市长专题调度商贸物流项目时明确“农产品项目确定投资业主应按照‘港洽周’所签协议尽快明确投资业主并签订框架协议”。目前，市政府主要领导已签字，正着手准备签订框架协议。

（4）常德义乌小商品批发城。

惠州多隆企业集团在桃花源路与柳叶大道交汇处西北角，拟建一个以小商品批发为主，兼营零售的区域新型商贸大市场，规划用地 80 亩。总投资 6 亿元。2013 年 1 月 10 日惠州多隆企业集团与区政府签订落户协议；2013 年 6 月 17 日在港洽周上武陵区人民政府已与惠州多隆企业集团签订合作意向书。2013 年 7 月 12 日市规划局第 9 次业务例会明确：该项目选址在桃花源路与柳叶大道交汇处西北角。市规划局已于 2013 年 9 月 3 日画出项目蓝线和出具主要经济技术指标。9 月 16 日，惠州多隆企业集团已设计出项目平面图。项目地勘工作已完成，正在进行土地预审。

（5）常德钢材物流中心。

湖南金鼎恒置业有限公司在常德大道与丹溪路交汇处的西南面，拟建一个钢材销售、运输、配送、仓储、搬运装卸、流通、加工及相关物流信息处理的综合物流中心，项目占地面积 700 亩，总投资 23 亿元。2012 年 8 月武陵区组建了搬迁工作班子，2012 年 9 月 10 日，工作组在芷园宾馆召开了钢材市场 103 户经营户的搬迁动员会，稳定了经营户的思想动态。会后，有 175 户（其中现市场 103 户、市场外 72 户）经营户与市场搬迁筹备组签订了入园协议，现正在着手开展项目前期工作。2013 年 6 月至今，市规划局、市国土局画出了项目蓝线图、出具了建设用地规划设计要点，完成了土地侦测、确权和补偿登记。2013 年 7 月 24 日，工作组人员在钢材市场举行了第二次项目情况通报会。市国土局、市土地储备中心完成了向省国土资源厅土地报批全部资料，8 月 29 日已向省国土资源厅上报。

（6）常德食品物流中心。

常德市天缘物流有限公司在桃花源路以东，铁路线以南，东鹏陶瓷以西，常德大道以北区域，拟建一个食品、饮品、日用品、保健品仓储网络物流配送中心，占地面积 150 亩，总投资 5 亿元。2013 年 7 月 31 日，武陵区政府主要领导现场调研该项目，已形成专题报告呈市政府，卢市长批示“这个选址还是要到现场去定。那块地方一个汽贸城，一个东鹏陶瓷城，一个兴隆装饰城，‘三城’在一块儿，能不能摆得过来。另外，要坚决防止和杜绝私营企业借市场建设圈地搞开发，已告武陵区政府先审方案和投资人，再定。”

（7）常德灯具专业大市场。

常德市亮万家家居广场有限公司拟建一个高起点、专业性、多功能和现代化的灯具专业大市场，规划占地 300 亩，建筑面积 50 万平方米，总投资 8 亿元。2012 年 5 月 18 日，该项目在中博会上正式签订落户合同，市规划局办公例会同意建设该项目，但没确定选址。

（8）星河城项目。

新合作常德分公司在皂果路与常德大道交汇处的西北面，拟建商住楼，项目用地 20 亩，总投资 2 亿元。目前该项目正在实施拆迁和平面设计方案的审定。

重点开发项目有以下几个。

（1）苏宁云商常德区域总部经济。

苏宁云商股份有限公司（原苏宁电器）拟新建电器连锁、物流、售后、服务四大终端的中心店，总投资 10 亿元。2012 年 9 月 2 日，苏宁总部投资部前来考察选址，初步选址在现国人广场地块，正与规划部门衔接。

（2）常德荃馨网商创业园。

法国荃馨生物科技国际控股香港有限公司拟在江北城区征地 200～250 亩建电商培训基地、电商办公大楼、仓储配送中心、电商交流平台、院校实训基地、孵化区、成长区、孵化成型区、培训大楼、员工宿舍、绿化休闲带、地上停车场、生活商圈配套和银行等辅助区设施若干。预计，总建筑面积 64 万平方米，总投资 5 亿元。项目正在进行初步选址。

（3）废旧大市场升级改造。

常德市富民市场开发有限公司拟建一个集再生资源回收、分拣加工利用、再生资源开发、现代物流、电子商务和科技研发于一体的再生资源回收利用基地，总投资 2 亿元。

2011年由市财政局、市商务局《关于将常德市废旧物资交易大市场升级扩改项目列入区域性大型再生资源回收利用基地建设项目的请示》（常财〔2011〕5号）向上级财政、商务主管部门联合申报。该项目已争取到商务部补贴资金1800万元，2012年完成投资1200万元，2013年完成投资600万元。2012年7月12日，第二次规委会确定废旧市场整体搬迁，选址在常德经济技术开发区的垃圾发电厂周边区域。

（4）翡翠城。

常德巨立康房地产开发有限公司拟在朗州南路青阳阁商业步行街建一个翡翠、玉器、珠宝、古董、字画等交易的综合市场，总面积约2000平方米，总投资1.6亿元。目前主体工程已完成，正在考察市场，研究布局，做好项目定位。

（5）总部经济园。

益丰大药房、华星电器和七七七家政服务公司拟建一个总部和培训基地，总投资5亿元。2013年8月，益丰大药房、华星电器和七七七公司联合提出建设总部和培训基地，区政府已向市政府提出报告，待市政府审定。

（三）益阳市物流产业发展大事件

1. 红联冷链建设项目一期完成交地

2013年3月26日，长春经开区精心组织，对红联冷链建设项目一期158亩用地进行扫障和地堪，公安、规划等执法部门及区委宣传部、区纪委等出动70余名工作人员，动用3台挖机、4台推土机和4台地勘设备，历时一天，完成了红联冷链一期用地的场地平整、地勘，并启动围墙建设。

红联冷链物流中心是我市重点招商引资项目，该项目建设对促进益阳市物流产业发展具有标志性意义。红联冷链项目负责人表示，在市、区两级和长春经开区的大力支持下，项目方将加快建设速度，确保年内完成主体工程建设。

2. 益阳兰溪粮食产业园

湖南益阳兰溪粮食产业园地处益阳市中心城区卫星镇、素有“小南京”之称的兰溪镇。园区总体规划面积1500亩，总投资10亿元，规划一步到位，项目建设分期实施。2011年2月，湖南省发改委核准园区第一期建设项目，一期工程占地500亩，投资预算4亿元，主要建设仓储区、精深加工区、物流商贸区和综合服务区等，目前已完成可研、环评、建设规划、产业发展中长期规划和征地拆迁等前期工作，“三通一平”等基础设施建设已启动，完成投资近4000万元。园区已列入湖南省现代物流“十二五”规划重点项目库，成为湖南省粮油物流千亿产业工程物流体系六大节点之一。二期工程占地1000亩，发展以稻米为主要原料的食品精深加工和副产品综合利用项目，培育2～3个大型食品加工龙头企业。园区将以高起点规划、高标准建设、大手笔招商，按照政府引导、市场运作、整合资源、重组企业的原则，力争在“十二五”期间将园区打造成为以稻米深加工、储备储藏、加工转化、物流配送、期货交割、生物制品、烘干整理、检测检验、交易会展、产品研发和金融服务于一体，服务本地、辐射全省，连接国内外市场，在全国粮食行业具有重要的影响力的粮食循环经济产业集聚区。

3. 10 万平方米专业仓储物流服务中心建设

在桃江经济开发区规划用地 300 亩，建设 10 万平方米的专业仓储物流企业，构筑集供应、销售、物流为一体的流通服务平台。

项目落户地桃江经济开发区，北临长石铁路并建有桃花江火车站，南临资江大桥与国家一级公路桃益公路相连，东依资水，并建有 500 吨水运码头，规划面积为 10.46 平方千米。2006 年，经国家发改委〔2006〕8 号文件批准成为省级经济开发区。重点布局竹产业园、机械制造园、食品药品加工贸易园三大工业产业集群；着力打造湘中地区重要的现代食品工业加工生产基地和物流中心，加快同益阳中心城区对接步伐。建园以来，共投入资金 20 亿元，基本实现了已建成区域的“三通一平”，修建了金牛路等八条主干道，基本上形成了“三纵五横”的道路网络；目前开发区产业体系逐步成形，基本形成了以新兴机械、红星机械等为龙头的装备制造产业，以桃花江实业、桃花江竹业、湘益木业等为龙头的竹木加工产业，口味王食品、皇爷食品为龙头的食品加工产业。园区范围内有工业企业共有 45 家，其中规模工业企业 24 家。

4. 益阳海吉星农产品物流园项目签约

2013 年 6 月 20 日，益阳海吉星农产品物流园项目签约仪式在深圳海吉星国际农产品物流园总部举行，赫山区区长贺辉代表区政府与投资方签约。益阳海吉星农产品物流园项目是由深圳市农产品基金管理有限公司与深圳市农产品股份有限公司投资建设的大型农副产品商贸物流项目。该项目总用地面积约 1000 亩，总投资 20 亿元，其中第一期用地 330 亩，投资 8 亿元。项目以益阳为核心，依托深圳农产品庞大的全国交易网络，以大河西及湘西北为第一辐射圈，以高度聚合的农业商贸为支撑，打造超大影响力的农产品大型现代化商贸平台。同时，项目将整合益阳丰富的水产品资源，推广“中国淡水鱼都”品牌，将益阳水产建设成湖南第一、中国前列的大型水产品交易中心。

第六章　湘西片区物流发展研究

一、湘西片区经济发展总体状况

（一）湘西片区经济发展概况

1. 怀化市经济发展概况

全年实现地区生产总值（GDP）1110.55亿元，增长10.3%。分产业看，第一产业实现增加值151.82亿元，增长2.7%；第二产业实现增加值489.84亿元，增长10.3%；第三产业实现增加值468.9亿元，增长12.4%。第一、第二、第三产业分别拉动GDP增长0.3个、4.7个、5.3个百分点，三次产业对GDP增长的贡献率分别为3.2%、45.5%、51.3%，三次产业结构调整为13.7∶44.1∶42.2。按常住人口计算，人均GDP达23137元，增长9.4%。全市非公有制经济实现增加值641.88亿元，占GDP的比重达57.8%。

财政收入持续增长。全年财政总收入110.47亿元，增长10.1%，其中公共财政预算收入76.81亿元，增长11.2%，税收收入47.35亿元，增长10.0%。公共财政预算支出253.63亿元，增长14.0%，其中，民生支出175.49亿元，增长12.8%，医疗卫生、住房保障、社会保障和就业支出分别增长15.6%、45.0%、18.3%。

物价总体保持稳定。全市居民消费价格上涨2.5%，涨幅升0.4个百分点；商品零售价格上涨1.2%，涨幅降0.8个百分点；服务项目价格上涨3.8%，涨幅升2.5个百分点；农业生产资料价格上涨4.0%，涨幅升0.3个百分点。

全社会投资迅速增长。全年完成固定资产投资801.40亿元，增长33.4%。全市计划总投资亿元以上的在建项目152个，全年完成投资231.70亿元，占固定资产投资总额的28.9%。分产业看，第一产业完成投资34.90亿元，增长19.4%；第二产业完成投资245.27亿元，增长14.6%，其中工业投资243.05亿元，增长18.5%；第三产业完成投资521.25亿元，增长45.7%。从资金来源看，国家预算资金67.37亿元，增长32.0%；自筹资金585.09亿元，增长51.3%。从投资方向看，高新技术产业完成投资22.50亿元，增长253.3%；基础设施建设完成投资277.37亿元，增长31.9%；民生投资44.31亿元，增长106.3%；技改投资256.29亿元，增长19.5%。从企业注册类型看，国有企业完成投资380.03亿元，增长37.8%；私营企业完成投资219.55亿元，增长22.2%。从城乡

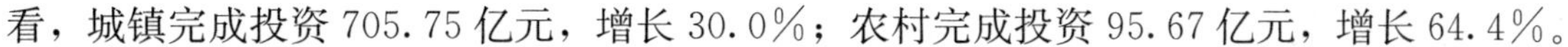

看，城镇完成投资 705.75 亿元，增长 30.0%；农村完成投资 95.67 亿元，增长 64.4%。

2. 邵阳市经济发展概况

2013 年全市完成地区生产总值 1130.04 亿元，比上年增长 10.2%。其中第一产业完成增加值 254.89 亿元，增长 2.8%，第二产业完成增加值 439.5 亿元，增长 11.6%，第三产业完成增加值 435.65 亿元，增长 12.8%。按常住人口计算，全市人均 GDP 15727 元，比上年增长 9.5%。三次产业结构由上年的 24.4∶38.7∶36.9 调整为 22.5∶38.9∶38.6，三次产业比重提升了 1.7 个百分点。非公有制经济实现增加值 733.68 亿元，比上年增长 10.9%，占 GDP 的比重为 64.9%。

财政收入再创新高。全市财政总收入突破 100 亿元大关，达到 104.26 亿元，比上年增长 22.6%。市本级完成财政总收入 28.44 亿元，增长 25.1%，增速高出全市 2.5 个百分点。全市一般预算收入 68.15 亿元，增长 27%，其中税收收入 34.82 亿元，增长 28.5%；非税收入 33.33 亿元，增长 25.5%。全市上划中央收入 28.93 亿元，增长 13%，上划省级收入 7.19 亿元，增长 24.4%。税收收入占财政总收入的比重为 68.0%，比上年略有下降。全市一般预算支出 295.6 亿元，增长 19.2%。其中社会保障和就业支出 51.29 亿元，增长 26.1%，医疗卫生支出 30.71 亿元，增长 7.9%，节能环保支出 6.14 亿元，增长 27.4%，农林水事务支出 39.36 亿元，增长 18.5%。

投资规模持续扩张。全市固定资产投资（500 万元以上项目）完成 1029.99 亿元，比上年增长 35.2%。其中城镇投资 796.02 亿元，增长 27.1%，房地产投资 102.73 亿元，增长 36.1%，农村投资 131.23 亿元，增长 119.3%。在全部投资中，国有投资 188.07 亿元，增长 15.4%，非国有投资 841.92 亿元，增长 40.6%，非国有投资占全部投资比重 81.74%，比上年提高 3.14 个百分点。第一产业完成投资额 96.57 亿元，增长 35.4%，第二产业投资 551.93 亿元，增长 38.7%，第三产业投资 381.49 亿元，增长 30.5%。

产业投资增势强劲。全市基础设施投资 173.04 亿元，比上年增长 17.5%，其中能源投资 61.82 亿元，增长 7.5%，交通投资 64.64 亿元，增长 17.5%，水利投资 14.22 亿元，增长 62.7%。环保投资 4.85 亿元，增长 112%，教育投资 17.35 亿元，增长 51.7%，卫生投资 7.15 亿元，增长 61.9%。工业完成投资 549.88 亿元，增长 43.3%，其中采掘业 59.16 亿元，增长 36.8%，制造业 428.90 亿元，增长 45.1%，电力、燃气及水的生产和供应业 61.82 亿元，增长 7.5%；高新技术产业完成投资 26.11 亿元，增长 34.5%。全市组织实施重点项目 274 个，比上年增加 82 个，总投资 2000 亿元，年度计划投资 392 亿元，实际完成投资 415.8 亿元，为年度计划的 106.1%，比上年增长 60.4%。

3. 娄底市经济发展概况

2013 年娄底市生产总值达 1118.17 亿元，同比增长 10.6%。其中，第一产业增加值 162.59 亿元，增长 2.8%；第二产业增加值 604.57 亿元，增长 10.9%；第三产业增加值

351.01 亿元，增长 13.4%。

经济结构进一步优化。三次产业结构由上年的 14.9：55.1：30.0 调整为 14.5：54.1：31.4，第三产业占比提高 1.4 个百分点，对全市经济增长的贡献率为 39.4%，比上年提高 7.4 个百分点。非公有制经济增加值 507.26 亿元，增长 12.5%，占地区生产总值的比重为 45.4%。

财政收支稳步增长。全市财政总收入 103.89 亿元，增长 17.3%，其中地方财政收入 62.41 亿元，增长 20.4%，上划中央级税收 34.04 亿元，增长 12.7%，上划省级税收 7.44 亿元，增长 13.4%。地方财政收入中，税收收入 40.93 亿元，增长 18.2%，非税收入 21.48 亿元，增长 24.9%。全市公共财政预算支出 188.73 亿元，增长 14.2%，其中医疗卫生支出 18.26 亿元，增长 12.9%，教育支出 36.19 亿元，增长 1.6%，社会保障和就业支出 26.34 亿元，增长 7.5%。

价格水平基本稳定。全市居民消费价格比上年上涨 2.5%，其中食品类上涨 4.7%，烟酒类下降 0.1%，衣着类上涨 1.1%，家庭设备用品类上涨 1.0%，医疗保健类上涨 0.8%，交通和通信类上涨 0.9%，娱乐教育文化用品及服务类上涨 2.6%，居住类上涨 1.6%；工业生产者出厂价格下降 1.5%，工业生产者购进价格下降 1.6%。

固定资产投资高位增长。全市固定资产投资 787.57 亿元，增长 35.3%。按产业投向分，第一产业投资 31.65 亿元，增长 75.3%，第二产业投资 357.95 亿元，增长 26.1%，第三产业投资 397.98 亿元，增长 42.2%，第三产业投资占比首次超过第二产业，达 50.5%。按经济类型分，国有经济投资 298.7 亿元，增长 43.8%，非国有经济投资 488.88 亿元，增长 30.7%，占全市投资的 62.1%。按行业分，采矿业投资 62.59 亿元，下降 7.0%，制造业投资 268.29 亿元，增长 36.3%，电力、燃气及水的生产和供应业投资 27.05 亿元，增长 46.2%，水利、环境和公共设施管理业投资 91.52 亿元，增长 44.7%，交通运输、仓储和邮政业投资 44.45 亿元，增长 43.3%。

项目建设稳步推进。全市施工项目 1791 个，增长 11.2%，新开工项目 1261 个，增长 5.6%，投产项目 1011 个，增长 2.8%。市级“四个一批”293 个重点建设项目完成投资 463 亿元，占年度计划投资的 123.1%，比上年同期高 7.9 个百分点。全市亿元及以上在建项目 279 个，比上年增加 59 个，完成投资 340.5 亿元，增长 44.3%，高于全市投资增速 9 个百分点。

4. 湘西州经济发展概况

2013 年全州地区生产总值 418.9 亿元，比上年增长 4%。其中，第一产业增加值 62.5 亿元，增长 2.6%；第二产业增加值 153.8 亿元，下降 1.9%；第三产业增加值 202.6 亿元，增长 9.5%。按常住人口计算，人均地区生产总值 16171 元，增长 4.6%。

全州三次产业结构为 14.9：36.7：48.4。工业增加值占地区生产总值 29.9%。第一、第二、第三产业对经济增长的贡献率分别为9.6%、—18.7%和109.1%。高新技术产业增加值15亿元，下降11.3%，占地区生产总值3.6%，比上年下降0.4个百分点。非公有制经济增加值276.9亿元，增长4.7%，占地区生产总值66.1%，比上年下降0.8个百分点。

全州固定资产投资271.5亿元，比上年增长30%。其中，城镇固定资产投资211.7亿元，增长34.4%；房地产项目投资35.6亿元，增长38.5%；非农户项目累计完成投资1亿元，下降86.4%；省管跨地区项目投资23.2亿元，下降44%。

从经济类型看：国有投资169.4亿元，增长30.3%；非国有投资102.1亿元，增长29.6%；民间投资95.8亿元，增长31.8%。从三次产业看：第一产业完成固定资产投资5.7亿元，下降32.6%；第二产业完成固定资产投资56亿元，增长8.2%；第三产业完成固定资产投资209.8亿元，增长42.7%。从投资方向看：全州基础设施投资131.8亿元，增长52.9%；技改投资58.1亿元，下降3%；工业投资55.1亿元，增长8.3%；产业投资43.8亿元，增长13.8%；房地产开发投资35.6亿元，增长38.5%；民生投资24.3亿元，增长126.3%。

全州施工项目630个，亿元以上项目共有95个，亿元以上项目实际完成投资141.5亿元，比上年增长76.4%，占固定资产投资的52.1%。

凤大、张花高速公路建成通车，龙永、永吉高速公路加快建设，张花高速三条连接线开工建设。全州完成干线公路改造377千米、农村通畅工程1510千米，建成农村客运站36个、招呼站555个；黔张常铁路前期工作基本完成，铜仁凤凰机场改扩建进展顺利。

全州财政总收入50.2亿元，增长4.8%。其中，税收收入36.6亿元，增长0.9%，税收收入占财政总收入的72.9%。公共财政预算收入33.2亿元，增长17.4%。其中，税收收入19.6亿元，增加2.9亿元，增长17.5%。财政支出170.5亿元，增长13.5%。其中，用于民生支出110亿元，增长13.5%，占全州财政支出的64.6%。

5. 张家界市经济发展概况

2013年，张家界市全年实现地区生产总值（GDP）3656506万元，比上年增长6.1%。分产业看，第一产业增加值440966万元，增长2.6%；第二产业增加值928854万元，增长9.8%；第三产业增加值2286686万元，增长5.3%。第一产业增加值占地区生产总值的比重为12.1%，第二产业增加值比重为25.4%，第三产业增加值比重为62.5%。全市人均GDP 24259元，比上年增长5.3%。分区县看，永定区实现地区生产总值1502479万元，比上年增长6.2%；武陵源区实现地区生产总值358115万元，增长6%；慈利县实现地区生产总值1239487万元，增长6.3%；桑植县实现地区生产总值605568万元，增长6%。全市非公有制经济实现增加值2098923万元，增长9.3%。

全市完成固定资产投资总量2108360万元，比上年增长24.0%。其中，固定资产投资

（不含农户）1428386万元，增长13.7%；房地产开发投资679974万元，增长52.7%。

固定资产投资（不含农户）中，第一产业投资91877万元，增长155.7%；第二产业投资441996万元，下降1.1%；第三产业投资894513万元，增长15.8%。新增固定资产843294万元，下降10.2%。

全市固定资产投资本年资金来源合计1504381万元，增长10.1%。其中，国家预算资金267592万元，增长40.4%；国内贷款107400万元，增长18.1%；利用外资1130万元，下降97.4%；自筹资金1000365万元，增长6.1%。

全市公共财政收入362736万元，比上年增长12.6%。其中，地方财政收入255619万元，增长13%；上划中央收入78357万元，增长11.6%；上划省级收入28760万元，增长12.3%。地方财政收入中，税收收入147576万元，增长13.6%。全市公共财政支出878954万元，增长8.7%。

（二）湘西片区经济发展比较分析

湘西片区所涵盖的区域2013年GDP总额为4143.31亿元，占全省GDP的17%；湘西片区区域平均GDP增幅为8.24%，低于全省平均发展水平1.86个百分点。如表6-1、图6-1、图6-2所示。

表6-1　　2013年湘西片区涵盖地区GDP情况

地区	地区国民生产总值GDP（亿元）	GDP增幅（%）
怀化市	1110.55	10.3
邵阳市	1130.04	10.2
娄底市	1118.17	10.6
湘西州	418.9	4
张家界市	365.65	6.1
五市合计	4143.31	8.24
湖南省	24501.7	10.10
五市合计占湖南比重（%）	17	—

资料来源：湖南省各地区统计公报，2013。

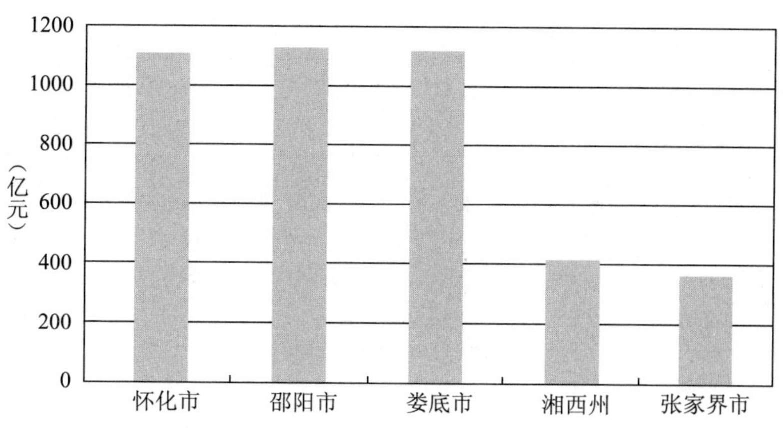

图 6-1　2013 年湘西片区国民生产总值 GDP 情况

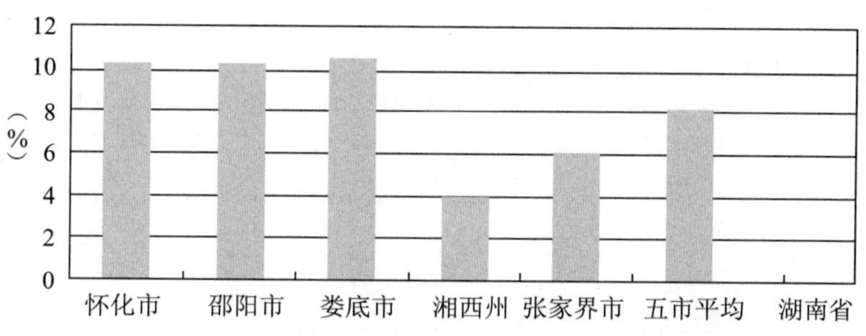

图 6-2　2013 年湘西片区国民生产总值 GDP 增幅情况

在湘西片区中，怀化、邵阳、娄底三市国民生产总值均超过千亿大关，远高于湘西州和张界市。同时，怀化、邵阳、娄底三市的 GDP 增幅均高于 10%，湘西州增幅最小。

从经济结构来看，湘西片区所涵盖的区域加快转变经济发展方式，产业结构逐步优化。如表 6-2、图 6-3 至图 6-5 所示。

表 6-2　　2013 年湘西片区涵盖地区 GDP 情况

地区	第一产业增加值(亿元)	增幅(%)	第二产业增加值(亿元)	增幅(%)	第三产业增加值(亿元)	增幅(%)	人均生产总值(元)
怀化市	151.82	2.7	489.84	10.3	468.9	12.4	23137
邵阳市	254.89	2.8	439.5	11.6	435.65	12.8	15727
娄底市	162.59	2.8	604.57	10.9	351.01	13.4	—
湘西州	62.5	2.6	153.8	−1.9	202.6	9.5	16171
张家界市	44.1	2.6	92.89	9.8	228.67	5.3	24259

续 表

地区	第一产业增加值（亿元）	增幅（%）	第二产业增加值（亿元）	增幅（%）	第三产业增加值（亿元）	增幅（%）	人均生产总值（元）
五市合计或平均	675.90	2.70	1780.60	8.14	1686.83	10.68	—
湖南省	3099.2	2.80	11517.4	10.90	9885.1	11.40	36763
占湖南比重	0.21808854	—	0.1546009	—	0.1706437	—	—

资料来源：湖南省各地区统计公报，2013。

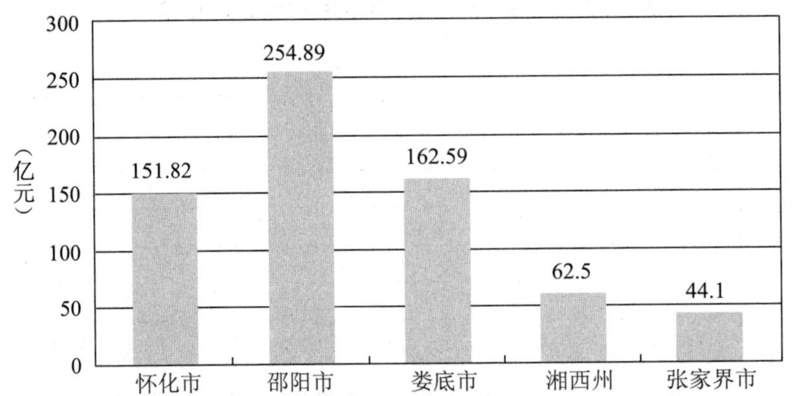

图 6-3 2013 年湘西片区第一产业增加值情况

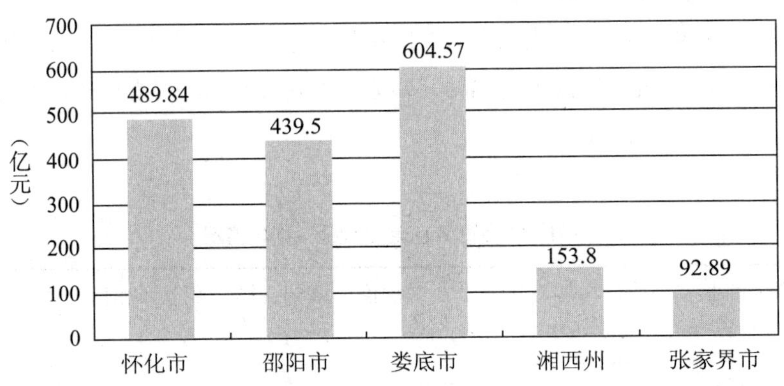

图 6-4 2013 年湘西片区第二产业增加值情况

在湘西片区中，三次产业增加值均为怀化市第一位，且远远高于其余两个城市。如表 6-3、图 6-6 所示。

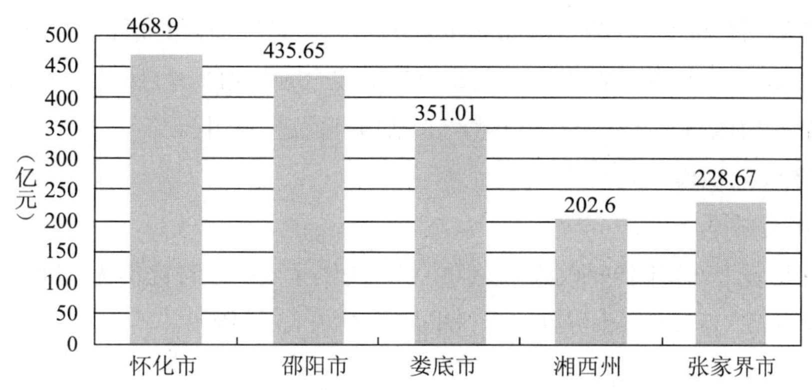

图 6-5　2013 年湘西片区第三产业增加值情况

表 6-3　　2013 年湘西片区涵盖地区 GDP 结构情况　　单位：%

地区	第一产业比重（2012 年）	第二产业比重（2012 年）	第三产业比重（2012 年）	第一产业比重（2013 年）	第二产业比重（2013 年）	第三产业比重（2013 年）
怀化市	14.5	44.9	40.6	13.7	44.1	42.2
邵阳市	24.4	38.7	36.9	22.5	38.9	38.6
娄底市	14.9	55.1	30	14.5	54.1	31.4
湘西州	14.9	39.9	45.2	14.9	36.7	48.1
张家界市	12.4	25.2	62.4	12.1	25.4	62.5
五市平均	17.93	46.23	35.83	15.54	39.84	44.56
湖南省	13.6	47.4	39	12.7	47	40.3

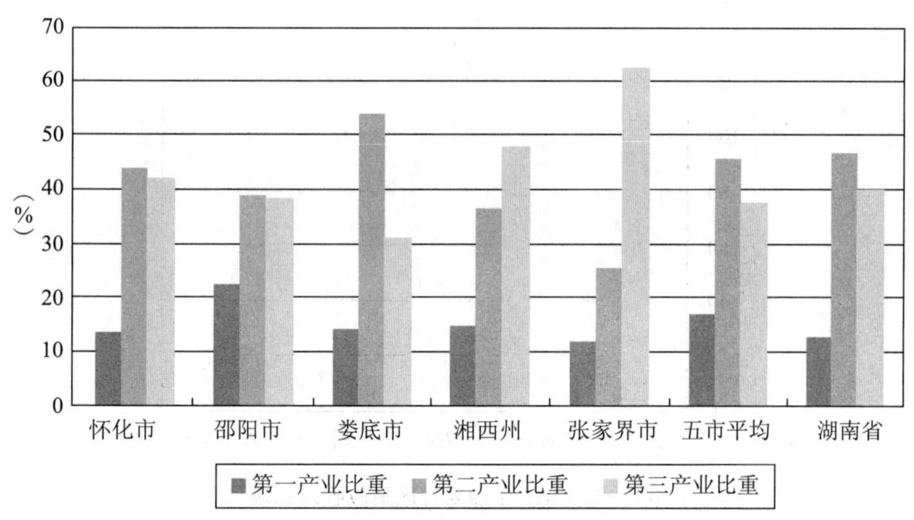

图 6-6　2013 年湘西片区及全省三次产业比重情况

资料来源：湖南省各地区统计公报，2013。

通过对比湘西片区GDP结构情况和全省平均值，发现湘西片区的第一产业比重均值比全省均值高2.24个百分点，第二产业比重均值比全省均值低7.16个百分点，第三产业比重均值比全省均值高4.26个百分点，产业结构有待进一步优化。

（三）财政收入规模扩大

1. 财政实力雄厚

湘西片区区域2013年各财政收入总和405.09亿元，占全省比例为14%，平均增幅略低于湖南省2.72个百分点。如表6-4、图6-7至图6-9所示。

表6-4　　2013年湘西片区涵盖地区财政收入情况

地区	财政收入（亿元）	财政收入增长率（%）	地方财政收入（亿元）	地方财政收入增长率（%）
怀化市	110.47	10.1	—	—
邵阳市	104.26	22.6	—	—
娄底市	103.89	17.3	62.41	20.4
湘西州	50.2	4.8	—	—
张家界市	36.27	12.6	25.56	13
五市总和	405.09	13.48	—	—
湖南省	2931.8	16.20	1776	17.10
五市占全省（%）	14	—	—	—

资料来源：湖南省各地区统计公报，2013。

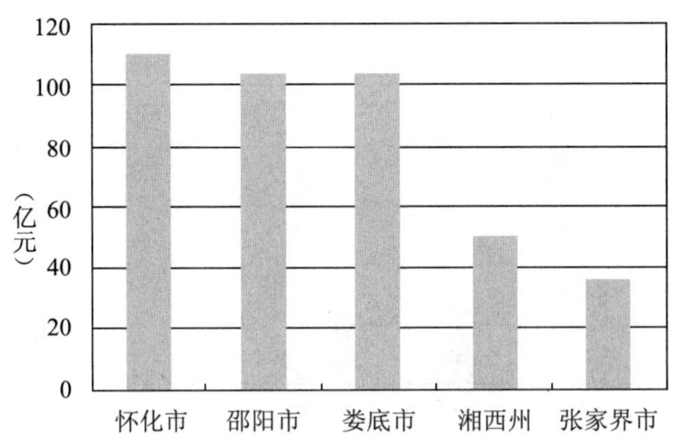

图6-7　2013年湘西片区财政收入比较

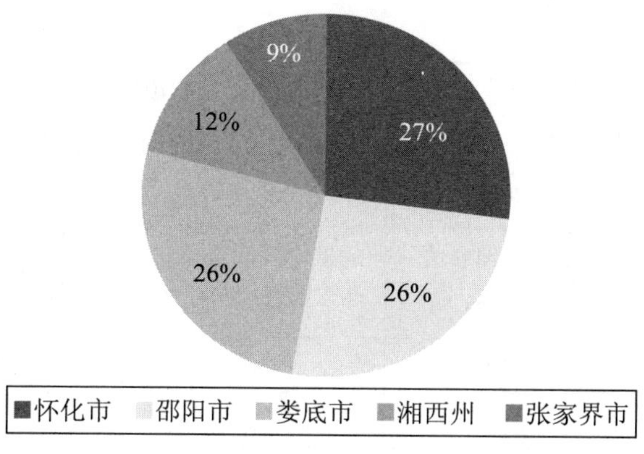

图 6-8 2013 年湘西片区财政收入区域构成比例

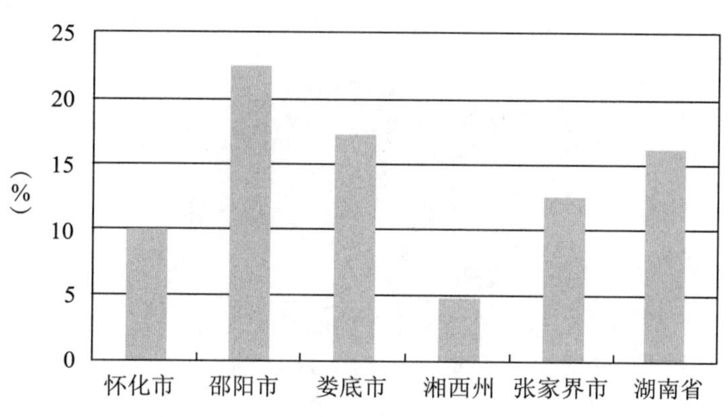

图 6-9 2013 年湘西片区财政收入增长情况

2. 投资保持快速增长

2013 年，湘西片区地区全社会固定资产投资总额为 3101.3 亿元，占全省全社会固定资产投资的 17%，五市全社会固定资产投资总额平均增长率高于湖南省 5.48 个百分点。如表 6-5、图 6-10 至图 6-12 所示。

表 6-5 2013 年湘西片区涵盖地区全社会固定资产投资总额情况

地区	全社会固定资产投资总额（亿元）	全社会固定资产投资总额增长率（%）	城镇固定资产投资（亿元）	城镇固定资产投资增长率（%）	工业投资（亿元）	工业投资增长率（%）
怀化市	801.4	33.4	705.75	30	243.05	18.5
邵阳市	1029.99	35.2	796.02	27.1	551.93	38.7
娄底市	787.57	35.3	—	—	357.95	26.1

续 表

地区	全社会固定资产投资总额（亿元）	全社会固定资产投资总额增长率（%）	城镇固定资产投资（亿元）	城镇固定资产投资增长率（%）	工业投资（亿元）	工业投资增长率（%）
湘西州	271.5	30	211.7	34.4	56	8.2
张家界市	210.84	24	—	—	44.2	−1.1
五市总和	3101.3	31.58	—	—	—	—
湖南省	18381.4	26.10	16211.1	22.8	8080.8	27.6
五市占全省（%）	17	—	—	—	—	—

资料来源：湖南省各地区统计公报，2013。

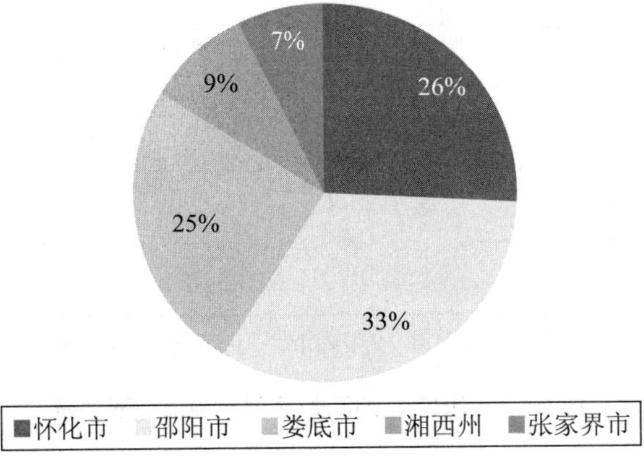

图 6－10　2013 年湘西片区全社会固定资产投资总额比例

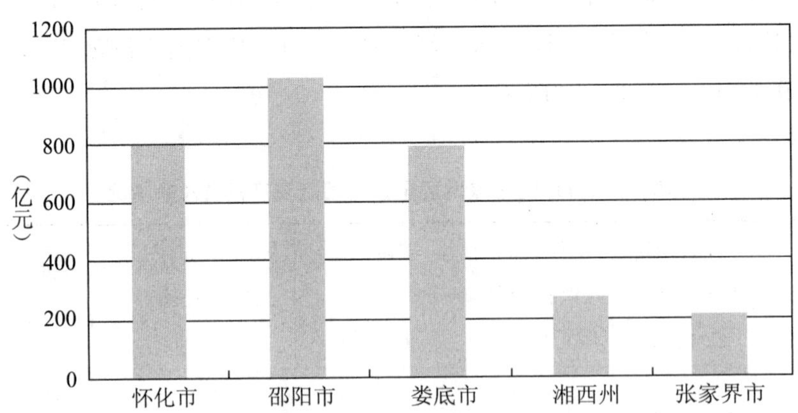

图 6－11　2013 年湘西片区全社会固定资产投资总额比较

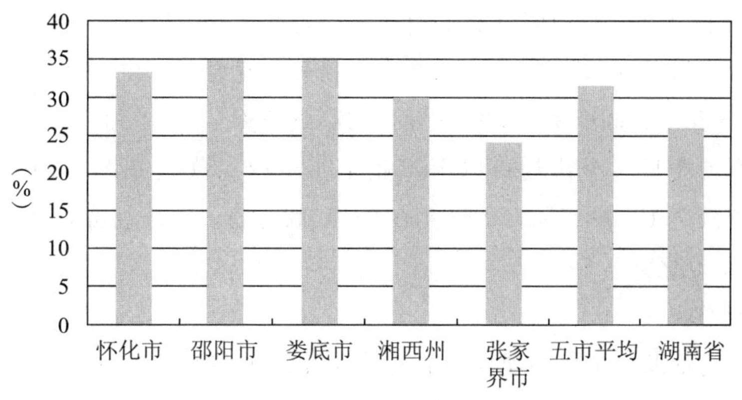

图 6-12　2013 年湘西片区及全省全社会固定资产投资总额增长情况比较

二、湘西片区物流发展的产业基础

（一）湘西片区物流发展的产业基础现状

1. 怀化市物流发展的产业基础现状

（1）农业。

农业生产稳步增长。全年完成农林牧渔业增加值 151.82 亿元，增长 2.7%。全年粮食播种面积 32.27 万公顷，增长 2.2%，其中，稻谷播种面积 28.7 万公顷，增长 2.0%，优质稻播种面积所占比重为 45.6%；蔬菜播种面积 7.38 万公顷，增长 4.2%；油料播种面积 11.65 万公顷，增长 4.5%。粮食产量 177.03 万吨；油料产量 15.17 万吨，增长 8.0%；水果产量 122.81 万吨，增长 6.2%；蔬菜产量 127.92 万吨，增长 7.2%；年末存栏生猪 251.30 万头；全年出栏生猪 334.99 万头，增长 0.3%；禽蛋产量 1.56 万吨，增长 3.3%；水产品产量 6.65 万吨，增长 7.0%。

农业产业化快速推进。全市拥有市级以上农业产业化龙头企业 169 家（其中，国家级 1 家、省级 24 家、市级 144 家），较上年净增 23 家。25 家国家级、省级龙头企业实现销售收入 26.69 亿元，实现利税 2.85 亿元。农民专业合作组织 1727 个，增长 39.5%，入社社员 10.96 万人。农业机械总动力达 346.4 万千瓦，增长 10.0%。

（2）工业。

工业经济继续增长。工业实现增加值 436.16 亿元，增长 10.5%，工业增加值占 GDP 的比重达 39.3%，规模以上工业增长 11.0%。在规模以上工业中，重工业增长 10.7%，重工业增加值占规模以上工业增加值的比重达 71.8%，对规模以上工业增长的贡献率达 71.0%。

工业园区不断壮大。全市园区（省级以上产业园区）工业增加值增长 14.9%，占全市规模以上工业的 18.8%，对规模以上工业增长的贡献率达 24.4%。怀化工业园区年内在建工业项目达 27 个，投产亿元以上项目 8 个，新开工建设亿元以上项目 12 个，引进亿元以上工业企业 11 家，合同引资 26.04 亿元，实际到位资金 35 亿元。

工业利润有所下降。全市规模以上工业企业实现主营业务收入 816.32 亿元，增长 11.0%；利润总额达 15.06 亿元，下降 4.0%；利税总额 40.01 亿元，增长 11.8%；亏损企业亏损额为 6.79 亿元。

（3）商贸流通业。

消费市场较为活跃。全年实现社会消费品零售总额 360.31 亿元，增长 13.8%。其中，城镇消费品零售额 315.52 亿元，增长 14.0%，乡村消费品零售额 44.79 亿元，增长 12.3%。批发和零售业零售额 318.64 亿元，增长 14.0%。住宿和餐饮业消费额 41.67 亿元，增长 11.7%。限额以上批发零售单位零售额 145.98 亿元，增长 17.1%，其中，粮油、食品、饮料、烟酒类增长 32.9%；服装、鞋帽、针纺织品类增长 27.9%；金银珠宝类增长 27.5%；日用品类增长 37.3%；体育、娱乐用品类增长 14.0%；石油及制品类增长 12.4%；家用电器和音像器材类增长 13.7%；汽车类增长 12.6%。

（4）交通运输业。

交通运力大幅提升。怀通高速、溆怀高速年内通车，全市高速公路通车里程达 612.42 千米，增长 47.9%。全年全社会运输周转量（不含铁路）90.13 亿吨·公里，增长 14.5%，客运周转量增长 15.8%，货物周转量增长 14.4%。公路运输周转量 83.55 亿吨·公里，增长 15.0%，水路运输周转量 6.59 亿吨·公里，增长 8.1%。年末全市汽车保有量 15.67 万辆，增长 14.1%，本年新注册汽车 3.27 万辆，增长 28.1%，其中，轿车 1.60 万辆，增长 28.2%。

2. 邵阳市物流发展的产业基础现状

（1）农业。

农业生产全面发展。全市完成农林牧渔业总产值 364.12 亿元，比上年增长 2.8%（可比价）。种植业完成产值 204.44 亿元，增长 2.3%，粮食产量达到 311.97 万吨，比上年下降 2.1%，油料总产量 15.37 万吨，增长 14.4%，烟叶产量 1.49 万吨，增长 12.0%，水果总产量 75.11 万吨，增长 8.8%。畜牧业完成产值 128.06 亿元，增长 2.9%，年内出栏生猪 955.98 万头，增长 0.3%，肉类总产量 78.42 万吨，增长 2.7%，禽蛋产量 1.81 万吨，增长 3.2%，牛奶产量 4.28 万吨，增长 6.0%。林业完成产值 15.63 亿元，增长 6.6%。渔业完成产值 10.67 亿元，增长 5.7%，水产品总产量 10.25 万吨，增长 5.8%。

（2）工业。

规模工业较快增长。全部工业完成总产值 1741.98 亿元，增长 19.1%（现价），其中规模工业（年销售收入过 2000 万元）完成产值 1469.72 亿元，增长 19.7%。规模工业实现增加值414.67亿元，增长12.4%，其中国有企业实现增加值14.07亿元，增长3.5%，股份制企业286.77亿元，增长14%，外商及中国港澳台企业15.17亿元，增长11.0%；大中型企业141.14亿元，增长8.7%；轻工业169.52亿元，增长12.9%，重工业245.16亿元，增长12.0%；非公有制规模工业实现增加值367.9亿元，增长12.9%；省级重点园区规模工业实现增加值162.86亿元，增长12.3%。

优势行业较快发展。黑色金属冶炼及压延加工业完成增加值11.12亿元，增长18.6%，有色金属冶炼及压延加工业11.91亿元，增长19.2 %，化学原料及化学制品制造业19.33亿元，增长22.4%，汽车制造业18.75亿元，增长4.7 %，非金属矿物制品业25.04亿元，增长17.1%，农副食品加工业29.32亿元，增长9.5%。

产品产量增多降少。全市规模以上工业企业原煤生产量427.59万吨，下降27.1%；发电量88.03亿千瓦时，增长32.8%；饮料酒10773万升，下降2%；轻革358万平方米，增长22.2%；人造板196.89万立方米，增长10.8%；水泥927.8万吨，增长7.8%；石膏463.83万吨，增长19.4%；蓄电池31727万伏安时，增长20.9%；发电设备11.33万千瓦，下降25.9%；钢材5.28万吨，增长69.8%；改装汽车8790辆，增长10.6%；机制纸及纸板80.88万吨，下降1.3%。

运行效益不断改善。全市规模工业企业实现主营业务收入1388.08亿元，比上年增长19.5%；实现净利润55.81亿元，增长26.9%，其中亏损企业亏损额0.54亿元，比上年下降71.6%，亏损面2.36%，下降1.02个百分点，利税总额121.77亿元，增长27.6%；规模工业综合经济效益指数达到328.56%，比上年下降4.66个百分点；工业产品销售率98.31%，出口交货值91.36亿元，增长46.3%。

建筑企业健康发展。全年建筑业实现增加值66.34亿元，按可比价格计算比上年增长12.2%，占第二产业比重为15.1%。具有资质等级的建筑企业签订合同金额449.80亿元，增长32.9%，完成总产值223.09亿元，增长20.7%，期末从业人员85910人，比上年减少932人，其中工程技术人员13738人，比上年减少483人。房屋建筑施工面积2465.42万平方米，增长19.5%，竣工面积1116.72万平方米，增长28.7%。

（3）商贸流通业。

消费市场稳定繁荣。全市社会消费品零售总额达到431.87亿元，比上年增长14.0%。城镇实现消费品零售额374.14亿元，增长14.3%，其中城区130.2亿元，增长14.5%，乡村实现零售额57.73亿元，增长11.9%。批发零售贸易业实现零售额379.87亿元，增长14.3%，住宿和餐饮业实现零售额51.99亿元，增长11.9%。

限额单位主导增长。全市限额以上批发零售单位达到493家，比上年增加47家，实现零售额174.5亿元，增长23%，其中食品饮料和烟酒类零售额增长25.2%，服装和针纺织品类增长21.8%，石油及制品类增长12.3%，书报杂志类增长13.1%，金银珠宝类增长28.8%，汽车类增长30.1%。全市186家限额以上住宿和餐饮单位实现零售额11.59亿元，增长21%。

物价指数继续上扬。2013年，全市CPI累计上涨2.4%，其中食品价格上涨4.2%（在外用膳食品价格上涨4.9%），烟酒类上涨1.2%，医疗保健类上涨2.0%，交通和通信上涨0.1%，居住类上涨1.5%；商品零售价格上涨1.8%；工业品出厂价格下降1.5%。

（4）交通运输业。

区位条件明显改善。洞新、怀通高速公路的竣工通车，使怀化市境内高速公路通车里程居全省前列，实现县县通高速；安邵、邵坪高速抓紧建设，武靖高速即将开工，怀化市真正进入了高速时代。2013年年末全市公路通车里程为21837千米，增长0.8%，其中等级公路17297千米，增长2.5%，高速公路422.8千米，增长48.5%。

交通运输快速发展。全市拥有民用车辆64.5万辆，比上年增长7.7%，其中汽车26.3万辆，增长21.8%，轿车10.36万辆，增长26.8%。全市交通运输仓储业实现增加值35.59亿元，比上年增长6.4%。公路水路完成货运量2.06亿吨，比上年增长12.8%，货物周转量412.95亿吨·公里，增长6.9%；客运量1.47亿人，增长5.6%，旅客周转量86.80亿人·公里，增长8.8%。

3. 娄底市物流发展的产业基础现状

（1）农业。

农业生产形势基本稳定。全市农林牧渔业总产值257.62亿元，增长2.8%。其中，农业产值101.28亿元，增长2.9%；林业产值3.85亿元，增长3.7%；牧业产值141.14亿元，增长2.5%；渔业产值9.96亿元，增长5.8%，农林牧渔服务业产值1.40亿元，增长9.4%。全市粮食种植面积271.55千公顷，增长1.1%；蔬菜种植面积38.98千公顷，增长13.6%；油料种植面积35.81千公顷，增长1.2%。全市粮食总产量157.5万吨，下降1.9%；蔬菜产量111.78万吨，增长13.7%；油料产量4.05万吨，增长6.6%；肉类产量40.21万吨，增长5.0%；禽蛋产量2.71万吨，增长5.8%；水产品产量8.08万吨，增长6.1%。生猪出栏517.1万头，增长0.4%；牛出栏16.72万头，增长7.2%；羊出栏29.52万只，增长6.3%，家禽出笼1979.5万羽，下降0.8%。

农业发展基础不断夯实。全市完成农村固定资产投资169.68亿元，增长37.3%。财政资金中农林水事务支出20.49亿元，增长21.8%。全年开工水利建设工程6.08万处，投入8.6亿元，完成土石方6290万立方米，新增灌溉面积4.14万亩，改善灌溉面积7.43万亩，治理水土流失面积12.45平方公里；全年农村用电量8.27亿千瓦时，增长44.0%，年末拥有农业机械总动力326.3万千瓦。

农业产业化加速推进。全市农产品加工企业达到1126家，全年实现销售收入117亿元，同比增长23.1%。全市632家休闲农业经营主体完成营业收入15亿元，同比增长

20.2%。“两黑”产业加快发展，全市黑猪出栏25万头，黑牛出栏2.5万头。农民专业合作社发展到1034个，家庭农场发展到780家。

（2）工业。

工业经济平稳运行。全市全部工业增加值545.54亿元，增长10.5%，工业增加值占生产总值的比重达48.8%，对全市经济增长的贡献率达50.3%。全市规模以上工业增加值增长11.0%，按经济类型分，国有及国有控股企业增长1.2%，股份制企业增长15.5%，外商及港澳台投资企业增长7.6%；按企业规模分，大中型企业增长4.4%，小微型企业增长18.3%；按轻重工业分，轻工业增长16.9%，重工业增长10.4%；按行业分，煤炭开采和洗选业增长12.0%，农副食品加工业增长27.0%，黑色金属及压延加工业增长4.7%，有色金属及压延加工业增长17.2%，专用设备制造业增长27.2%。规模以上工业企业完成主营业务收入1579.2亿元，增长12.3%，实现利润79.08亿元，增长62.7%。

工业结构调整成效凸显。全市园区规模工业企业累计完成增加值152.35亿元，增长12.6%，占规模工业增加值的比重为36.1%，比上年提高7.3个百分点。全市高加工度工业完成增加值104.53亿元，增长18.8%，高技术工业完成增加值16.22亿元，增长26.9%，战略性新兴产业完成增加值70.32亿元，增长14.2%，均高于全市规模工业增长速度；六大高耗能产业实现增加值204.47亿元，增长7.1%，低于全市规模工业增速3.9个百分点，占规模工业增加值的比重为48.4%，比上年下降4.7个百分点。

主要工业产品产量有升有降。重点监测的10种主要工业产品产量中，原煤产量1872.4万吨，下降6.6%；生铁916.9万吨，增长1.4%；粗钢927.27万吨，增长3.6%；钢材1068.1万吨，增长6.9%；氮肥（折纯）27.0万吨，增长5.6%；发电量132.58亿千瓦时，增长11.9%；焦炭396.85万吨，增长6.9%；纯碱16.79万吨，增长9.0%；水泥1032.9万吨，增长20.4%。

（3）商贸流通业。

全市社会消费品零售总额339.08亿元，增长13.9%，按经营地统计，城镇消费品零售额303.04亿元，增长14.0%，乡村消费品零售额36.04亿元，增长13.2%；按行业分，批发和零售业零售额305.76亿元，增长14.4%，住宿和餐饮业33.32亿元，增长8.9%。在限额以上企业批零商品零售额中，零售额居前六位的为石油及制品类、汽车类、服装鞋帽针纺织品类、粮油食品饮料烟酒类、家用电器和音像器材类、煤炭及制品类，分别实现零售额33.64亿元、29.04亿元、16.5亿元、15.64亿元、12.28亿元和7.57亿元，分别增长5.4%、23.2%、16.2%、24.2%、26.8%和25.0%，六大类商品占限额以上批发和零售业零售额的78.8%，拉动限额以上批发零售业零售额增长13.4个百分点。

进出口贸易有所回落。全市进出口总额完成14.45亿美元，下降14.1%，其中进口12.37亿美元，下降11.5%，出口2.08亿美元，下降27.0%。从贸易方式看，一般贸易出口 19646 万美元，下降 28.6%；加工贸易出口 1112 万美元，增长 20.1%。从重点商品看，钢材出口 7324 万美元，下降 51.3%；机电产品出口 852 万美元，增长 1.3%；农产品出口 2587 万美元，增长 19 倍。

（4）交通运输业。

交通运输量继续攀升。全社会公路货运量 1.37 亿吨，增长 11.3%；货物周转量 130.51 亿吨·公里，增长 13.6%；公路客运量 1.1 亿人，增长 4.8%。年末全市公路线路里程 1.47 万千米，其中高速公路 136.47 千米。全市民用汽车保有量 19.8 万辆，增长 13.2%，其中私人汽车保有量 17.65 万辆，增长 15.1%。

4. 湘西州物流发展的产业基础现状

（1）农业。

全州农林牧渔业总产值 104.5 亿元，比上年增长 2.6%。其中，农业产值 74.5 亿元，增长 3.2%；林业产值 4.2 亿元，增长 0.7%；牧业产值 23.6 亿元，增长 0.9%；渔业产值 1.7 亿元，增长 3.8%。

全州粮食播种面积 18 万公顷，比上年增长 2.3%；油料种植面积 6.0 万公顷，增长 0.1%；蔬菜种植面积 5.9 万公顷，增长 4.4%。

全州粮食总产量 82.5 万吨，比上年下降 3%；蔬菜产量 73.6 万吨，增长 2.7%；油料产量 8.8 万吨，增长 4.2%；茶叶产量 0.18 万吨，增长 4.9%；水产品产量 2.1 万吨，增长 1.8%；烤烟产量 3.5 万吨，下降 3.2%；猪肉产量 7.7 万吨，下降 0.3%。

全州特色产业面积 240 万亩。椪柑产业完成“品改”1.2 万亩，茶叶产业扩面提质 21.6 万亩，猕猴桃品改和培管 12.5 万亩，完成猕猴桃标准化示范基地建设 2.9 万亩，百合生产和培管 10 万亩，种植优质烟叶 30.1 万亩，蔬菜新扩商品蔬菜基地 2 万亩，商品蔬菜面积达到 45 万亩。

全州农民专业合作社 950 个，农民专业合作社成员 6.5 万人。全州农村承包土地经营权流转面积 19.5 万亩，占家庭承包经营耕地总面积 10.1%。农产品加工企业 629 个，州级以上龙头企业 111 家。

（2）工业。

全年实现工业增加值 125.4 亿元，比上年下降 4%。其中，规模工业增加值 83.1 亿元，比上年下降 6.0%。分企业类型看：国有企业增加值 8.4 亿元，增长 6.6%；集体企业增加值 0.3 亿元，下降 2.1%；股份制企业增加值 65.9 亿元，下降 8.6%；外商及港澳台投资企业增加值 3.1 亿元，增长 10.3%。分轻重工业看：轻工业增加值 18 亿元，下降 14.7%，重工业增加值 65.1 亿元，下降 5.6%。锰锌铝矿产业、食品加工产业及生物医药产业三大产业集群实现增加值 60.2 亿元，下降 9.7%，占规模工业的 72.4%。在三大产业集群中，锰锌铝矿产业实现增加值 47.9 亿元，下降 8.5%；食品加工产业实现增加值

8.8亿元，下降36.2%；生物医药产业实现增加值3.5亿元，增长47.4%。

规模工业企业实现主营业务收入217.4亿元，比上年下降18.2%；实现利税22.1亿元，下降39%。三大产业集群实现主营业务收入148.8亿元，下降26.7%，占规模工业主营业务收入的68.5%；实现利税14.6亿元，下降52.5%，占规模工业利税的66.1%；从业人员3.35万人，占规模工业从业人员的70.5%。全年规模工业产销率为96.9%，下降2个百分点。

（3）商贸流通业。

全州社会消费品零售总额180.4亿元，比上年增长13.8%。按经营地分，城镇零售额147.9亿元，增长13.7%；乡村零售额32.5亿元，增长13.8%。按行业分，批发和零售业155.6亿元，增长13.4%；住宿和餐饮业24.9亿元，增长16.1%。

限额以上批发和零售业法人单位中，零售额居前三位的为石油及制品类、粮油食品饮料烟酒类、汽车类，三大类商品共实现零售额32.8亿元，占限额以上批发和零售业法人单位零售额的82.4%。零售额增速居前三位的为通信器材类、日用品类、粮油食品饮料烟酒类，零售额增速分别为252.5%、37.6%、30.3%。

居民消费价格上涨2.9%。食品价格上涨5.6%。其中，粮食价格下降0.5%，鲜菜价格上涨9.0%。农业生产资料价格上涨5.1%，工业生产者出厂价格下降1.5%。

（4）交通运输业。

2013年年末公路通车里程12576千米。其中，国道415.3千米，高速公路321.2千米，省道2258.4千米，县道1741.6千米，乡道3599.6千米。全社会货运量4104.6万吨，增长10.4%，货物周转量71.96亿吨·公里，增长11.5%；客运量4798.7万人，增长1.4%，旅客周转量33.5亿人·公里，增长3.6%。

2013年年末全州民用汽车保有量7.9万辆，增长6.5%；私人汽车保有量6.7万辆，增长8.6%，其中轿车保有量2.3万辆，增长28.5%。

5. 张家界市物流发展的产业基础现状

（1）农业。

2013年全市全年粮食种植面积139千公顷，增长5.4%。棉花种植面积0.96千公顷，增长1.1%。油料种植面积43.84千公顷，增长10.1%。蔬菜种植面积29千公顷，增长4.5%。烟叶种植面积7.6千公顷，增长7.3%。

全年粮食产量59.19万吨，减产3.0%；油料7.17万吨，增产5.9%；棉花0.12万吨，减产3.5%；烤烟1.55万吨，增产8.6%；水果28.72万吨，增产7.9%；蔬菜57.25万吨，增产8%；猪肉7.84万吨，增产0.1%；水产品1.43万吨，增产5.8%；禽蛋1.35万吨，增产2.1%。

全年出栏生猪103.01万头，增长0.1%。出栏牛5.74万头，增长1.1%。出栏羊

19.19万只，增长3.2%。年末存栏生猪76.49万头，比上年下降3.5%。

全市农产品加工企业798家，增长5.8%。其中国家及省级龙头企业13家。实现销售收入557942万元，增长20.9%；实现利税46872万元，增长15.2%；实现利润40040万元，增长15.1%。全市休闲农业经营收入68402万元，增长11.2%。

全市农民专业合作社680个，增长39.6%；合作社成员7.5万户，增长4.2%。全年建设农民专业合作社省级示范社4个。

（2）工业。

全市实现工业增加值764950万元，增长10.3%。其中规模以上工业增加值增长11%。全市园区规模以上工业实现增加值121945万元，增长21.4%。

规模以上工业中，按经济类型分，国有企业增长6%，集体企业下降55.9%，股份制企业增长122.1%，外商及中国港澳台投资企业增长7.3%。按轻重业分，轻工业增长3%，重工业增长17.6%。按行业分，农副食品加工业下降1.4%，化学原料及化学制品制造业增长99.3%，医药制造业增长13.9%，非金属矿物制品业增长11.7%，黑色金属冶炼及压延加工业下降68.5%，有色金属冶炼及压延加工业增长14.8%，汽车制造业增长0.3%，计算机、通信和其他电子设备制造业增长148.9%，电力、热力生产和供应业增长5.8%。

全市规模以上工业企业主营业务收入1179190万元，增长14.5%；实现利润27550万元，增长36.2%；实现利税52344万元，增长13.8%；亏损面28%，比上年降低4.2个百分点；产品销售率达103.5%，比上年提高4.25个百分点。全市规模以上工业新产品产值21935万元，下降64.6%；出口交货值52028万元，下降27.3%。

全市实现建筑业增加值163903万元，增长9%。全年房屋施工面积355.88万平方米，增长2.8%。其中新开工面积128.82万平方米，下降42.3%。房屋竣工面积174.79万平方米，增长48.4%。

（3）商贸流通业。

全市实现社会消费品零售总额1240053万元，比上年增长10%。其中，限额以上380242.6万元，下降1.6%；限额以下859810.4万元，增长16.1%。按城乡分，城镇消费品零售额1060937.6万元，增长9.1%；乡村消费品零售额179115.4万元，增长15.9%。按行业分，批发和零售业1037690.7万元，增长9.8%；住宿和餐饮业202362.3万元，增长11.1%。

全市居民消费价格指数（CPI）103.1%，其中消费品价格指数103.3%。

全市外贸进出口总额4581万美元，增长18.5%。其中出口4522万美元，增长25.7%。出口按地区分，吉尔吉斯斯坦1122万美元，中国香港1965万美元，巴拿马280万美元，日本465万美元，土耳其72万美元，比利时87万美元，印度213万美元；按贸易方式分，一般贸易4522万美元。进口按贸易方式分，一般贸易19万美元，加工贸易40万美元。

（4）交通运输业。

全市 2013 年年末公路通车里程 8773.91 千米，比上年增长 1.2%，其中高速公路 119.3 千米。张家界至花垣高速公路建成通车，张家界市西南出省大通道进一步打通。铁路营运里程 130 千米，铁路电气化率 100%。年末机动车保有量 24.17 万辆，增长 18%。其中本年新注册 4.1 万辆，下降 4.1%。年末汽车保有量 6.84 万辆，增长 16.8%。

全市公路货物周转量 369281.75 万吨·公里，较上年增长 14.9%；公路旅客周转量 430778.47 万人·公里，较上年下降 0.7%；水运货物周转量 41208.5 万吨·公里，增长 3.6%；水运旅客周转量 169.9 万人·公里，下降 4.6%。

（二）湘西片区物流发展的产业基础比较分析

1. 湘西片区农业物流发展基础比较分析

2013 年湘西片区农林牧渔业总值为 922.2 亿元，占全省总值的 31%，其增幅均低于全省平均水平。如表 6-6、图 6-13 所示。

表 6-6　湘西片区农林牧渔总值及增长情况

地区	农林牧渔业	
	总值（亿元）	增长（%）
怀化市	151.8	2.7
邵阳市	364.1	2.8
娄底市	257.6	2.8
湘西州	104.5	2.6
张家界市	44.09	2.6
五市合计	922.2	2.7
湖南省	2990	3
五市占全省比率（%）	31	—

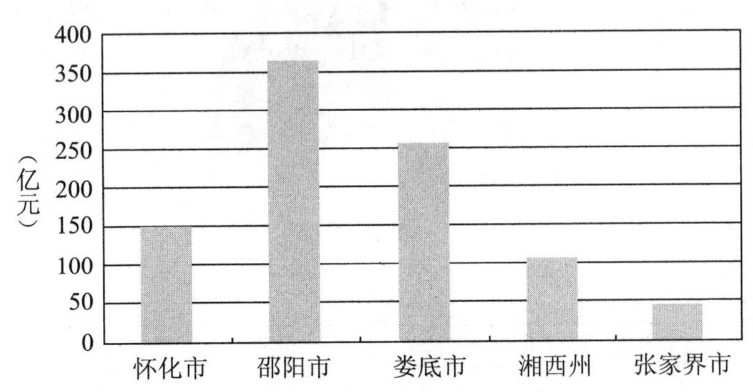

图 6-13　2013 年湘西片区农林牧渔总值比较

2. 湘西片区工业物流发展基础比较分析

2013 年湘西片区工业增加值总额为 1556.76 亿元，占全省总值的 15.57%，其增长速度均低于全省平均水平，其中湘西州出现负增长。如表 6-7、图 6-14 至图 6-16 所示。

表 6-7　　2013 年湘西片区涵盖地区工业增加值情况

地区	工业增加值（亿元）	增长（%）
怀化市	436.16	10.5
邵阳市	373.16	11.5
娄底市	545.54	10.5
湘西州	125.4	−4
张家界市	76.5	10.3
五市合计或平均	1556.76	7.76
湖南省	10001	11.1
五市占全省比（%）	15.57	—

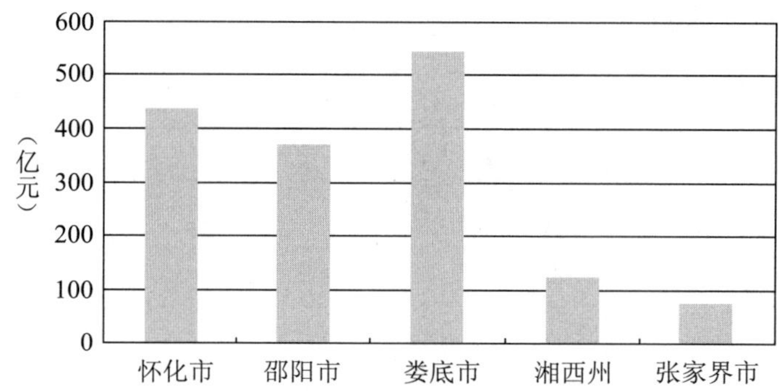

图 6-14　2013 年湘西片区地区工业增加值

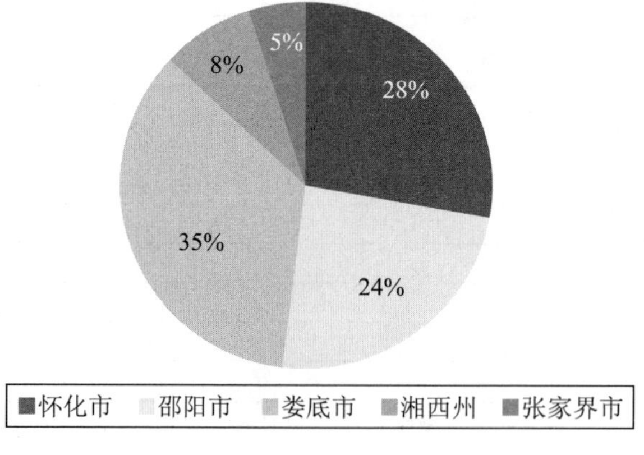

图 6-15　2013 年湘西片区工业增加值比例构成

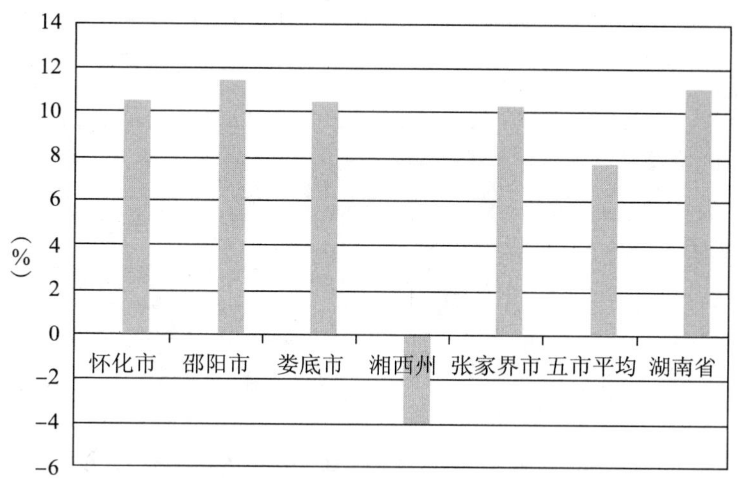

图 6-16　2013 年湘西片区及全省工业增加值增长情况

3. 湘西片区商贸流通业物流发展基础比较分析

2013 年湘西片区全社会消费品零售总额总值为 1435.66 亿元，占全省总值的 16%，五市全社会消费品零售总额的平均增长速度低于全省 0.7 个百分点。如表 6-8、图 6-17 至图 6-19 所示。

表 6-8　　2013 年湘西片区涵盖地区社会消费品零售总额情况

地区	全社会消费品零售总额（亿元）	增长（%）
怀化市	360.31	13.8
邵阳市	431.87	14
娄底市	339.08	13.9
湘西州	180.4	13.8
张家界市	124	10
五市合计或平均	1435.66	13.1
湖南省	8940.6	13.8
五市占全省比（%）	16	—

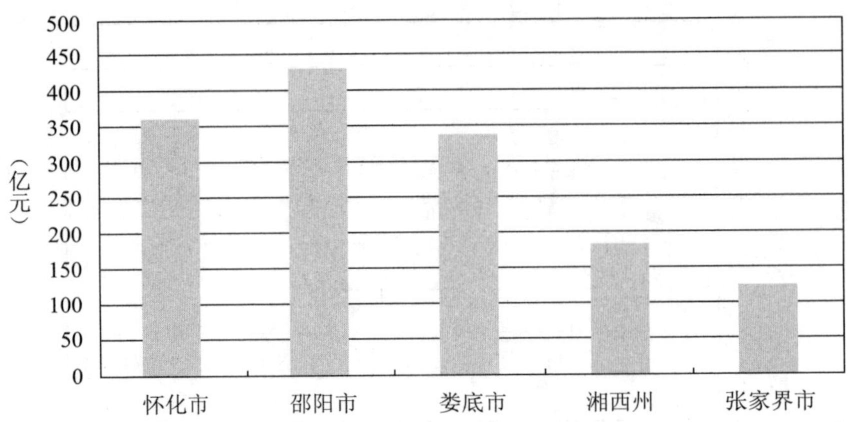

图 6－17　2013 年湘西片区全社会消费品零售总额比较

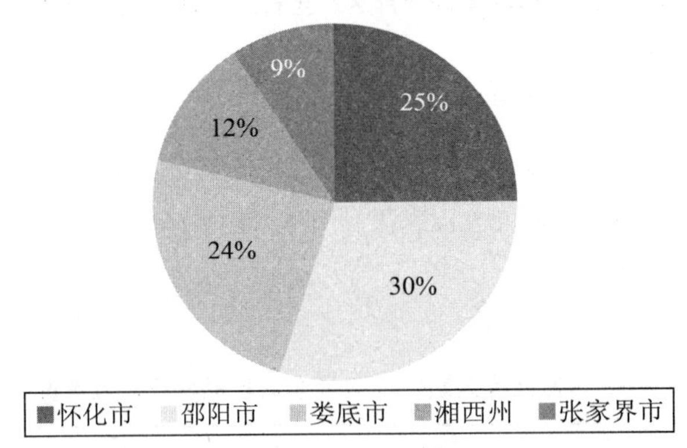

图 6－18　2013 年湘西片区全社会消费品零售总额比例情况

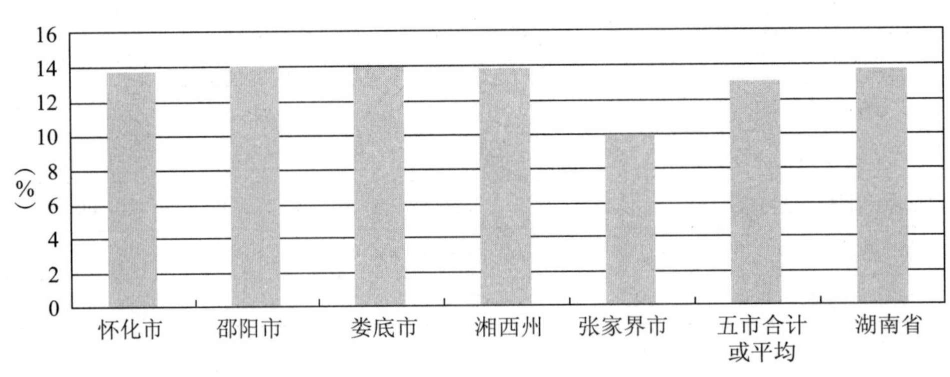

图 6－19　2013 年湘西片区全社会消费品零售总额增长情况

4. 湘西片区物流业货运量现状比较分析

2013 年湘西片区公路货运周转量总计 742.48 亿吨·公里，占全省货运总量的 27%。其中邵阳市货运周转量为 412.95 亿吨·公里，位列第一。湘西片区货运周转量的平均增长速度为12.26%，远高于全省的平均水平5.36个百分点。如表6-9、图6-20、图6-21所示。

表6-9　　2013年湘西片区货物周转量情况

地区	货物周转量（亿吨·公里）	
	绝对数	增长（%）
怀化市	90.13	14.4
邵阳市	412.95	6.9
娄底市	130.51	13.6
湘西州	71.96	11.5
张家界市	36.93	14.9
五市合计或平均	742.48	12.26
湖南省	2713.1	6.9
五市占湖南省比（%）	27	—

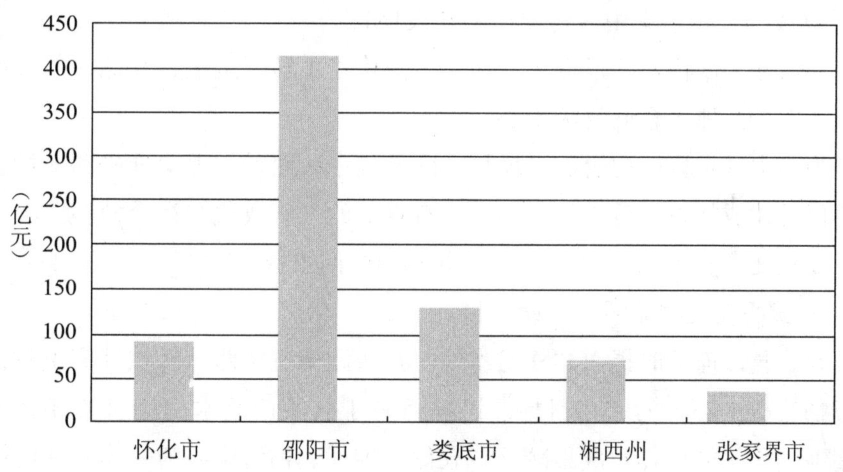

图6-20　2013年湘西片区公路货运周转量增长情况

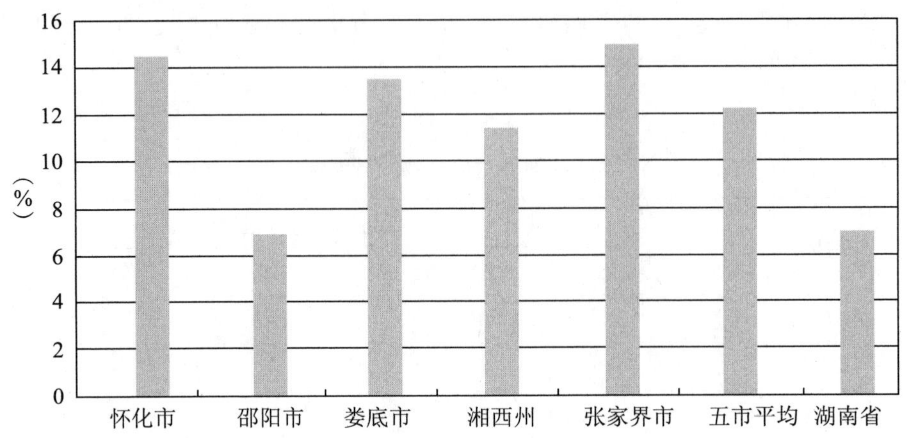

图 6-21　2013 年湘西片区及全省公路货运周转量构成比例

三、湘西片区物流产业发展大事件

（一）怀化市物流产业发展大事件

1. 辰溪县火马冲工业集中区物流中心建设项目

项目规划占地 120 亩，总投资 1.2 亿元。拟建集中转、运输、仓储、装卸搬运、物流信息处理等功能于一体的仓储物流中心。

该项目为集中区重要的配套建设项目。随着集中区建设的加快推进和入区企业的日益增多，该项目的建成将发挥重大的作用，具有良好的经济效益和社会效益。项目建成后实现年收入 1.3 亿元，实现利润 4200 万元，3 年内收回投资。

2. 溆浦县城西现代物流园区建设项目

溆浦县委、县政府适时提出“立足本地，打造湖南省中西部区域性商贸物流大通道和怀化市商贸物流次中心”的宏伟目标。该项目位于县城西北水田垅村娄怀高速互通口附近，规划用地面积 400 亩，建成集冷藏、仓储、堆场、物流中心为一体的现代物流园区。

该项目投资估算为 5 亿元，现已完成可研报告、规划选址，并列入武陵山片区区域发展与扶贫攻坚（溆浦县）规划。项目建成后实现工业及农产品交易 15 亿元左右，上缴税收 1.5 亿元左右。

3. 新晃侗族自治县城东现代物流中心建设项目

随着新晃“工业兴县”战略的推进，重晶石、钾长石、铅锌等矿产资源的不断深度开发和鱼市前锋工业园、柏树林食品加业产业园的先后投产，急需配套综合货运物流中心。新晃侗族自治县城东现代物流中心项目建成后，将填补湖南最西部现代综合货运物流中心的空白。

本项目规划用地 382 亩，主要建设内容有：场地土石方平整约 300 亩；建设 4 座 2～3 层主体仓储库房，总建设面积 4.5 万平方米；货运市场 0.8 万平方米；散货堆场 1.2 万平方米；货运停车场 0.4 万平方米；商务办公、餐饮娱乐宾馆、居住区 1.5 万平方米；道路、绿化 0.8 万平方米；生产、生活辅助设施 0.3 万平方米。

项目占地 382 亩已征收完毕，正在进行场内土石方平整工程的施工。

4. 洪江市安江物流中心

项目选址于原黔阳县县治所在地—安江镇的城郊结合部，处于 209 国道和沪昆高速公路连接线交汇处，规划建设一个占地 400 亩，投资估算为 24000 万元，总建筑面积约 40 万平方米的大型现代物流中心，集标准化厂房和仓库、加工中心、信息交易平台、展示中心、商务中心、仓储区、办公区等诸多功能为一体的大型现代化商贸物流中心。已完成可行性研究报告编制。

5. 怀化市农资物流中心

为加强农资行业管理，构筑安全、质优、稳价、保供的新型农资经营服务体系，规划建设怀化市农资物流中心项目。目前，该项目已列入 2013 年全市重点督办物流项目，全年将投资 1.2 亿元。该项目占地 184.42 亩，集农资交易、仓储、配送等为一体的农资市场，总投资估算为 3.2 亿元，现已完成可行性研究和专家论证、环评工作，现进入立项和土地报批阶段。

6. 佳惠物流配送中心

项目位于盈口乡井坪村，由湖南惠农物流有限公司投资建设，总投资 5.5 亿元，规划占地 478 亩，建筑面积 18 万平方米。拟建设常温物流配送中心、冷藏冷冻库、生鲜冷链物流配送中心、果蔬批发市场、农副产品交易市场、电子交易平台等功能区，计划建成五省周边区域专业化物流配送中心、冷链物流中心。

2013 年上半年完成万吨冷库部分主体工程，启动二期三通一平施工；下半年启动 5 万平方米常温配送中心和万吨冷库主体工程建设。计划完成年度投资 1.5 亿元。

7. 西部汽车城物流产业综合服务中心

该项目位于南环路南侧、高铁怀化站场东北侧，由湖南永通公司投资建设，总投资 20 亿元，规划占地 2000 亩，分两期建设，其中一期占地面积 824 亩，计划投资 10 亿元。计划建成湘西南地区集汽车 4S 店、汽车配件及用品批零销售、仓储物流、综合售后服务、国际商业会展、商务办公、酒店及配套设施完善的大型综合服务中心。

2013 年完成房屋拆迁协议签订 53 户，拆除房屋 1.85 万平方米，完成拆迁任务的 78%；完成“三通一平”土石方量 264 万立方米、平整土地（含道路）420 亩、建成道路路基 1390 米，会展中心已完成主体工程，完成建筑面积 3.9 万平方米，计划 8 月竣工使用；2013 年计划的 10 家 4S 店建设，现广汽传祺、开瑞已进场开工建设，另 8 家正进行入场开工准备。完成年度投资13560万元，完成年计划的45%。

8. 怀化华桥钢材大市场

该项目位于鹤城区盈口乡狮子岩村区域，由怀化华桥物资公司投资建设，总投资8.6亿元，规划占地721亩，总建筑面积65万平方米，其中经营面积47万平方米，主要设置钢材经营、型材加工、仓储配送、商务宾馆、信息服务及配套功能服务区，计划建成五省周边区域以仓储配送物流为主，面积最大、功能更全的专业化钢材物流中心。

该项目已完成信息大楼和交易B区装饰装修工程量的90%，村民安置房已封顶或建至26层，完成建筑面积5.6万平方米。完成年度投资9500万元，完成年计划的63%。

9. 博世康物流配送中心

项目位于怀化南高速收费站南侧，由湖南怀仁药业有限公司投资建设，总投资4.5亿元，一期规划用地209亩，总建筑面积20万平方米，主要建设现代医药仓储物流配送中心、精品中药饮片加工基地及办公、生活等附属配套设施 。

该项目已完成征地协议签订工作，正开展支付征地款和应拆迁房屋实物量调查登记工作。完成年度投资2000万元，完成年计划的20%。

10. 怀化市鹤城区阳塘粮食储备库

项目位于怀化市工业园区鹤城分园阳塘科技物流产业区，由区国有粮食购销公司投资建设。项目占地面积103亩，总建筑面积2.2万平方米，设置粮食散装仓库、成品粮仓库、储油库、综合办公楼、粮油交易市场、大米加工厂房、停车场及配套服务等功能区。总投资9978万元。

已完成项目用地内的金牛机砖厂3763平方米的拆迁、低压杆线和国防光缆的迁移和部分基础土建工程；完成项目内380伏和1万伏高压杆线迁移的现场勘查、预算方案的预审，即将开展迁移施工；完成土地平整5万立方米；完成年度投资300万元。

11. 怀化市农资物流中心

项目位于鹤城区鸭嘴岩池回村，由怀化市农力农资物流有限公司投资建设，总投资3.2亿元，规划占地185亩，总建筑面积39.8万平方米，主要建设农资交易市场、仓储配送中心、商务会展中心及综合办公楼、生活服务中心、配套住宅等附属设施。

已完成规划选址、环评、可研编制等前期工作，正按照5月24日市规划部门出具的规划设计条件要求，修订立项和用地报批相关资料。完成年度投资700万元，完成年计划的6%。

（二）邵阳市物流产业发展大事件

2013年，邵阳市交通运输工作在市委、市政府的坚强领导和省交通运输厅的大力支持下，克服各种困难，强化管理，强力推进，全年累计完成投资52.75亿元，圆满完成了年度目标任务，在全省年度交通发展目标考核中，邵阳市居第七位，首次进入全省第二方阵。

1. 高速公路建设实现新突破

2013年，邵阳市在建高速公路共5条。洞新、怀通高速于12月25日竣工通车；安邵高速完成投资4亿元，为年计划的100%；邵坪高速完成投资7亿元，为年计划的100%，征地任务已完成，签拆房屋已拆除99%；武靖高速于11月开工，已完成全线放线和边沟开挖，进入实物量调查和征地拆迁阶段。至2013年年底，邵阳市建成通车的高速公路总里程达418千米，为全省的8.23%，居全省第三位。

2. 普通公路建设喜获新殊荣

一是干线公路建设规模全省最大、前期工作进度全省第一。全年，干线公路完成投资9.7亿元，为计划的118%。其中，需建成通车的S217新邵石槽铺至大祥区罗市桥、洞口江口至绥宁万福桥、G207邵阳市至塘渡口、绥宁县S257长铺至河口、G207新邵县武桥至汤仁5个项目，完成投资5.5亿元，为计划的113%；加速推进的S219隆回金石桥至六都寨、邵东八十亭至老屋塘路、隆回至武冈、新邵县城至烂坝、衡邵高速新邵连接线、S217罗市桥至邵阳县五丰铺6个项目，完成投资3.5亿元，为计划的102.8%；完成“工可”批复、设计批复的项目分别为13个/289千米、11个/267千米，分别为省考核目标的142.4%、132%。此外，完工危桥改造16座，为任务的266.7%。二是农村公路建设在全省年度考核中排名第二，连续第10年被评为全省农村公路建设优胜单位。全年共完成投资7.4万元，为市政府考核目标的105.2%。建成农村公路858.8千米，为省考核目标的102.4%。项目优良率92.5%，行政村通畅率93.5%。同时，完工危桥改造30座，为任务的150%；开工渡改桥7座，已完工3座。

3. 公路航道管养创造新业绩

干线公路实现路况优良率78.2%，其中新增省道65.6%、县道71.6%，上半年省日常养护检查居全省第二。建成文明样板路52千米，创“标准化路政大队”5个、“标准化超限检测站”3个、“星级服务加油站”6个。农村公路养护率达到100%，省道、县道、乡道、村道的经常性养护率分别达到100%、100%、60%、50%，全市农村公路的年末优良率达到86.07%，建成文明示范路1295.7千米。积极开展了“管理养护年”活动，管养体制改革见到实效。在全省农村公路养护综合评比中获得二等奖，首次进入全省先进行列。航道维护设置航标126座，航标维护正常率90%；航道维护里程613千米，日常维护达标；疏浚航道滩险8处，应急抢通3处，航道维护投入较上一年有了较大幅度增加。

4. 运输保障能力有了新提高

2013年，全市完成道路站场建设投资2.4亿元，为省考核指标的101.87%。新邵栗山汽车站竣工，武冈汽车北站、绥宁绿洲汽车站主体完工，新宁汽车西站、洞口高沙站改造完工，新邵坪上综合客运枢纽、邵东星沙物流园项目前期工作进展顺利；建成了一批农村客运站和农村客运招呼站，同时，建成群众满意客运站3个，实现农村客运建制村通班车率82.3%，均超省定目标完成任务。到2013年年底，邵阳市有道路运输经营业户45828户，拥有道路客运车辆4738辆、货运车辆50394辆，有客运班线1410条，长途客运通达全国19个省（市、区），日发班次23883个。全年，累计完成公路客运量、客运周转量1.32亿人·次、76.82亿人·公里，完成货运量、货运周转量1.6亿吨、335.43亿吨·公里，为社会提供就业岗位10.28万个；累计完成水路客运量、客运周转量0.0053亿人·次、0.033亿人·公里，完成水路货运量、货运周转量0.054亿吨、1.69亿吨·公里。保证了春运、“十一”黄金周等重点时段的旅客和物资运输。

（三）娄底市物流产业发展大事件

1. 娄底积极推进国康食品药品物流中心项目建设

2013年5月14日下午，国康食品药品物流中心项目调度会在万宝新区管委会会议室召开。娄底市政协主席姚兵，市委常委、市纪委书记周纯良，市政府副秘书长林有良等领导出席会议；参加会议的还有市国土局、市规划局以及娄星区、万宝新区等相关部门主要负责人。姚兵强调，在项目推进中要坚持特事特办、实事快办的原则，全力推进项目建设。

会议听取了关于国康食品药品物流中心项目建设有关情况的汇报：4月10日已完成项目范围内25栋房屋拆迁倒地工作（共26栋）；4月13日施工单位正式进场施工，目前已完成土石方约8万平方米；市规划设计院完成了项目用地的规划设计论证。目前，该项目仍存在办理抵押土地的置换手续进展缓慢、剩余一栋房屋拆迁难度大等问题。针对具体问题，与会人员进行了广泛讨论，并提出了解决问题的对策。

姚兵指出，各部门为国康食品药品物流中心项目的推进，做了大量有效的工作，征地拆迁也取得了阶段性成果。下一步，与会单位要统一思想，形成共识，在项目建设过程中坚持特事特办、实事实办的原则，加快推进项目进度。在土地置换问题上，要抓住要害，国土、规划、城投、万宝新区相互理解，加强配合，积极办理；在房屋拆迁问题上，按照征地拆迁相关政策严格办理；在优化环境方面，市优化办要严厉整治影响施工环境不法行为；万宝新区要发挥主体作用，积极帮助项目解决具体问题。

2. 双峰县现代物流园区建设顺利推进

（1）加强组织领导。成立了由县长任组长的全县现代物流园区建设领导小组。

（2）编制了物流园区规划。2012年，双峰县正式编制了《全县商业网点规划（2012—2020）》，将全县商贸流通格局规划为“一心、两翼、三园、五区”。其中物流园区规划了三个，一是以娄衡高速为依托，以服务园区企业为中心，在县经济开发区建设一个以生产资料为主的工业物流园。二是以娄双大道为依托，以服务商贸企业为中心，在永丰镇马山村地段建设一个以生活资料为主的商贸物流园。三是以娄邵铁路为依托，在太平寺建设一个铁路综合物流园。

(3) 推进物流园区项目建设。目前，双峰县通过招商引资，先后引进湖南丰厚物流投资有限公司在经济开发区工业物流园投资建设丰厚物流园、湖南信泰铁路物流有限公司在太平寺铁路综合物流园投资建设双板桥火车站物流加工配送中心。

丰厚物流园建设项目占地194.21亩，计划总投资9386万元，目前，已完成投资3800万元，建成3号、4号仓库（6000平方米），并引进十多家仓储物流企业及第三方物流公司入园经营。今年计划投资4000万元，建设物流综合楼（30000平方米）、物流信息交易楼（30000平方米）和1号、2号仓库（约9000平方米）。

双板桥火车站物流加工配送中心建设项目计划总投资8000万元，规划建设货场400亩，建设年产500万吨的精配煤厂，建设仓储、存煤基地，建成年吞吐量1500万吨的物流加工配送中心。现完成投资2700万元，已拓展及平整货场150亩，建设公路2千米，建设钢架厂房5000平方米，拓展火车装卸车位15个，新添装卸设备10台。近两年来，月均业务量达到了1000个车皮运输量，业务量在娄部段位居首位，已成娄部段重要的货物运输站，广铁集团对该项目在组织货物运输做出的贡献给予充分肯定和高度评价，作为民营资本与铁路部门合作拓展物流的亮点工程进行推广。今年计划投资4000万元，延长铁路1500米及改造铁路装载设备，改造20米宽、2.5千米长的货运站场进出道路，硬化煤坪。

(4) 积极组织物流园区项目储备。目前，双峰县已为推进物流园区发展储备项目12个，计划总投资达25亿元。包括太平寺物流中心、农机机电产品配送中心、粮油物流园、万村千乡工程配送中心、再生资源集散中心、家俬集散中心、木材加工配送中心、农产品冷链物流园、汽车商贸服务城、农资加工配送中心、生资市场、钢材加工配送中心等。

3. 冷水江市全方位推动商贸物流领域建设

(1) 严格执行商业网点规划，加强商务部门对流通业重点项目的事前介入，科学规划流通产业的总体布局，在全市基本形成“一中心、三区域、三重点”。一中心：构筑以东苑国际商业广场为中心，控制范围约2平方千米的现代和传统相结合的商贸中心。主要包括：佳泰家休闲广场、资江两岸休闲区、副食批发街、冷江市场、红双喜建材市场、商业步行街、汇美华天大酒店等。三区域：老城区（包括布溪）传统商贸区；新城区（包括经济开发区）现代服务区；禾青特色商贸区。三重点：一是以老城区传统商贸为载体，重点培育发展以生活资料为主的物流中心，如海弘物流、玄胜物流等；二是以城东新区行政中心和经济开发区产业集群为载体，重点培育发展以生产资料为主的物流园区，如百加壹物流配送中心；三是以禾青工业园为载体，重点培育发展以专业性物流服务为主的专业物流园区，如天天鑫物流等。

(2) 切实改善流通业发展的政策环境，落实中央、省、娄底市各级关于促进流通业发展的政策优惠措施，因地制宜地制定冷水江市的具体实施意见，在投资、用地、税收、水电、服务等方面使流通业真正享受政策红利。

（3）狠抓项目推动，抓住机遇在重要领域实现重点突破。有规划、分层次实行乡镇农贸市场的升级改造和城区市场的整顿规范，要在各乡镇、城市社区逐步规范建设安全、规范、有序的集贸市场、中心门店和商贸中心；要以试点基地为平台，形成以百加壹为支撑的全市再生资源体系建设；要加快发展现代物流，加紧以天天鑫、海弘为重点的第三方物流园建设；汇美华天五星级酒店、东苑国际商业广场要尽快建成营运；中心城区定点屠宰厂的改制新建工作年内完成；使我市的肉品安全提升到新的层次。

（4）加强市场监督。切实增强市场监测分析，市场供应、应急调控、综合管理执法、商业诚信体系、流通企业统计监督等，努力提高政府应急能力。

4. 娄底湘中国际物流园区发展规划通过评审

2013 年，《娄底湘中国际物流园区发展规划》顺利通过专家组评审，这也是湖南省第一家通过省级评审的物流园区。由湖南省发改委组织，中国物流与采购联合会副会长、中国物流学会副会长贺登才领衔的专家组对园区选址进行了现场考察，了解娄底城市总体规划、娄底湘中国际物流园区业态规划布局、水府国际新城控制性详细规划、湘中国际物流园区交通规划、娄底东站概念性规划。

专家组认为，《娄底湘中国际物流园区发展规划》理念先进，论据充分，技术路线正确，程序可靠，园区选址合理，功能布局科学，符合娄底产业发展需要，符合娄底市城市总体规划、土地利用规划。同时，专家组提出，要进一步深化物流需求分析，细化风险评估，强化和相关规划的对接。建议项目尽快实施，做成湖南省示范物流园区和国家级物流园区。

娄底湘中国际物流园区是《湖南省“十二五”物流业发展规划》确定的十个省级重点建设物流园区之一。位于娄底经开区铁路东站区域，由中国新合作集团投资建设，总投资 60 亿元，拟今年开工建设，预计 2018 年建成。

（四）湘西州物流产业发展大事件

1. 湘鄂渝边区物流中心

该项目地处湘鄂渝边区，位于国务院批准成立的武陵山经济协作区龙凤示范区的中心地段，可辐射湘鄂渝黔四省市 71 县市，是该区域内物流、人流、资金流的必经之地。物流园设计规模为年货物吞吐量 100 万吨，占地 500 亩，主要建造货运站、仓储系统、配送系统以及配套服务设施。交通便利，现有 209 国道、绕城线通过，有匝道联结正在修建中的吉恩高速，附近 1000 米内规划有长途汽车站、黔张常铁路火车站（2014 年动工）。除可享受国家民族地区政策、扶贫开发政策、产业转移政策、中部崛起政策外，可享受龙凤经济示范区优惠政策。

项目总投资 1 亿美元。目前，项目选址已完成，有初步规划，有可行性研究报告。项目建成后，预计年市场交易额可达 3.2 亿美元，收入 3371 万美元，总成本费用 1696.2 万美元，利税总额为 1490 万美元。

2. 湘西边城物流园建设

拟于花垣县农副产品加工园内，建设集仓储、运输、包装、农产品初加工、锰锌矿产品交易、冷藏保鲜、物资配送、物流代理、物流信息于一体的高配置区域性物流中心，规划用地面积 67.47 公顷，总建筑面积 8 万平方米，总投资 4500 万美元。目前该项目已通过项目可研、环评、安评及建设用地征收，土地报批基本完成，经相关资质单位专家论证，项目切实可行。

园区建成后，可入驻商户 1500 余家，年交易额 9677 万美元，利税 1935 万美元，安排就业 3000 余人，是全国最大的锰锌矿产品交易中心和湘川渝鄂四省边区最大的农副产品交易市场，辐射州 8 县市及全国各地。

3. 武溪物流园

项目位于泸溪县武溪工业园（北区）内，瑞杭高速公路、319 国道穿境而过。武溪工业园现有企业 56 家，工厂原材料及产品运输量极大。物流园项目用地面积 30 亩，年吞吐量 100 万吨，项目区西连 319 国道、常渝高速公路，北接武溪深水航运码头。建设内容包括货运停车场、堆场、仓储等。项目规划面积 30 亩，仓储能力 6000 平方米，总投资 1000 万美元。

物流热点篇

第七章　长沙农产品物流发展模式理论与实践

一、长沙农产品物流发展新模式的含义与理论阐释

长沙牢牢把握国家现代服务业综合试点的机遇，突破思维定式的藩篱，充分激发企业的创新活力，支持国际、国内知名的农产品冷链物流企业及农产品冷链物流项目入驻长沙，在长沙新建或整合农产品冷链物流设施；支持全程可追溯冷链物流配送体系建设项目；支持区域性农产品冷链物流公共信息平台项目。试点目标：通过一批从产到销的农产品物流重点项目的建设和实施，加快推进整个农产品供应链的功能完善，改善仓储条件，优化配送体系，推进信息共享，保障质量安全，逐步建成布局合理、设施装备先进、上下游衔接配套、功能完善、运行管理规范、技术标准体系健全的农产品冷链物流服务体系。探索形成一套在全国领先的标准化、专业化、信息化的农产品冷链物流长沙新模式。

(一)“长沙模式”的产生背景

1. “互联网+”引发农产品流通变革

长期以来我国的农产品流通模式为：产地收购—产地市场集散—销地市场集散—商贩零售，属于现货交易模式。该模式存在三个主要问题，一是供求双方不能够形成长期稳定的合作伙伴关系，无法带来规模化的效益，在一定程度上加大了农产品的流通风险；二是由于行业的门槛很低，所提供的服务非常简单，不容易形成相应的品牌效应；三是农产品流通环节太多，每一个环节之间都需要交易成本，导致农产品价格节节攀升。传统农业经营模式正在被互联网颠覆。“互联网+三农”被视为中国农业发展的新趋势，但却并非只是简单的网购，其目标是实现两者深度融合，提高农业经济效益，更好地保障食品安全，帮助解决农产品信息不对称带来的滞销等一系列传统难题。“长沙模式”准确把握了“互联网+”引发农产品流通变革的关键点，促进互联网与农产品流通深度融合，统筹好农业公益服务资源和农村社会化服务资源这两类资源，构建起政府、服务商、运营商三位一体的推进机制，实现信息精准到户、服务方便到村的可持续发展机制。

2. 平台经济发展带动大宗农产品市场流通模式创新

我国大宗农产品领域，已由结构性过剩转向全面过剩。供需矛盾凸显、成本居高不下，成为大宗农产品市场运行中的突出问题，而且大宗农产品周转慢、环节多、成本高。

新形势下，大宗农产品流通过程中出现了新的矛盾，即“商流与物流不统一、价值实现与使用价值实现不统一”，这一矛盾正是我国大宗农产品流通效率偏低、流通成本偏高的症结所在。“长沙模式”把握大宗农产品流通本质规律，抓住“平台经济创新发展”这个牛鼻子不放松，促进大宗农产品流通市场“由大向强”转变提升。平台经济是以网络为基础，以信息平台和第三方支付为手段，发现和创造商机，形成撮合交易的平台，充分发挥供需双边市场效应和产业集群效应，融合制造业和服务业的新经济模式，能够整合产品资源、客户资源、物流资源、信息资源，从根本上解决矛盾。

3. 虚拟经济带动实体经济快速转型升级

李克强说：“电子商务大大降低了流通成本，带动了实体经济的发展，极大地促进了就业，对激发中国经济的活力功不可没。”电子商务为大众创业、万众创新提供了一个全新的平台，“大大有利于就业”。农副产品通过电子商务的营销推广，可以有效减少农产品流通环节和流通成本，实现虚拟经济和实体经济、线上电子商务平台与线下实体平台的深度融合，转变传统商业销售模式和传统消费观念，有助于提升长沙特色农产品的知名度，推进长沙及周边地区的农业产业发展。

4. 农副产品消费升级速度加快，农产品质量安全成为全社会关注的焦点

在消费拉开档次，个性化、多样化消费渐成主流的经济新常态下，农产品消费升级将会加速，从过去吃得饱、吃得好向吃得平衡、吃得营养、吃得健康转变成为共识，产品品质和细化市场越来越受到关注，并成为核心竞争力的重要标志。国民经济从“增量扩能”转向“调整存量、做优增量”并举的深度调整的经济新常态下，市场在调整重量结构、产品结构中的决定性作用更强，农业的区域化布局、差异化发展将进一步凸显，农业的产业升级势在必行。农业部、食药监局等相关部门加强农业投入品监管和产地环境管理，大力推进农业标准化生产，大力发展无公害、绿色、有机、地理标志农产品，把控肥、控药、控添加剂作为农产品质量安全管控重大措施予以普及推广。按照农产品生产经营链条，对农产品进入市场和加工企业前的各个环节做出规定，加快推进农产品质量追溯体系建设。

在新的历史时期采用新的交易方式来解决目前农产品的流通相关问题，对于有效地降低农产品的流通成本非常重要。

（二）“长沙模式”的基本含义

长沙市高度响应党中央整体部署要求，以健全农村流通市场体系为重点，立足长沙及周边地区农业生产与消费者需求转型升级，大力发展综合优势突出、发展基础坚实、产业关联带动效应强的农产品流通新业态。通过贷款贴息、财政补助和绩效奖励等多种财政手段，重点培育大宗特色农副产品物流和集散交易市场体系；通过体制创新和机制完善，探索农副产品物流和集散新模式，形成有利于农业生产增长、农业产业发展、农民增收和促进居民农副产品消费升级的现代化新型农产品物流体系，达到“提效益、降成本、服务民

生、保障安全”的发展目标。经过三年的理论探索与实践，成效显著，多次获评国家商务部优秀奖，备受业界赞誉，被称为“长沙模式”。

1.“长沙模式”指导思想

（1）政府推动与市场主导相结合。强化政府对现代服务业的宏观政策引导，加大投入和扶持，同时充分发挥市场机制作用，通过市场竞争提高服务效率，推进服务业的市场化、社会化进程。

（2）重点突破与全面发展相结合。充分发挥区位优势、政策优势、产业优势，积极扶持优势产业和特色产业发展，同时统筹规划，推进服务业的协调发展。

（3）集聚发展与合理布局相结合。强化服务业发展重大项目布局的空间约束，促进服务业的空间集聚。明确功能分区与空间布局，形成布局合理、功能清晰的服务业空间组织形态。

（4）中央支持与地方配套相结合。省、市两级财政设立促进现代服务业发展专项资金，与中央财政支持资金形成合力，对试点关键环节给予扶持，确保试点工作成效。

2.“长沙模式”五性原则

长沙市现代服务业试点工作坚持政府引导、市场主导，项目选择遵循示范性、公益性、创新性、带动性、安全性等原则。

（1）示范性：构建具有全国影响力的专业化、社会化、规模化的现代农产品物流标准化体系，形成全国“农产品物流示范城市”。

（2）公益性：打造统一的农产品物流、电子交易公共信息平台，降低农产品流通成本，增加农民收入，努力成为全国农产品价格中心和供需信息发布中心。

（3）创新性：推动农产品物流领域的标准创新、业态创新、方式创新和技术创新，加大物联网、云计算等新技术应用及商业模式创新。

（4）带动性：延伸、拓宽农产品现代物流产业链条，推动服务业与其他产业融合发展，促进长江中游商业功能区的形成与发展。

（5）安全性。加强肉菜全程监控与溯源技术的开发应用，构建多方协作共管的肉菜安全监管体系，确保肉菜票据可查询、产地可追溯、质量可检测、市场可调控，全面提升长沙肉菜的安全性和可靠性。

3.“长沙模式”主要路径

（1）技术集成创新实现农产品物流全程可控。集成采用物联网（IOT）技术、射频识别（RFID）技术、全球定位系统（GPS）技术、地理信息系统（GIS）技术、下一代互联网（IPv6）技术、人工智能（AI）技术等，实现农产品物流运作技术的集成创新，最终实现农产品物流的全程可控、可追溯。

（2）商业模式创新实现农产品物流集聚化、集群化发展。综合采用农村合作组织、虚拟农产品物流交易平台、强化“农产对接”等商业模式创新，大力推进长沙市农产品物流集聚化程度，探索建立符合长沙市特点和需要的农产品物流集群式发展模式。在加强和提升现有农产品批发市场的基础上，结合长沙“菜篮子”工程和“农改超”规划要求，积极鼓励和重点扶持农产品物流超市化、连锁经营化。引导发展农村合作组织内部专业农产品物流；扶植农产品批发市场中的大批发商、仓储经营户、运销经纪人，改造提升为物流公司；积极争取国家批准在长沙建立特色农产品期货交易市场或实物交割库。

（3）强化参与主体的社会责任，从根本上保障农产品质量安全。依托粮油检测中心，促进居民粮油消费安全，一是建设检测平台，二是建立检测体系如生产环节、收购环节、配送消费环等，三是建立绿色的粮油等农产品配送体系。农产品物流服务企业从完善质量安全监控体系开始，建立完善的质量保证体系、计量检测体系和标准化体系。农产品流通相关企业在农产品物流全过程中，从原材料采购、添加剂使用、农产品生产、运输、仓储等全供应链过程都严格按照国家标准要求，自觉用行动体现企业社会责任意识。

（4）建设以农产品物流服务企业社会责任为核心的企业文化。农产品物流服务企业要加强对企业社会责任理论的学习，建设一种诚实守信、以人为本的自觉遵守企业社会责任要求、关心利益相关者的企业文化，从根本上解决农产品物流全供应链过程的食品安全问题。

二、“长沙模式”的模式创新与先进经验

随着现代服务业综合试点工作的顺利推进和一大批农产品流通领域重大项目的实施，长沙已基本建成了“全国农副产品交易集散中心”。

（一）打造一批园区平台

长沙作为“一带一部”的核心增长极，认真贯彻中央和省市部署，着力打造一批辐射作用强示范作用明显的园区。

一是打造一批农产品物流园。湖南粮食集团通过资源整合促进粮食产业横向扩张，倾力打造集粮油储备、粮油加工、中转物流、市场交易、期货交割、经营贸易、远程交易等功能于一体的中南粮食交易物流园。同时，试点围绕建设区域性中心城市目标打造以马王堆蔬菜批发市场为核心项目的“南菜北运”中心，以红星冷链为核心项目的“西果东运”中心等多个现代农产品物流中心，充分彰显其对周边省市的示范带动作用。

1.“北粮南运”铁路散粮运输枢纽

由“湖广熟，天下足”的“南粮北调”格局到“北粮南运”，表明我国粮食生产地域呈现由南往北的发展新趋势。东北地区地广人稀，有着肥沃的黑土地和大量的后备土地资源，随着农业科技的进步，以新品种和新技术为支撑的科技革命为黑土地注入了新的活

力。尤其是水稻、玉米种植面积扩大，提升了粮食产量。我国粮食生产自2004年以来已经实现“十连增”，全国91%的粮食增量、75%的粮食产量、80%以上的商品粮、90%以上的调出量来自13个主产省。黑龙江、吉林、内蒙古、辽宁等北方省的增粮作用尤为明显，如今东北地区已经成为粳稻、玉米等商品粮的供应地，东北的粮食外调量占到全国的60%以上。黑龙江省粮食播种面积由十年前的14470万亩增长到去年的20913万亩，吉林省粮食播种面积也由6468万亩增加到7821万亩。

按照“大粮食、大物流、大产业、大市场”的整体发展思路，湖南粮食集团利用其全国重点枢纽型粮油物流中心地位，以首批“北粮南运”铁路散粮运输枢纽工程为契机，充分发挥其信息交会、商流云集、物流畅通的中南地区发展轴心地位，通过资源整合促进粮食产业横向扩张，倾力打造集粮油储备、粮油加工、中转物流、市场交易、期货交割、经营贸易、远程交易等功能于一体的中南粮食交易物流园。拥有4.4千米铁路专线及配套散卸坑、5.17万吨平房仓、3.78万吨周转仓、8000吨立桶库、25000平方米植物油储罐、5393平方米灌装车间、5.4万吨浅圆仓、22475平方米铁路罩棚站台配套散粮接发设施、7.0188亿元投资、350万吨粮食饲料现货交易。园区内建设有先进的现代化大米、面条、油脂等加工生产线，年粮油加工能力100多万吨，粮食交易物流园实现年交易量300多万吨，交易额达80亿元，粮食饲料现货交易市场年货物吞吐量350万吨，成为粮食交易连接南北、承东启西的核心纽带。

“北粮南运”铁路散粮运输专列开通后，湖南粮食集团将全面开展粮食“四散化”物流业务，从包粮运输向“四散化”运输的转变，标志着湖南省将加快实现粮食物流由传统到现代的重要变革，有利于进一步降低粮食物流成本，提高粮食物流效益，促进粮食流通现代化，同时对助推粮食产业转型升级，更好地保障国家粮食安全，确保区域经济社会稳定具有至关重要的意义。

2.“南菜北运”中心

古有南水北调，现有南菜北运。蔬菜的生长环境一般在南方显得更为优越，湖南是全国多个蔬菜生产基地，蔬菜远销国内外多个城市和地区，并且现在成为“南菜北运”的主要起点之一。

长沙马王堆农产品股份有限公司是湖南省农业产业化龙头企业。位于长沙市马王堆，距离长沙市火车站1.5千米。北靠319国道，东邻107国道，西连市一环线，南接火车东货站。地理位置优越，交通十分便利。按照深圳布吉农产品批发市场的管理模式，深圳农产品股份有限公司结合市场实际对马王堆市场的管理制度进行了改革，建立了新的管理体制。目前，马王堆蔬菜批发市场是国家级大市场、农业部定点鲜活农产品中心批发市场，场内24小时全天候交易，已形成了一个以蔬菜批发为主，其他农副产品批发为辅的综合性市场群体。

市场占地面积 10.7 万平方米，建筑面积 4.9 万平方米。公司下设蔬菜批发市场、干货调料批发市场、种子批发市场、水果批发市场、冷贮经营公司和信息咨询公司六个单位。经营范围以蔬菜、果品批发和冷藏为主，兼营干酱调料、粮油食杂、家禽水产、园艺花木等各类农副产品。拥有贮藏鲜菜 2000 吨、水果 5000 吨的冷库一座。设有招待所、信息中心、电视监控、电脑结算货运，专业治安队伍、公安、工商部门驻场管理。

湖南长沙农产品物流中心正式开工建设，建成后，农产品交易总量可达 70 亿千克，日吞吐量达 20000 吨以上。按现有物价水平计算，年交易额可达 700 亿元以上。

湖南长沙农产品物流中心在规划设计上将项目建设内容分为七大功能区：标准化农产品交易区、电子化交易大厅、现代物流加工配送中心、农产品质量安全检测中心、物流仓储、综合服务配套设施、公用配套设施；在功能定位上，实现农产品现代物流的十一大功能，即集散功能、交易功能、冷链仓储功能、配送功能、信息功能、结算功能、质检功能、溯源功能、展示功能、引导功能、资源低碳循环利用功能；在农产品流通模式创新上，积极引进全国联网式客户服务平台、信息发布平台，使用电子结算方式，推行食品质量安全可追溯体系，探索农产品拍卖交易等新型电子商务模式，建立本地农产品展示中心，培育本地优质农产品品牌，实现农产品产销一体化经营服务模式；在项目配套设施建设上，将太阳能、风能以及废弃物回收利用再生、污水循环利用处理等环保节能技术应用于项目的规划设计建设当中；在经营管理模式上，引进全国专业的农产品市场管理品牌——“海吉星”，实现市场标准化经营管理。

项目通过打造先进的绿色硬件设施、引进科学高效的绿色软件管理、强化食品安全监管体系建设、引进绿色市场参与者，建立高效、环保、便捷、低碳的新型农产品流通形式，实现从“单点经营”向“网络化经营”的经营方式转变，将传统批发市场转型升级为现代农产品物流综合服务平台，为解决农产品食品安全、价格稳定、产销链条顺畅、供求信息透明共享等问题探索出一条新路径，全方位保证市民的“菜篮子”能够丰富多彩、物美价廉、安全放心。至 2015 年年底，以长株潭地区为中心，中南第一、全国一流的绿色、安全、生态的农产品现代物流枢纽将建成。

3. “西果东运”中心

湖南红星冷冻食品有限公司（简称红星冷链）成立于 2006 年，地处雨花区经济开发区，距京珠绕城高速出口仅 0.8 千米，占地面积 200 余亩，总库容 160000 吨。公司注册资金 4000 万元，总资产 9000 万元。

红星冷链坚持“顾客第一、安全至上”的服务理念，为进场经营户提供冷冻仓储设施租赁、城区各经销点的物流配送、销售各类冷冻食品，经营的主要产品有畜禽肉食类及副食、速冻食品、水产、豆类、禽蛋、果蔬等。红星冷链市场流通的食品远销广东、广西、湖南、湖北、江西、贵州、山东等周边城市和农村的超市、加工厂、农贸集市等。据统计，红星冷链现有各消费场所、零批客户网店10000余个，2013年冷冻食品日吞吐量达到6000余吨、日交易额9000万元、年交易额300余亿元。

二是打造一批电子商务产业园。雨花电子商务物流园正努力建设成为专业化物流企业提供物流电子商务运作的公共平台，打造物流交易100%电子商务体系，到2015年年底基本建成辐射中南地区的国家级区域现代仓储、物流配送、电子商务枢纽中心。高新区移动电子商务产业园区以中国移动电子商务公司的移动商务支撑技术为基础，大力发展移动电子商务，深入开展移动电子商务产业园“二次创业”，打造中国移动电子商务总部基地。构建体系完备、结构合理的移动电子商务产业链，引领移动电子商务的发展趋势。

1. 雨花电子商务物流园

雨花区作为国家中部地区南北物流通道的重要一环、长株潭区域物流的重要核心和长沙物流节点城市的重要节点，占据了长沙市东南两个方向出城口，区内有长沙汽车南站、铁路长沙东站、京广和沪昆高速客运长沙站、长株潭汽车客运站、进出黄花机场的快速通道、107国道等，交通区位得天独厚，发展潜力巨大，发展前景广阔，易于形成物流产业集群效应。目前，雨花现代物流园建设项目已列入雨花区“十二五”国民经济与社会发展规划重大项目，对提升黎托南片的发展品质，推动雨花区经济社会发展具有重要意义。

园区选址在黎托南片区，即湘府东路以南、高速铁路以东、浏阳河以西、绕城高速以北的区域，面积约9.31平方千米。涵盖东山街道边山村、侯照村的大部分，同升街道（洞井镇）牛头村、新兴村以及长沙县跳马乡白竹村的小部分。

园区拟以电子商务业为主导，重点发展以“快销品”等生活资料为主的网上销售和配送业务，与国内外顶尖物流企业进行协商合作，着力将园区打造成中南地区信息化程度最高的电子商务示范基地。围绕打造中南地区的信息化程度最高的物流中心，拟重点引进电子物流和虚拟物流企业中的龙头企业、5A级物流企业以及第三方、第四方物流企业。

项目建设内容。园区拟采取分期建设、滚动开发的方式逐步推进。拟建设四大区域中心——分拣仓储中心、物流配送中心、电子商务中心及后勤配套中心，融“批发、流通加工、配送、分拣、仓储、会展展示、商务、信息交易、生活配套、电子交易结算”十大功能于一体。拟将电子信息传输与现代物流模式紧密结合，建设现代化信息交易平台，打造现代化电子商务物流板块，以“档次高、规模大、物流畅、管理优”为特色，成为湖南省乃至中南地区规模最大的电子商务总部基地。项目建设规模。项目可供开发用地约4000亩，规划容积率为2～2.5，总建筑面积约为650万平方米，用地性质为仓储物流用地。

项目建筑面积为24万平方米，设计是多层立体仓储，集智能仓储配送、小件快速分拣、电商物流运营等为一体，预计年吞吐量300万吨，产值超过28亿元，税收1.2亿元。目前8000平方米的标准仓储快递日处理量约为2万单，高度智能化仓配体系日处理能力能提高到15万单。作为全市距离中心城区最近的物流节点，雨花区电子商务物流园将承接高桥、红星等大市场的物流配送服务。

针对长沙现代物流市场需求，以及大规模拆除违建仓库带来的市场缺口，雨花区电子商务物流园将引进更多发达的物流仓配体系，提高仓储智能化、周转率，重点与国内外顶尖电子商务物流企业合作，着力打造成中南地区信息化程度最高的电子商务、现代仓储示范基地。园区基础设施建设也在加速推进，川河路、侯照路北段2014年建成通车。

2. 高新区移动电子商务产业园

项目拟选址位于长沙高新区信息产业园范围，将建成集中办公中心、集中仓储中心、物流配送中心、培训中心、咨询顾问中心、会议中心、集中采购中心、大学生创业基地、企业电子商务外包基地、电子商务配套服务基地、电子商务专业孵化器基地等多个功能区。该项目建成后将成为中部地区产业集中度最高、市场辐射力最强的电子商务示范基地。

项目区位优势：湖南省会长沙地处华东经济圈与华南经济圈的结合部，不仅是京广铁路与长江两大产业带的交会处，也是“9＋2”泛珠三角经济圈的腹地。近年来，已成为支撑沿海、沿江发达地区的发展基地和促进内地、西部开发的先导城市，是省内、西南邻省及粤港地区的资金、产品、技术、信息、人才、物流等生产要素的主要聚集地之一，在中国经济战略布局中，发挥着承东启西、连南接北的重要枢纽作用。显著的交通优势，在物流时间及成本上更是为电子商务产业带来巨大发展空间。

项目政策优势：2008年，国家发改委正式授予湖南省为国家移动电子商务试点示范省。省市各级政府相继出台了《湖南省人民政府关于加快移动电子商务发展的意见》《长沙市商务局关于加快电子商务发展的若干意见（试行）》《长沙高新区促进服务外包、电子商务、动漫游戏产业发展暂行办法》等政策文件，把电子商务建设纳入湖南经济战略发展规划，安排专项资金，从关键技术研究、公共平台建设、标准制定、人才培养等多方面予以支持。

项目产业基础：长沙高新区作为国家电子商务示范基地的重要园区，已经形成了集IT、物流、第三方电子商务、软件、信息化、金融等于一体的较为完善的电子商务产业链。目前长沙高新区拥有中国移动电子商务基地、步步高电子商务、拓维信息、鹰皇商务、百信手机网、御家汇、高阳通联等知名电子商务品牌，华菱股份公司、梦洁家纺、多喜爱、怡清园茶业等湖南传统强势企业亦开始积极探索电子商务发展之路。

项目在长沙高新区信息产业园，总用地规模约1000亩，总投资30亿元，分三期进行，一期投资6亿元，二期投资14亿元，三期投资10亿元。本项目将建成集中办公中心、集中仓储中心、物流配送中心、培训中心、咨询顾问中心、会议中心、集中采购中心、大学生创业基地、企业电子商务外包基地、电子商务配套服务基地、电子商务专业孵化器基地等多个功能区。该项目建成后将成为中部地区产业集中度最高、市场辐射力最强的电子商务示范基地。

（二）融合两种流通模式

试点工作着眼于线上与线下、现货与期货相结合的交易模式创新，满足农产品贸易的多层次、多规模、多种类、多变化的需求。鼓励传统商业企业步步高、家润多等企业从线下走到线上，扶持快乐购、网上供销社等企业从线上走到线下，拓展销售渠道。如网上供销社采用“实体＋网络”模式，线下建立“菜伯伯”放心农产品社区店，线上开通网上供销社商城。南方大宗农产品交易中心是采用现货与期货交易模式最为典型的案例，对稻谷、玉米、油籽等特色大宗农产品期货，采用竞价交易，2014 年已成功举行了国家临时存储粮食竞价交易会 7 场，其中 4 场稻谷交易，3 场玉米交易，交易额达 65 亿元。

（1）步步高云猴网。

步步高集团发布大平台战略暨全国首个 O2O 本地生活服务平台——云猴网上线。该平台涵盖商品、生活服务、文化、医疗、教育等多方面，将为顾客和全体联盟商家提供全方位的 O2O 解决方案。步步高每年拥有 10 亿客流，3 亿成交，3000 万会员。目标是到 2020 年在 100 个城市达成 100 万家云猴生活联盟，建立 20 万家本地生活化 O2O 的超级航母。云猴支付品牌——步步宝，是一个支付产品。高币积付通是积分支付联盟，乐通券是生活支付宝。

（2）快乐购。

快乐购通过快乐购物网、电视、型录、电话外呼、手机、我是大美人、电台等通路，提供 18 个大类、近 6000 种，涵盖 3C 家电、数码通讯、家居用品、珠宝首饰、美容护肤、箱包服饰、运动休闲、时尚精品以及旅游、保险、汽车等全方位的高品质商品。快乐购在行业内率先推出“快乐购严选品质保证、24 小时免费客服、7 天免费送货到府、开箱验货、货到付款信用卡免息分期、十天无理由退换货”六大服务承诺，给消费者带来安心、快速、便捷的优质服务。快乐购实行以湖南为运营总部，连锁覆盖长三角、珠三角及全国一线目标市场的扩张战略，目前已进入湖南、江苏、浙江、广东、广西、湖北、福建、山西、安徽、江西、云南、山东、海南 13 个省及天津、重庆直辖市，覆盖 64 个区域市场，覆盖户数超过 3600 万户，会员人数突破 300 万。

（3）网上供销社。

网上供销社是湖南省供销合作总社领办，由湖南供销电子商务股份有限公司具体承办，致力于连接城乡、服务三农，打造从田园到餐桌的绿色农产品通道，构建全省涉农产品流通的大型信息物流系统。通过与中国移动湖南分公司、拓维信息系统股份有限公司、中国农业银行湖南省分行等战略合作，开展的主要业务有：涉农产品网上批发市场、移动供销通手机交易平台、供销商城、中南大宗商品电子交易市场。作为全国供销系统首家移动电子商务平台，网上供销社全面整合供销社行业资源，以最优质、最全面的服务，为农民兄弟解决“买难”“卖难”问题。

（4）南方大宗农产品交易中心。

长沙南方大宗农产品交易中心有限公司是经湖南省人民政府审批，由湖南粮食集团有限责任公司控股的大宗农产品电子交易平台。

南方大宗农产品交易所有限公司是根据国务院办公厅《关于加快电子商务发展的若干意见》，于2010年11月，在长沙市工商局注册成立的农产品交易市场，注册资本为1000万元，主要为农产品经营机构、农产品经纪人提供农产品电子现货交易，并集农产品采购、销售服务、农产品技术指导示范推广、高科技农业新技术的信息咨询服务于一体的现代电子商务企业。公司坐落于长沙市开福区芙蓉北路湖南金霞现代粮食物流中心，依托湖南粮食集团的产业优势，以大宗农产品现货贸易为基础，以“服务产业经济”为宗旨，为产业链客户打造集贸易需求、投融资需求、仓储物流、信息咨询、数据处理、流程整合、资金流整合等为一体的产业金融集成系统。形成了“现货商品＋电子商务＋金融＋仓储物流”整合系统，交易所将产业链加大，利于系统的总产值上升。如此可见，在电子商务的环境之下，仓储物流产业的支持下，将实现“产品的证券化”，提升整个系统的产值。终极目标是建立农产品交易中心、信息中心、定价中心、物流仓储中心。同时，电子商务“嫁接”在金融的功能上，增加资本的融通，加强资本的利用，利于扩大各子产业的发展与扩张，带动农产品种植技术、仓储物流行业的发展，各行业将伴随交易市场服务中心的拓展，最后形成产品的大生产、大流通、大市场。

（三）建设三级交易市场

不断增加政府对具有公益性质的流通基础设施的投入，分三个层次对农贸市场进行了提质改造。全市提质改造农贸市场207家，新建101家，提质99家，加固7家，总建设面积约32万多平方米，各级财政投入约5亿元。对大型农贸批发市场，采取股权投资、以奖代补等方式支持湖粮、马王堆、红星等大型批发市场建设，使长沙作为中南地区最重要农副产品输入输出节点和流通集散中心的地位日益增固，辐射范围日益扩大。对县（市）批零兼营市场，以市、县两级政府控股或参股的形式，新建或提质改造了宁乡县大河西农贸批发市场和浏阳市农贸批发大市场等项目，重点解决农产品“卖难”的问题，完成了“农贸对接”，形成了地域性农产品集散地。对社区农贸市场，以全资投入、政府回购或回租等方式控制产权，使农贸市场在国有资本的调控下体现公益性。

（1）望城农贸市场建设。

“十二五”规划期间，顺应民心，逐步取缔马路市场，鼓励以“农加超”或“双层结构”形式新建农贸市场，改变当前城区农贸市场辐射半径偏大的局面。规划期内，新建4处综合农贸市场，包括南塘农贸市场、桐林坳农贸市场、金甲农贸市场和东马农贸市场；8处标准菜市场，包括月塘路农贸市场、黄金创业园农贸市场、月亮岛农贸市场、森林海农贸市场、连江路农贸市场、金龙农贸市场、火车西客站社区农贸市场和湘江农贸市场；4 处农加超，包括喻家坡农贸市场、职校路农贸市场、斑马湖农贸市场和桑梓农贸市场。

（2）欧乐生鲜直营连锁项目。

项目由湖南新长久超市发展有限公司实施建设，投资总额 39200 万元。项目通过建立新型的“公司＋基地＋连锁配送＋直营店”生鲜小区直营连锁模式，根据小区规模建设 100 平方米左右旗舰店、40 平方米左右普通店和 18 平方米左右迷你店三种直营店，打造长沙市绿色生鲜销售第一品牌。欧乐生鲜的经营范围是为居民提供厨房一站式服务，主营蔬菜、肉类、水果、其他农副产品、粮油、调味品、厨房用品。欧乐生鲜的经营理念：让农民的钱袋子鼓起来，让市民的菜篮子丰富起来。

2012 年计划完成投资 7800 万元。其中蔬菜基地建设 5200 万元；置业、装修、租赁费用 1800 万元；设备及其他费用 800 万元。2013 年计划完成投资 13800 万元，完成 100 家门店建设。其中购置、租赁店面及土地 6000 万元；装修 5000 万元；设备 2000 万元；其他费用 800 万元。2013 年已完成 57 家欧乐生鲜便利店开业，建成直营店 8 家，于浏阳、望城建立蔬菜基地面积 5000 多亩。

（四）构建四项管理机制

一是构建新型物流机制。完善现代物流服务功能，鼓励企业提供集仓储、运输、加工、包装、配送等一体化的全程物流综合服务。如“天骄动车”城市物流公共服务平台等第三方物流平台项目利用云计算、物联网技术，为农产品建立电子档案信息、全程追踪溯源系统等，充分满足生产基地、农产品流通企业及消费者对物流快速响应的个性化需求。

（1）“天骄动车”城市物流公共服务平台。

天骄 2012 是湖南天骄物流信息科技自主研发，专门为物流行业提供物流信息的专业平台软件。平台汇聚了全国各地最新公路物流信息，提供物流信息的查询及发布、技术服务与物流交易服务，为物流企业与司机提供丰富的物流资源。软件采用先进的计算机网络通信技术，实现数据共享、信息互通，安卓手机版同步研发上市，随时随地获得最新物流资讯。为降低物流成本、增加消费者价值剩余、提升物流信息化管理水平、建设现代物流信息化、推动物流产业链的发展做出了重大贡献。

（2）康益肉类产品冷链物流溯源项目。

由于易腐商品在流通中大量变质、腐烂，物流损失率高，不仅给国家带来巨大的经济损失，而且给人们食品安全带来了极大的威胁。发展冷链物流是长沙市肉类产品保质增值、农民增收的需要，是保证食品安全、降低农产品流通损耗、实现区域经济发展的需要，率先在长沙高水平建设肉类产品集成化的冷链物流配送体系，具有重要的示范意义。

通过互联网形成一个完整的系统，便于管理并考虑管理及运营成本，在每个节点都会采用特定的技术，如二维条码、电子秤、数据库、网络等。康益肉类制品冷链物流配送体系建设项目专注于肉类产品城市物流配送及其边贸配送效率，实现肉类产品生产和消费的“无缝对接”，以更快捷、安全、营养的方式，将肉类产品送到消费者手中。

二是构建公共服务机制。长沙市消费公共平台项目（鹰皇电子商务支付），以线下实体商家提供线上推广服务，在市商务局主办的第六届“福满星城”购物消费节中，为商家带来客流近1000万人·次，拉动本地消费增长超过100亿元。

鹰皇电子商务支付：以线下实体商家为服务对象，提供线上电子商务推广服务公共平台。经过信用认证的线下商家可以通过平台发布活动资讯和优惠折扣信息，把传统的纸质优惠券通过手机App形式发放。消费者用安卓或苹果智能手机安装平台App，就可以实现获取优惠券、手机支付、使用优惠券等功能。

三是构建科技创新机制。试点重点支持农产品物流企业的信息化建设，引导企业开创电子化交易结算模式，支持试点企业采用高科技管理、交易手段。如长沙市肉菜溯源体系采用猪肉灼刻激光码和电子化结算管理，有效保障了数据采集的真实性，实现了肉品来源可追溯、去向可查证、责任可追究，形成安全的供应保障渠道。

长沙市肉菜溯源体系：扫描购物小票上的追溯码，就能查到食品的产地、上级批发商等相关情况，为老百姓的菜篮子加上了一道“安全锁”。长沙市肉菜流通追溯体系建设技术方案是依据商务部肉菜追溯体系建设“一个规范、八个技术标准、五个统一”、肉菜追溯体系建设考核验收标准和市委“六个走在前列”的要求进行设计的，突出实用与创新相结合，长沙特色与综合管理相结合。该方案的设计有十大特色，凸显了长沙市肉菜追溯体系的先进性。

特色1：三个大型机械化屠宰场使用激光灼刻技术（配置最高标准）。全国试点城市屠宰行业全部使用激光技术，提高肉菜追溯信息化水平，与北京市同步，在全国并列第一。

特色2：巡检追溯电子秤。技术与管理相结合，解决对市场使用电子秤的监管难点，全国领先，长沙独有。

特色3：巡检手持机。对执法人员和市场电子交易的应用进行实时监控管理，全国领先，长沙独有。

特色4：生猪养殖基地应用RFID芯片。在养殖基地给生猪安装RFID芯片，标明生猪有“身份证”，全国领先，长沙独有。

特色5：大型机械化屠场生猪入口处应用RFID自动识别技术。提高生猪从养殖到屠宰环节的信息自动识别交换，全国领先，长沙独有。

特色6：城市平台应用。比其他城市多十多项功能，功能更强大、内容更丰富，全国领先，长沙独有。

特色7：以肉菜追溯体系为支撑增加市场运行监测、网点建设、布局与功能。通过肉菜体系建设，全面提升商务综合监管能力，功能强大，加大对追溯企业诚信建设，全国领先，长沙独有。

特色8：2个乡镇试点（雷锋镇、干杉镇）。按照部里要求探索乡镇体系建设，全国领先，探索长沙经验。

特色9：体系建设大多数产品均属IDC市场排名第一的国内外知名品牌和应用安全体系管理平台。有效保障了整个体系建设的稳定性、可靠性和安全性，全国领先，长沙独有。

特色10：从种养植（殖）业的生产到终端消费全程。长沙市规模以上种养植（殖）基地全覆盖，覆盖面大，体系完善，全国较先进。

四是构建融资支撑机制。试点积极围绕农产品物流和集散交易，开辟多元化融资渠道，积极引导和鼓励金融机构扩大对大宗特色农副产品物流和集散的信贷支持。如长沙市商务局与长沙银行签订了授信30亿元的战略协议，为现代服务业综合试点企业群提供金融支持。长沙市中小商贸流通企业服务中心与民生银行建立战略合作，共建长沙市小微企业服务平台，为中小型企业提供融资贷款服务。

（五）推进五个支撑体系

一是推进农产品冷链物流体系建设。试点加强冷链物流基础设施建设，如批发市场等重要农产品物流节点的冷藏设施建设。截至2014年年底，全市已新建仓储近155万平方米，在建/拟建的常温仓储约320万平方米。全市已建成投产冷库容量总计25.5万吨；拟建/在建冷库容量总计63.2万吨，预计试点期结束，长沙冷库容量将突破100万吨。

二是推进农产品物流人才支撑体系建设。试点构建了汇聚行业专家、学者的物流专业人才数据库，开展了“人才强商”工程和“商务大课堂”等公益培训。2014年8月至9月，还组织全市商务系统相关人员远赴新加坡参加“现代服务业发展专题研修班”，有效提高了从业人员的国际视野。

长沙市“人才强商”商务大课堂：于2014年3月7日开办了新年第一讲。此次培训课程聘请了复旦大学法学院教授兼上海自贸区法研究中心主任龚柏华先生为长沙市商务系统干部培训。培训课程为《中国自贸区对地方政府职能转变及经济的影响》。该讲座内容丰富、翔实，囊括了“上海自贸区概述”“上海自贸区现行建设成果”以及“上海自贸区对地方经济的影响”三大板块。龚教授为商务干部们带来了自贸区最新理念和最新情况，深刻分析了自贸区的特点以及作为商务经济人该如何看待自贸区给中国商务经济带来影响和示范作用。参加培训的人员有长沙市商务局局长兼党委书记刘素月及领导班子成员，包括长沙市商务局机关干部、局属二级机构主要负责人以及各区县（市）、开发园区商务（招商）局干部，参训学员近100人，培训取得良好效果。

2014年7月，课程针对当前商务工作实际“量身定制”，着力增强针对性和实用性，邀请了中国物流学会常务理事、湖南省物流理论研究基地首席专家、湖南商学院工商管理学院院长黄福华教授为长沙市商务系统干部授课。课程内容丰富翔实，为商务系统干部带来了现代物流发展的前沿理念和最新情况，带领大家探索了如何通过发展城市共同配送促进现代物流产业发展。局领导纷纷感慨此次听课深受启发，黄教授的讲述紧密结合商务工作实际，着眼现代物流发展潮流，既有理论高度，又有现实例证，深入浅出，针对性、操作性强。

三是推进农产品物流区域联动服务体系建设。构建区域重点物流园区系统的连通端口，增强长沙农产品物流辐射功能，扩大物流服务范围。“湘品出湘”湖南省湘品名优商品配送基地建设项目整合湖南名优特产特别是食品原辅材料的优势资源；中农传媒联合淘宝网、天猫网、聚划算等电商巨头，打造淘宝网“特色长沙”公共服务平台，带动了周边各地的农产品物流的发展。

(1)“湘品出湘”。

总投资3亿元的“湘品出湘”湖南名优商品长沙运营中心项目正式启动，项目占地面积130亩，达产后预计产值将超10亿元，税收超5000万元。湖南省湘品名优商品展示贸易有限公司是在省商务厅支持下为响应省委、省政府“湘品出湘”的口号，负责实施打造湖南名优商品全国销售网络，推动湖南名优商品走出湖南走向全国，而成立的一家现代商贸物流公司，该平台能有效聚合省内优质特色农产品，通过集中展示的平台，打通企业与终端消费者之间的便捷通道，使企业由“单打独斗”向“抱团取暖”的经营方式转变，进而增加“湘品”的整体竞争实力，实现“湘品走天下”的战略目标。

据悉，公司北京贸易展示中心将于11月25日正式对外营业，展厅面积达3600平方米，由湘茶区、湘酒区、湘绣区、湘瓷区等20个区组成，参与企业达186家，展示产品近3000种。

(2)“特色长沙”公共服务平台。

近年来，农业电商已经成为继3C、服装和化妆品等标准化产品的又一新的增长点。湖南中农传媒有限公司根据长沙市现代服务业综合试点的要求，正按照预定计划，稳步有序地推进“特色长沙农产品流通公共服务平台”项目的建设。

农产品供求信息的不对称和物流运输欠发达是农产品“买卖难”的主要症结，淘宝网特色长沙农产品流通公共服务平台利用不同的网络频道销售湖南特色产品，不仅带动了本地农产品的销售，更为农户学习电子商务知识开辟了新的渠道。

自2013年11月起，湖南中农传媒特色湖南平台先后携手沙龙畜牧、淘宝网、天猫网、聚划算、淘金币等多个平台，共同举办“特色长沙”农产品年货展销活动，活动得到上百个商家支持，十多万消费者参与，销售总额达612万元，直接帮扶的农户和企业达到100多家。

2014年6月，湖南中农传媒特色湖南平台与湖南桂东玲珑茶业公司联袂开展全国免费赠送品尝活动，通过特色湖南壹人壹阿里巴巴批发平台、天猫壹人壹零售平台、中国有机食品网购平台推广，只要在中农传媒特色湖南平台消费即可获得玲珑茶包免费赠送，打响了玲珑茶包品牌。

湖南中农传媒有限公司不仅注重电子商务平台各项功能的实现，更重要的是始终把服务三农放在重要的位置，公司每周四有专门的免费农业电子商务培训会，截至目前累计已开展了 100 多场公益培训；同时，针对长沙本地特色农业农户进行一对一的上门服务，例如，2012 年以来，先后针对长沙县跳马乡凤驰苗圃种植经营户进行了 10 多次以上的电子商务培训，培训前，经营户只能被动等待采购商上门收购，年销售额不超过 20 万元，培训后，他们掌握了如何通过电子商务平台发布供应信息，能与全国各地的买家谈生意，近半年就实现了 400 多万元的销售额。中国驰名商标金浩茶油、猴王茶叶等也通过湖南中农传媒有限公司的深度服务，实现了网络交易额 100％的增长，销售额均突破了 100 万元。

四是推进农产品物流配送无缝对接体系建设。试点创新实体加网络、主仓加分仓、基地加直供等模式，实现物流配送无缝对接。如中南粮食物流园建设有 4.4 千米铁路专线及配套散卸坑，2000 吨级泊位 5 个，物流园“公、铁、水”三种运输模式无缝对接，有效推动粮油饲料物流“四散化”（散储、散运、散装、散卸），使粮食运输损耗率降低 15％。

中南粮食物流园“四散化”运输：随着我国粮食产量连年丰收和粮食的商品化、市场化发展，我国粮食贸易量逐年增加。数据显示，近年来全国粮食年均流通量超过 2 亿吨，其中仅东北地区就达 5700 万吨。传统运输方式下，我国粮食从产区到销区的物流成本占粮食销售价格的 20％～30％，东北地区的粮食运往南方销区一般需要 20～30 天。由于运输装卸方式落后，每年损失粮食 800 万吨左右。国家发改委颁布的《粮食现代物流发展规划》提出，大力推进粮食“四散化”运输变革，有效提高我国粮食流通效率、减少粮食流通损耗、增加粮食有效供给。要重点构建全国主要散粮物流通道和散粮物流节点，形成现代化的粮食物流体系。

湖南金霞现代粮食物流中心作为湖南粮食“千亿产业、百亿物流”工程的核心项目，是国家“北粮南运”战略的重要枢纽，区位优势明显、交通发达、配套完善。物流中心拥有具备散装散卸功能的铁路专用线 4400 米，各式立筒库、浅圆仓、周转仓等配套中转设施 53 万吨，搭建了中南地区最大的粮油饲料交易集散中心。现已建成年产 60 万吨规模的全价料饲料加工生产线，吸引了唐人神、双胞胎、百宜、浏阳河等国内众多知名饲料企业进驻设点。粮食物流业务覆盖全省各市州，辐射周边省市。

距散粮装卸铁路站台不到 3 千米的湘江深水码头建成，以 5 个 2000 吨级泊位为依托，水、陆、铁散粮将实现无缝化链接，立体交通网络将愈加完善。届时金霞现代粮食物流中心年货物吞吐量可达 500 万吨，将其打造成为全国粮食物流主要节点和区域性粮食经济中心。

散粮专列专门用来装运粮食，列车在行驶过程中全封闭运行，完全不用担心粮食受其他杂物污染或受天气因素影响，可确保绿色安全。另外，由于全程采用散装、散运、散卸，粮食不再用麻袋包装，机械化程度高，省时、省力、省料，能有效避免传统粮食包装运输损耗大、效率低、成本高等问题。经测算，1 列 50 个车皮的玉米散粮专列与传统的包粮运输相比，仅人工、损耗等就可节省成本 15 万元。每个车皮的卸车时间由原来的 2 小时缩短到 5 分钟，劳动用工从 200 人降低到 2 人。运输成本大幅降低的同时，工作效率得到成倍提升。

五是推进农产品物流标准化体系建设。艾尔丰华基于物联网核心技术的农产品质量安全监控体系等项目的建设，计划总投资超过 2 亿元，有效提升了农产品安全系数；晟通物流积极采用国家标准和行业标准，由传统仓储中心向多功能、一体化的综合物流服务商转变，积极参与托盘公共应用系统建设。

（1）艾尔丰华农产品质量安全监控体系。

中国物联网领军企业长沙艾尔丰华电子科技有限公司，坐落于国家级长沙经济技术开发区，是由美国 Zone free Group North America Limited 和国内最大可变条码制造商“广州九恒条码有限公司”于 2011 年联合投资成立的高新技术企业。艾尔丰华是专注 RFID 芯片核心技术与系统集成的物联网定制专家，有着多年国外著名芯片和 RFID 技术公司的研发经验，与欧美行业协会、中国科学院微电子研究所、国家物联网发展中心等单位进行战略合作，建设国家级实验室。公司拥有全球领先的 RFID 芯片研发制造技术，多次获得各级政府的科研专项资金支持，拥有多项自主知识产权的 RFID 芯片 AHF 系列产品，在电路设计、存储算法与工艺等方面有多项关键创新。

艾尔丰华立足湖南，面向国内和国际两个市场，坚持“以国际化合作建立基础、以产学研结合集聚资源、以市场化运作获取发展”的原则，为政府、行业协会及企业充分利用 RFID 芯片与系统集成核心技术提供解决方案，有效对客户资产、业务流程以及客户服务进行管理，提高产品、人员及资产的综合管理能力，帮助提升信息化水平，增强综合竞争力。

艾尔丰华畜牧业安全追溯管理系统，采用公司 RFID 核心技术，融合传感器、无线网络通信、GPRS、3G 视频传输、计算机通信等物联网技术，实现畜产品从养殖、屠宰、流通到销售各环节的跟踪与追溯，确保产品“从农场到餐桌”质量安全和全面可追溯。系统投资少、操作简单、易于普及推广。系统具备三大功能：一是有助于政府对肉类进行全面监管和产品召回；二是帮助畜牧企业降低养殖成本，提升品牌附加值；三是全程可追溯将增强消费者的信心。此外，艾尔丰华首创的溯源营销推广模式，为养殖企业提供基于手机媒体的营销新手段。创新的在线订购与远程监控服务，让顾客通过手机或电脑实时查看其订购的猪的成长过程。如图 7－1 所示。

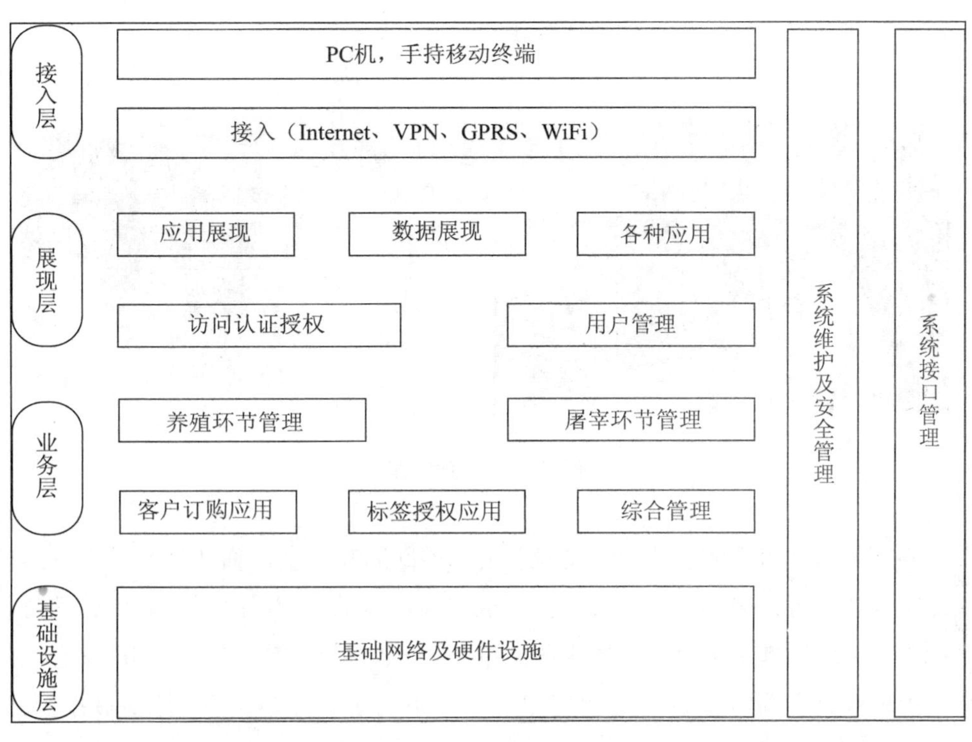

图7-1　系统架构

本系统采用多层结构，共分为接入层、展现层、业务层和基础设施层四层。

接入层。用户使用PC（个人电脑）、手持移动终端通过不同接入方式（Internet——因特网、VPN——虚拟专用网、GPRS——通用分组无线服务技术、WiFi——无线保真）接入到罗代黑猪安全追溯管理系统；

展现层。提供一个内部信息交互及所有业务系统统一表示和展现的入口。实现应用展现、认证授权、系统管理三大类服务。展现层将实现PC端浏览器展现方式及手持设备客户端展现方式；

业务层。作为罗代黑猪安全追溯管理系统的具体应用实现，包括对养殖环节整个流程的业务实现，屠宰环节的业务实现，客户视频订购的业务实现，猪耳标授权的业务实现，以及相关业务的综合管理；

基础设施层。包括基础网络及硬件设施等，保证系统的正常运行、访问。系统还包括贯穿各个层次的系统及安全管理和接口管理。

系统操作流程如下。

①养殖环节：在牲畜出生饲养的时候，在其身上安装上RFID标签。此后饲养员用一个手持设备，不断地设定、采集或存储它成长过程中的信息，从源头上对生产安全进行控

制。此环节标签主要是记录牲畜在养殖场中生长发育、饲料配方、用药记录、检疫信息等信息，并将该信息提供给下一个环节，如图 7－2 所示。

图 7－2　养殖牲畜

②屠宰环节：在屠宰前，读取牲畜身上的 RFID 标签信息，确认牲畜是有过防疫记录并切实健康的，才可以屠宰并进入市场。读取宰前活体的 RFID 电子标签中的信息，使用电子秤称重，并使用满足屠宰工艺要求的二维条码打印机将宰前活体 RFID 信息、宰后重量、屠宰单位和日期等信息一并自动打印于二维条码中，并与宰后胴体一并进入检疫环节，如图 7－3 所示。

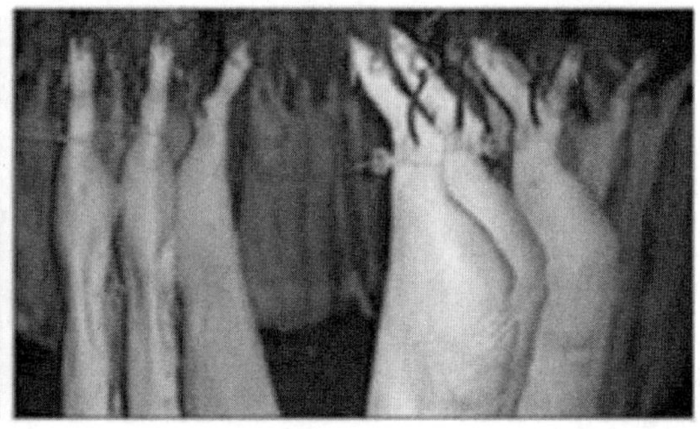

图 7－3　屠宰牲畜

③检验检疫环节：屠宰结束后的肉品接受检验检疫部门检疫，检验检疫部门读取该肉品的二维码信息，并将检疫结果上传服务器。对于检疫合格的肉品，系统将检疫检测结果、检疫单位、检疫日期等相关信息添加到二维码中，该二维码将同肉品一并封存进入下一环节，如图 7－4 所示。

图 7-4　检验检疫牲畜

④流通环节：首先用手持 RFID 读写器读取运输车辆的车载 RFID 卡，其上记载车牌号、运输单位、是否检疫消毒、检疫消毒日期等信息，然后进行肉品装车。装车完毕后，系统自动记录装车时间、出发地、目的地和车载 RFID 卡信息等，并根据这些数据产生封识号。运输实行全程铅封处理，下一环节接收肉品时，检查铅封，核对车牌号、封识号，完好无误后放行，如图 7-5 所示。

图 7-5　肉品流通

⑤销售环节：肉品进入销售环节后，经营户对其进行分割、包装、出售。对于每一份分割品，经营户可用手持二维码识读设备读取肉品信息，并与自己的商户信息一并赋予一追溯码。此追溯码会同分割包装一起交到消费者手上。或对于不需要包装的情况，经营户可在肉品出售时把追溯码信息用溯源电子秤打印于收银条上交给消费者。如图 7-6 所示。

图 7－6　肉品的销售

（2）晟通铝制物流托盘标准。

作为物流产业革新的创新产品之一，托盘现已广泛应用于生产、运输、仓储和流通等领域。托盘作业是迅速提高搬运效率和使材料流动过程有序化的有效手段，在降低生产成本和提高生产效率方面起着巨大的作用。托盘的研究主要集中于建立共用服务供应链系统，而托盘制作的使用材料也是物流业节能减排的重点。

托盘作业的实行，提高了装卸效果，在现代物流运输业中广泛应用，使仓库建筑、公路、铁路和其他运输方式的装卸设施都发生了变化。随着生产设备越来越精密，自动化程度越来越高，托盘的应用越发显得重要，托盘制作的使用材料成为了物流业节能减排的重点。超轻铝制托盘是根据低碳、节能概念开发而来，是目前托盘产品种类中最环保的材质。与木制托盘、钢制托盘、塑料制托盘相比，铝制托盘重量轻、强度好、不易生锈磨损。它克服了非金属材料易受潮变质变形的弱点，适用于出口产品的空运及远洋运输。随着经济的发展，托盘化作业在经济行为中比重越来越大。据预测，中国未来 10 年托盘的需求会超过 70 亿片。

超轻铝制托盘适用于不同国家各种联运方式，尤其是它克服了非金属材料易受潮变质变形的弱点，适用于出口产品的空运及远洋运输，电子、食品、医药、化工产品的仓储与运输。铝制托盘回收再利用率达到 100％，残值高，符合美国、加拿大、欧盟颁布的对中国进入其国货物包装材料的法令要求。

低碳、节能是全球发展趋势，先进的物流生产运作应该契合环保理念，成为低碳经济的支撑。铝制物流车、铝制托盘等设备的生产发展应该符合低碳时代要求，避免环境的污染和资源的耗费。在低碳物流和绿色物流的发展背景下，积极引入新技术、新工艺、新材料，铝材料在未来物流业中将会有很好的发展前景。

三、“长沙模式”的创新典型项目评价与分析

（一）物流配送典型项目评价与分析

1. 湖南粮食集团现代服务业综合试点建设项目介绍

物流配送是一种现代的流通方式。在物的流动过程中，根据实际需要，它包括运输、储存、装卸、包装、流通加工、配送、信息处理等基本功能活动。配送指在经济合理区域范围内，根据客户要求，对物品进行拣选、加工、包装、分割、组配等作业，并按时送达指定地点的物流活动。物流与配送关系紧密，在具体活动中往往交结在一起，为此人们习惯把物流配送连在一起表述。而作为长沙市现代服务业综合试点项目承担企业，湖南粮食集团紧密围绕“实现服务业倍增计划，打造中部现代服务业中心”的目标，倾力打造了金霞粮食物流园，构建了两种交易模式：期货交易与现货交易相融合的交易模式、线上与线下相结合的交易模式；该公司放心粮油配送工程项目，总投资 11800 万元，建设加工配送中心 1 个、建设放心粮油店 30 家，其中：放心粮油（天健）总店 1 家，300 平方米中心旗舰店 1 家，专店 25 家；建设社区供应站及专柜共 50 家；配套放心粮油检测中心。该项目是长沙市政府要求建设的民心工程，项目的运营将有利于政府加强宏观调控，确保食品安全及社会稳定，构建长沙放心粮油交易平台，打造全国食品安全建设示范城市。

2. 主要建设内容

主要建设内容包括五大项目：一是南方粮油饲料交易集散中心建设项目，建设 5.17 万吨平房仓、3.78 万吨周转仓、5.4 万吨浅圆仓、4.8 万吨立筒仓等；二是中南粮食物流园配套工程，项目总投资 46020 万元，项目码头泊位总长 665 米；三是放心粮油配送工程，项目总投资 11800 万元，建设加工配送中心 1 个、建设放心粮油店 30 家；四是湖南粮油电子商务平台，项目总投资 5016 万元，主要建设内容分 4 大系统，20 多个分项子系统；五是金霞粮油国际商贸城，项目总投资 90184 万元，主要建设食品交易展示中心、冷链中心、配送中心和配套服务设施。

3. 项目主要成效

借助国家现代服务业综合试点示范的发展机遇，湖南粮食集团近几年来通过不断的模式创新、产业升级、资源整合，经营规模不断扩大，企业效益实现了连续翻番。湖南粮食集团 2012 年销售收入 218545 万元，利税 846 万元。2013 年销售收入 420098 万元，利税 3283 万元 。2014 年销售收入 924709 万元 ，利税 8152 万元 。

（1）创新性。

项目采用期货与现货融合、网上与网下结合的交易模式，产生有效的价格发现及风险控制作用，推进农产品现代物流交易的发展。通过两种模式的相互推动，湖南粮食集团南

方粮油饲料交易集散中心市场年货物吞吐量已达 220 万吨，入驻粮油饲料原料交易客户近 200 家，市场各品类产品交易价格已成为全国粮食饲料原料市场价格晴雨表；长沙国家粮食交易中心年交易量最高达 320 万吨，交易额近 80 亿元，成为了全国水稻品类最大的国家粮食交易中心；农产品现货交易平台已发展代理商近 2000 家，参与客户 20000 多人，实现交易额近 300 亿元，已成为全国重要的大宗农产品交易平台，已初步形成行业内重要的大宗农产品价格中心。

项目大力发展以粮食“四散化”为主的现代物流技术，并充分利用园区资源优势大力发展公铁水联运一体化，顺利推进北粮南运主通道的构建，使南北粮食产销市场有效衔接，成为中国南方粮食“四散化”物流发展示范工程，有效促进物流新技术的推广，显著降低粮食流通成本及物流资源浪费，提高粮食流通效率，将加快推进南方粮食“四散化”物流发展。同时，项目将利用先进的现代物联网技术，实现农产品生产流通全过程可追溯。

（2）示范性。

项目市场交易体系的构建，是对农产品现代市场交易新模式的有效探索和实践。多种交易模式的融合互通，对农产品传统交易模式进行有效提升，具有重要的示范效应。园区现已发展现货客商近 200 户，全年粮油饲料原料货物流通量及交易量均超过 200 万吨。项目全部建成后将增强园区在中南地区的辐射带动能力和电子商务的辐射能力，预计农产品交易产品 4000 种，交易量超过 800 万吨，交易额 1000 亿元。

园区形成的农产品质量控制体系构建农产品质量全程可溯源系统，将农产品从基地到终端的各个环节纳入质量监控范围，可有效解决农产品流通质量监控难题，对提升整个农产品行业质量水平具有重要示范作用。园区依托湖南粮科院及湖南粮食集团自建检测中心形成的检测系统已被指定为湖南省粮油食品出省检测唯一的质量认证平台。

（3）带动性。

以金霞粮食物流园为平台，可强力拉动相关上下游产业发展，带动相关行业、企业的产业化发展水平提升，有效推进湖南省粮食产业、农产品行业的转型升级健康可持续发展，对带动就业、促进湖南省三农建设、提升城镇化发展水平、推进区域经济发展有重要作用。尤其是作为湖南省唯一基础设备完备、物流设施先进的“四散化”特色粮食物流园，金霞粮食物流园已被国家发改委指定为我国北粮南运战略对接园区，现已与中粮湖南粮食集团成功签订散粮合作战略框架协议，将形成年均 30 万吨散粮到卸规模。2014 年 11 月 11 日，第一辆满载北方玉米的散粮整车直抵园区。这标志着连接南北主要粮食产销区的通道已全面打通，湖南粮食物流由此步入“四散化”快车道。

（4）公益性。

粮食安全关系国计民生，金霞粮食物流园的建设对保障国家粮食安全，提升湖南省粮食宏观调控水平具有重要作用，对加快湖南省由粮食生产大省向粮食经济强省的战略转型具有重要的战略意义。由于园区硬件设施设备齐全、大宗产品物流及交易经验丰富，物流交易信息化管理规范，湖南粮食集团被指定为湖南唯一一家 2013 年新产东北粳米、玉米出关运费补贴政策代理采购企业，通过金霞粮食物流园运抵湖南境内的粳米及玉米达 20 万吨。

金霞粮食物流园项目的建设是落实湖南省三农建设推进政策、促进农业产业转型升级发展的重要实践，这对有效促进农业增效、农民增收、农村发展，推进社会主义新农村建设具有重要作用。

作为长沙市现代服务业综合试点项目承担企业，湖南粮食集团将紧密围绕“实现服务业倍增计划，打造中部现代服务业中心”的目标，结合试点工作的相关要求和企业发展实际，科学规划、充分准备、狠抓落实、保障效果，以具有鲜明创新性、示范性、公益性、带动性的科学模式，建设高端化、规模化、集聚化、市场化、信息化的农产品现代物流体系，摸索总结农产品现代物流发展经验，推动长沙市服务业科学健康发展，为推进长沙市两型社会建设，促进经济发展方式转变和经济结构调整做出最大贡献。

4. 项目主要经验

（1）科学规划，高起点建设。

作为政府规划的大型物流园区，在建设初期按照“培育大物流、发展大商贸、建设大市场”的工作思路，聘请国内资质较高的中交协物流研究院对园区进行了充分的市场调研及论证，并借鉴外地物流园区规划方面的成功经验，制定了园区可行性规划。湖南粮食集团业务涵盖品种研发、粮油收储、粮油加工、中转物流、市场交易、期货交割、经营贸易、电子商务、房产开发等，总资产突破 100 亿元。湖南粮食集团现拥有仓容 130 多万吨，粮油食品年加工能力近 100 万吨；铁路专用线 2 条，两千吨级泊位 6 个，年货物吞吐量 500 万吨；拥有早籼稻、菜籽油、硬小麦期货交割库，交割规模 25 万吨。

（2）政府主导，高标准建设。

湖南粮食集团系由湖南省政府批准，长沙市人民政府与湖南省粮食局整合全省优势资源组建而成的国有大型粮油综合性企业。按照规划要求，科学决策部署，在园区基础设施建设、完善配套服务等各方面，发挥了主导作用。湖南粮食集团旗下长沙国家粮油交易中心，年交易量约 320 万吨，交易额近 80 亿元；农产品交易平台中心长沙南方大宗有限公司，年交易额 300 多亿元；湖南粮食饲料现货交易市场，年交易额 50 亿元；拥有金健米业、裕湘食品、金霞粮食、银光粮油四大农业产业化国家级重点龙头企业，旗下 4 个知名品牌“金健”“金霞”“银光”和“裕湘”。产品呈米、面、油、奶等多元化发展，营销网络立足湖南，布局全国，辐射欧洲、美国等地。湖南粮食集团现已成为承担国家粮食宏观调控和保障区域性粮食安全的重要载体。

（3）落实政策，高效力可持续发展。

在我国政策中明确提出，对现代物流业的发展给予税费、价格、土地等方面的优惠政策；湖南省对“培育建设区域性物流中心，不断提升流通产业整体水平”、“建设社会化、专业化物流服务体系，发挥园区的区位优势，广泛吸引社会投资，整合仓储、运输网络等物流资源”做出了明确要求。作为湖南省最大的综合性粮食企业，湖南粮食集团已形成了从田间到餐桌的全产业链经营模式和以长沙为中心、覆盖全省、辐射全国的产业布局。资源整合、规模扩张所带来的发展红利日渐消耗，日益扩增的产业规模、日趋复杂的业务结构、日益激烈的竞争环境、日趋增大的管理压力等带来的掣肘在湖南粮食集团发展过程中逐渐显现，借力现代服务业，大力发展农产品现代物流，推动湖南粮食集团健康可持续发展在当前形势下显得意义重大。

（二）冷链物流典型项目评价与分析

1. 红星北盛全流程冷链项目介绍

冷链物流泛指冷藏冷冻类食品在生产、贮藏运输、销售，到消费前的各个环节中始终处于规定的低温环境下，以保证食品质量，减少食品损耗的一项系统工程。它是随着科学技术的进步、制冷技术的发展而建立起来的，是以冷冻工艺学为基础、以制冷技术为手段的低温物流过程。由湖南红星实业集团、湖南省食品总公司、湖南明升冷冻食品有限公司共同出资成立湖南红星北盛冷冻食品有限公司，建立“精品、绿色、安全”养殖基地，引进先进的生产工艺和生产设备，在长沙市望城区新建10万吨冷库项目分期建设，保证冷鲜肉的储存以及配送，使市民吃上营养的放心肉，做强做大生猪产业化市场。

湖南红星北盛冷链物流项目以储存冷鲜肉、水产、蔬菜、果品为主导产品，以优质的养、种植基地为产品来源，以长沙市为中心，辐射中南地区省市，相应扩展到相邻的广州、上海等地，采用“市场＋公司＋基地＋农户”的市场化运作模式，走科学化生产、产业化布局、规模化经营的创新道路。工程的建设对于稳定和发展当地生猪、蔬菜、水果生产、保障市场供应、减少流通成本，促进该地区农业经济结构调整，促进农业产业化的进程，促进农业经济的可持续发展，提高农民收入等方面都具有重要的意义。

项目选址位于湖南省长沙市望城区丁字镇，地理位置优越，交通十分便利，符合长沙市望城区城市建设总体规划。同时，该地段建设场地宽阔，工业生产和水、电等城市配套基础设施比较完善，厂区周边无任何污染源，原材料充足，是物流和冷冻肉类批发市场的理想场地。项目建成后，依托全流程冷链物流系统提升产品质量，扩大交易额，为区域带来稳定税收和就业，有较好的社会效益。

2. 项目建设内容

（1）建设工程。

项目建设工程包括冷冻冷藏仓库48707.62平方米，综合大楼9056.32平方米，制冷机房与配电室 1020 平方米，交易配送楼 7882.56 平方米，配有传达室、地下停车场、冷冻冷藏设备、电子商务系统。

（2）运营模式。

公司采用“市场＋公司＋基地＋配送”的市场化运作模式，走规模化经营的新路。缩短产品库存时间；加快资金周转速度，提高资金使用效率；降低生产成本，提高经济效益。项目采取以下营销模式：

①设立产品营销中心，组建精干的营销队伍。

②提供完备的运输保障，及时把产品运抵各需求市场，确保运输各环节的有效衔接，并通过健全机制减少运输成本，提高运输效率。

（3）技术特点。

项目围绕 5 万吨冷库（其中冷却物 3 万吨、冷冻物 2 万吨）库容量规划设计园区冷链物流综合服务。根据物流园物料品种与储存、配送特征，划分为管理办公区、仓储发货区、市场交易、配套服务等。冷库主要用于产品的冷冻加工及冷藏，它通过人工制冷，使室内保持一定的低温。冷库的墙壁、地板及平顶都敷设有一定厚度的隔热材料，以减少外界传入的热量。为了减少吸收太阳的辐射能，冷库外墙表面一般涂成白色或浅颜色，以其严格的隔热性、密封性、坚固性和抗冻性来保证质量。

3. 项目主要成效

（1）拉动地方经济发展，提升农产品消费品质。在农产品供给基本平衡并出现结构性过剩，以及工业“三废”和生态环境污染下，加快发展北盛项目建设有助于提升农产品消费品质，减少营养流失，满足居民消费需求；同时也能提高流通环节流通效率、降低物流成本促进冷链产品城市配送，拉动地方经济发展，增加实地农民就业，促进农民增收。

（2）增加农民收入，促进农业经济可持续发展。围绕 5 万吨冷库库容量规划设计园区冷链物流综合服务，以 ERP（企业资源计划）系统实现电子商务为平台，结算中心、信息中心、服务中心、配送中心、快速检测中心等于一体是全国一流的冷链物流项目。项目建设对于稳定和发展当地生猪、蔬菜、水果生产、流通，促进该地区农业经济结构调整，促进农业产业化的进程，促进农业经济的可持续发展，提高农民收入等方面都具有重要的意义。项目建成后，预计年经营收入为 8000 万元，创利税 3000 余万元。

（3）选址科学，促进了湖南进出口冷链食品流通发展。项目选址位于湖南省长沙市望城区丁字镇，地理位置优越，交通十分便利，充分利用霞凝港口码头、火车北站铁路、公路较近资源，促进湖南进出口冷链食品流通发展。以长沙市为中心，辐射中南地区及全国乃至世界各地，带动湖南冷链向高端市场发展。

（4）技术先进，保障配送食品安全。冷库完全按照规范要求设计，制冷设备采用全自动控制，压力、温度、自动安全保护，氨液循环在正常值运行，消防设施符合生产运行要求。并建立严格管理制度，专人维护安全生产环境。冻库食品采用全程温度控制，设计温度为0℃～－20℃多温区。能够满足各种产品储存和质量安全，利用园区ERP系统，实现全程监控，保障配送食品安全。

4. 项目主要经验

（1）完善法律及标准。

农产品冷链物流包括原料生产、加工、运输、配送、销售到运至消费者手中的全过程。在供应链的每个环节都可能因为操作不当而出现产品质量与食品安全问题。为了确保冷链物流的食品质量与安全问题，政府应制定一系列法律、法规和标准，涉及农产品的生产、加工、销售、包装、运输、储存、标签、品质等级、食品添加剂和污染物、最大兽药残留物允许含量和最大杀虫剂残留物允许含量等方面。如在原料生产环节，为了规范农药的注册登记、使用和管理，加拿大卫生部、农业与农业食品部会同渔业海洋部、环境部及自然资源部共同制定了《防虫产品法》，该法明确了农药的注册登记办法，以及需要提供的数据、农药用量等。

（2）推进专业认证。

严格专业认证制度，实行市场准入。通过认证后，认证机构向有机种植或加工者授予证书，并授权其使用有机产品标识，而后方能进入流通与消费环节。再如对肉食品生产企业要利用HACCP（危害分析和关键控制点）来监督和控制生产操作过程，不但要求检查农药残留量，还要检查生产厂家的卫生条件，对工作间温度、肉制品配方以及容器和包装等做出了严格的规定。完善法律法规和标准、推进有机食品、HACCP及ISO（国际标准化组织）等专业认证制度、原产地保护和地理标识管理等，是加拿大农产品冷链物流得以健康发展的重要保障。

（3）发挥协会作用，加强行业自律。

冷链物流的行业协会在政府与企业之间起着桥梁与纽带作用，在完善行业管理过程中发挥着重要作用。协会一方面积极宣传政府的交通方针、政策和法规，另一方面代表企业利益反映企业的呼声，对完善物流政策和改善企业经营提出意见和建议。同时，行业协会从不同角度起到沟通情况、协调关系、提供信息、咨询服务等作用。

第八章 湖南省“十三五”普遍服务发展对策

一、绪论

（一）邮政普遍服务发展历程

中国是世界上最早、最成功地组织文书传递的国家之一。从目前发现的有文字记载的商朝算起到中国近代1896年成立的大清邮政的三千多年里，尽管王朝交替、政权更迭，但文书传递却始终保持着相对稳定的状态。前人形容它是“通远迩于一脉，继往来以不穷”。具有早期邮政性质的文书传递通信组织——邮驿，作为历代政权的组成部分，毫无例外地都具有官办、官管和官用的共同属性，以传命为主旨、接力传送，逐程更替。当时的邮驿只为官家服务，与平民百姓无缘。

邮政被誉为是“人们之间最朴实、最亲切和最具文化特色的信息媒介”，无论信息网络多么发达，实物信息的传递仍然是现代社会最主要的手段之一。但面对电子技术形成的替代业务、私营运营商的竞争和用户不断提高的需求，确实使传统邮政面临着严峻的挑战，推动邮政体制改革就此拉开大幕，成为了继电信、电力、铁路等行业改革之后的又一个热点。世界各国邮政纷纷通过改革，逐步走上了市场化的道路。在邮政行业变革浪潮中一个不变的关键问题是如何既形成有效竞争的邮政市场，又能使保证公民通信权利的普遍服务顺利实现。提供普遍服务是政府赋予邮政企业的一项义务，邮政作为传统的自然垄断行业在改革浪潮的冲击下、在技术创新的驱动下、在消费者需求的变化中，其自然垄断性质也逐渐弱化。邮政企业作为自负盈亏的经济主体在市场环境中盈利、生存和发展，在追求利益最大化的情况下有可能不愿为高成本地区提供普遍服务，从而出现“撇脂”行为，导致普遍服务的缺失，影响公共政策目标的实现。可以说，放松垄断、引入竞争给邮政行业注入了新活力，但同时也给邮政普遍服务带来了新问题。

（二）邮政普遍服务界定

威尔先生是美国AT&T的CEO（行政总裁），他在1907年首次提到“普遍服务”这个概念。美国AT&T是电信领域的一家公司，因此，“普遍服务”第一次出现是在电信领域。原话是这么说的，所有人在同一范畴内，没有地域、资费差，多出的差额全部由电信业务负担。美国在1934年正式将普遍服务这样一个政策纳入了其法律中，在美国的电信法中有很明确的规定。

当然在不同国家中，不同产业下的普遍服务的定义是不一样的，但在不同之中又有着关键点的相同。我们可以认为，普遍服务就是一项义务，一项为所有人提供的某种最基本的服务，同时满足以下条件。第一，服务的质量必须受到保证；第二，服务的对象是所有的公民；第三，服务的资费是人们所能够承担的。

一般情况下，普遍服务都是由政府牵头，并设置相应的机构来提供的。其原因主要是：首先，地域网络的分布性要求这样。无论是需要承担普遍服务的企业，如电信、电力、邮政，还是其他行业，它们要正常运行就离不开地域网络。地域网络上每一个分支、节点都是这张大网中的一部分，而每增加一个小的分支都会给整个大网带来利益。在这样一个地域性的网络中所承载的流动并不是单向的，所有的网络分支都具有相互补充的特性。例如，邮政物流快递网络，邮政分布的网络越多越便捷，人们的受益就会越来越多，受益的群体也会越大。

由此，政府就有必要给予一定的支持来使这样一个大网正常持续的运行下去，并且要制定多项有利的政策来提高地域网络的有效性，最终保障所有用户的权益。其次，资费的最高限制要求这样。我们知道，税收可以影响再次分配，而普遍服务中的资费的定位也可以看成是一种特殊意义上的再分配。政府对资费进行最高限制，就能很好地保障弱势人群正常的享受普遍服务。所谓弱势人群就是指低收入人群、高龄人群、边远地区落后地区的人群以及残疾人。防止普遍服务的资费波动，保障公民都能享受普遍服务的权益，这就成了政府部门的职责。

万国邮联在公约中指出：邮政普遍服务是为了保障世界上无论任何地方的所有人收寄信件、物品的服务。从这个解释中可以得出：邮政普遍服务就是保障所有人都能享受到邮政寄递服务。当前各个国家都认可的邮政普遍服务的一般定义指的是，邮政普遍服务是为国家所属领土中的公民在一定的可以承受的价格下，所给予的同一质量的长久性的邮政服务。欧盟成立后，1998 年生效的指令中对邮政普遍服务的定义是：所属地域、所属公民、所能承当的费用、提供一定质量的邮政服务。所属地域包括本国内所有的发达和不发达的地区。所属公民指的是个人、组织机构、企业，即自然人和法人都能有享受邮政普遍服务的权利。所能承担的费用指的是最低收入的人群都能付得起的价格。一定质量的服务，就是指虽然资费较低，但是所享受的服务水平并不低，服务质量是满足所规定的相应要求的。

（三）邮政普遍服务的标准

每个国家都要结合本国的国情，对邮政普遍服务的界定做出具体的归纳。总体来看有以下几个标准。

第一，不同的国家，所确定的普遍服务的内容差别比较大。例如，欧盟的邮政普遍服务包含的内容为：信件、商函、刊物、书籍等（2 千克以内），以及包裹（10 千克以内）、挂号邮物、报价邮物。德国的邮政普遍服务中，信件的重量在 2 千克以内，尺寸不超过万国邮联所规定的细则中的要求；包裹的重量不超过 20 千克，大小同样是参考万国邮联所规定的细则。南非、澳大利亚、新西兰、加拿大等国家的邮政普遍服务就较为简单，仅仅是信件。俄罗斯则在邮政普遍服务中多了汇款一项。巴西在邮政普遍服务中将电报纳入其中，除了信件外，还有邮政汇款一项。

第二，各个国家都会给予邮政企业普遍服务一定的补偿。有一些国家为了给邮政普遍服务相应补偿，将部分盈利的项目划归入邮政普遍服务当中，并且将专营权划归邮政企业，这样一来，盈利产业生成的利润就能填补普遍服务的亏损。例如，美国将 10 千克以内的快递邮物归入普遍服务，就是出于这样的考虑，商函广告函业务也纳入到邮政普遍服务中。

第三，纵观世界各国邮政，有些国家的邮政普遍服务的范畴比专营范畴要大的，即普遍服务的领域和专营业务的领域是不相同的，例如荷兰。还有一些国家邮政普遍服务的经营领域小于其专营的业务领域，如有些国家将报刊发行业务纳入专营业务，而不是普遍服务业务。而有些国家将邮政金融业务也纳入普遍服务。当然，通信权利是任何一个国家中的任何一位公民都享有的权利，并且能够用可以接受的价格享受合理的服务。在我国，对邮政普遍服务的界定是在 2009 年第十一届全国人民代表大会常务委员会第八次会议中修订通过的。《中华人民共和国邮政法》第一条就明确指出：在我国，按照我国所规定的邮政业务的范畴和资费、服务标准，为我国所有公民永久的给予的邮政服务。该法第十五条规定：单件信件在 5 千克以内，包裹在 10 千克以内，以及邮政汇款是我国邮政普遍服务的范畴。并且还对我国邮政普遍服务定义的归属和外延有了很明确的规定。

（四）邮政普遍服务特殊性分析

邮政普遍服务是在市场经济的发展中实施的，因此邮政普遍服务具备市场经济的某些特征。首先，从经济学的角度来看邮政普遍服务的特殊性。邮政普遍服务中体现了经济学中的效益、成本，普遍服务也是产品的一种，也是具有产品属性的。在经济学中有这样两类产品——公共产品和私人产品，主要是通过产品的消费特征进行区分。两类产品的最大不同在于，公共产品是非竞争非排他性质的，私人产品则不同。简单的可以理解为获利方之间不存在矛盾和冲突，不同的获利方从产品中得到效益不会影响到其他获利方对该产品的使用和消费。当然在产品的使用过程中产生的利益不会被某人独自占有。

那么我们来看看邮政普遍服务，同样不会因为某些人使用普遍服务而影响到另一部分人对其的消费和使用，人们的使用效果和权利不会变。邮政普遍服务在人们的信息交流和文化传播上都起着促进作用，保障了人们的通信权。这些都是邮政普遍服务具有的外部特征，也是社会基础服务的基本内容。此外，邮政普遍服务的对象覆盖整个国家区域，其广阔性和高额的网络布局的费用有效地限制了私人进入邮政普遍服务。因此邮政普遍服务属于公共产品，其特殊性与义务教育等是有相似性质的。

普遍服务的实施者其服务范围被要求面向国内地区的一切公民，这样一种特殊的服务在其实施过程中就被发展要求而产生的高成本深深地影响着，也就必然影响了它的成本特征。各地区地理人文条件不同，在发展邮政普遍服务的过程中的运行成本也就不同，这样的差异又称为成本差异。如西藏实施邮政普遍服务的难度要比在沿海内陆等地困难得多，因为经济发展状况及地理条件导致前者要比后者的服务成本高得多。普遍服务之所以特殊，还在于就算是成本过高，但是实施者不能以这个理由拒绝提供服务，这也就是成本的强制性。无论成本高低，都必须投入资金发展普遍服务，并且要在国家法律规定的内容条例中完成所有的服务，保证其服务质量。邮政普遍服务覆盖网络广，受众人群多，相应产生的效益就会很大，但是为了保证公民能够公平的享受普遍服务，规避拥挤消费，国家对普遍服务的收费做了相应的限制和控制并且对普遍服务网点的设置也做出了规定，每 5～10 千米或 3.5 万人口范围就必须有一个服务网点。邮政普遍服务收费必须考虑低收入人群所能承受的能力范围。综上，邮政普遍服务的一个特征就是成本投入与收入的差异性，也就是说美国邮政普遍服务所产生的效益与中国存在明显的不同，而北京邮政普遍服务与甘肃也是不同的。

邮政普遍服务第二个特殊性体现在服务效益上。我们知道，邮政普遍服务要按照国家法律规定的要求布局经营，但是服务费用又要低于所投进服务实施的成本，这样致使在全球邮政普遍服务业务都是处于亏损状态，不仅是邮政，电力、电信等产业也是如此。而普遍服务作为社会的一项基础服务是不可缺少的，但是经营起来却存在亏损，引申出政府在针对普遍服务经营与维系中的智能，即对普遍服务的补偿机制。除去经营普遍服务者的一些交叉性补偿，政府给予的普遍服务的补偿机制就更为重要了，这不仅仅是政府对社会需求的一种职责，也是政府工作的实质与主要的方向。

从现代对于行政学的研究来看，在市场经济的大环境下，要求的是全能政府、责任政府，政府的职能主要体现在以下三个方面：第一，规划市场，维持好市场秩序，努力保证公平的竞争氛围。第二，针对国内市场微观的偏差，运用有效的经济手段将其纠正。第三，为社会提供公共服务和保障。邮政普遍服务的业务也是当前政府所应履行的重要职能之一。根据所有制形态，分国有经济、非国有经济。个体私营、外资、民营是非国有经济的基本组成。作为政府，除了提供给公民所必需的公共产品外，自身不参与任何经济活动，政府以管理者的角色，对市场经济下的各项经济活动采用有效的手段，最好是经济手段来进行宏观和微观的调控。公共产品、基础服务对国家而言具有重要的战略意义。根据经济发展水平的不同，国有经济的比重和布局在各项产业和地域就会有所不同，并且会作出相应调控。

二、湖南省邮政普遍服务基本情况

湖南省位于中国中南部，北枕长江、接壤湖北，南临两广，西连贵州、重庆，东临江西。湖南省的土地面积为21.18万平方千米，占全国国土总面积的2.2%，居全国第10位。全省地形轮廓以雪峰山为界，以西为全国地势第二阶梯，以东为第三阶梯。可划分为6个地貌区：湘西北山地区、湘西山地区、湘南山丘区、湘东山丘区、湘中丘陵区、湘北平原区。

（一）邮政普遍服务业务情况（见表8-1）

2014年，湖南邮政管理部门和邮政企业以积极姿态切入地方经济发展，致力于提供优质、高效、便捷的邮政服务，不断改善服务环境，提升服务能力，积极搭建综合服务平台，在邮政服务发展方面取得成效。

一是空白乡镇邮政局所补建工作。全省共有空白乡镇邮政局所补建网点939个，截至2014年年底，竣工率超过90%。网点补建完成后，有效保证城乡居民用邮需求，进一步提升湖南省城乡公共服务一体化水平。这项工作，除国家财政专项拨款外，湖南省级财政划拨补助资金6000万元。2015年上半年将全面完成。

二是西部和农村地区邮政普遍服务以及邮政机要通信基础设施建设工作。根据国家发展和改革委员会下达的指标要求，2013—2015年翻建邮政普遍服务网点362处，更新邮运/投递车辆197台；2013—2015年改造机要室106处，更新机要通信投递车辆132台。截至2014年11月30日，省邮政公司已经安排300个网点翻建计划，更新车辆完成60%；改造机要室完成80%；更新投递车辆完成100%。省级财政补助资金7000余万元。

三是争取邮政车辆免费通行。为更好地服务民生，促进地方经济发展，省局与省交通运输厅深入沟通协商，取得了经办部门和相关领导的进一步支持，为邮政企业新增加了100多个邮运车辆免费通行证。

四是交通运输业与邮政业战略合作。2014年11月，省局与省交通运输厅联合下发了《关于加强交通运输业与邮政业战略合作的指导意见》（湘交运管〔2004〕419号），着力推动规划内交通、邮政设施一体化建设，在公路枢纽城市主要物流园区建设项目中规划布局邮政服务区域；共同推进物流信息共享平台建设；鼓励邮政企业在城乡邮政营业网点代售各种车船票和充值业务，以及在客运站、客运码头设置邮政服务网点，开办各类邮政代理业务；支持邮政和快递企业利用城际、城乡客运班线网络发展快运、快递业务，利用市到县和县到乡镇的客运班车代运邮（快）件；鼓励邮政、快递企业与交通运输企业在县乡两级开展农资配送平台建设、农产品进城运输、小件快递以及分销商品捎带等方面合作；充分利用农村客运站，使其具有交通运输、邮政仓储等功能；支持将邮政“三农”服务网点打造为集农资配送、邮政服务和运输代理等为一体的邮政农村物流综合服务平台。

五是部门联动加强物流寄递业治安管理工作。联合省公安厅、省工商行政管理局、省交通运输厅、省商务厅制订了《关于进一步加强全省物流寄递业治安管理工作的意见》，明确属地管理，将寄递治安工作纳入当地警务综合系统，建立了会商制度和常态化联合执法机制。

表 8－1　　邮政普遍服务业务量（截至 2014 年年底）

指标	单位	2013 年	2014 年	变化幅度（%）
邮政业务总量	万元	602707.4	674800.00	12
其中：函件	万件	5756.2	4534.91	－21
包裹	万件	209.2	235.79	11
订销报纸累计数	万份	67979.7	66540.47	－2
订销杂志累计数	万份	4958.7	4774.97	－4
邮政汇兑	万笔	490.1	323.97	－34
人均函件量	件	0.8	0.63	－21
每百人报刊量	份	944	924	－2
盲人读物	件	—	6000	—
义务兵平常信函	件	—	8000	—

（二）服务能力

1. 服务设施（见表 8－2）

表 8－2　　邮政服务设施变化情况（截至 2014 年年底）

指标	单位	2013 年	2014 年	变化幅度（%）
全省邮政营业场所总数	处	2183	2334	6.9
其中：城市自办	处	648	648	—
城市代办	处	33	98	197
农村自办	处	1298	1298	—
农村代办	处	204	290	42
提供普遍服务的邮政营业场所	处	2053	2334	13.7
其中：自办	处	1885	1990	5.5
开办全部普遍服务业务的营业场所	处	1575	1990	26.3

续　表

指标	单位	2013年	2014年	变化幅度（%）
电子化营业场所	处	1874	1688	-9.9
邮政普遍服务营业场所平均服务半径	千米	5.73	5.57	-2
其中：城市平均服务半径	千米	—	—	—
农村平均服务半径	千米	—	—	—
邮政普遍服务营业场所平均服务人口	万人	3.27	3.2	-2
邮筒（箱）	个	3700	4702	27
邮政报刊亭	处	1630	1262	-22.6
信报箱（群）	个	—	591174	—
村邮站	个	—	4003	—
三农服务站	个	—	2982	—
社区服务站	个	—	5491	—

2. 邮路与投递线路（见表8-3）

表8-3　　邮路与投递线路变化情况（截至2014年年底）

指标	单位	2013年	2014年	变化幅度（%）
全省（区、市）邮路总条数	条	621	1367	120
其中：航空邮路条数	条	0	0	—
铁路邮路条数	条	1	0	—
汽车邮路条数	条	603	395	-34.5
单程邮路总长度	千米	68501	79103.9	—
其中：航空邮路长度	千米	0	0	—
铁路邮路长度	千米	1607	0	—
汽车邮路长度	千米	67145	48079.4	-28.4
农村邮路条数	条	317	1026	223
农村单程邮路长度	千米	29471	27343.2	-7
农村投递线路条数	条	5804	5531	-4.7
其中：摩托车投递线路条数	条	2166	2288	5.6
自行车投递线路条数	条	3041	2856	-6
马班投递线路条数	条	0	0	—
步班投递线路条数	条	496	387	-21.9

续 表

指标	单位	2013 年	2014 年	变化幅度（%）
农村单程投递线路长度	千米	235921	223425.28	－5
城市投递线路条数	条	2257	2219	－1.7
城市单程投递线路长度	千米	61149	60738.37	－0.6
邮政妥（直）投点	万个	201.2	201.6	—

3. 从业人员

全省邮政企业普遍服务从业人员总数为 23447 人，其中营业人员 6966 人，投递人员 5426 人。

(三) 服务水平

1. 营业时间（见表 8－4、表 8－5）

表 8－4　　邮政营业场所营业天数

指标	城市主城区邮政营业场所（个）	城乡结合部邮政营业场所（个）	乡镇邮政营业场所（个）	农村邮政营业场所（个）
每周营业 7 天	472	—	—	—
每周营业 6 天	—	—	—	—
每周营业 5 天	—	—	1000	—
每周营业 5 天以下	—	—	—	518
合计	472	—	1000	518

表 8－5　　邮政营业场所营业时间

指标	城市主城区邮政营业场所（个）	城乡结合部邮政营业场所（个）	乡镇邮政营业场所（个）	农村邮政营业场所（个）
每天营业 8 小时及以上	472	—	—	—
每天营业 7～8 小时（含 7 小时）	—	—	—	—
每天营业 6～7 小时（含 6 小时）	—	—	1000	—
每天营业 5～6 小时（含 5 小时）	—	—	—	518
每天营业 5 小时以下	—	—	—	—

2. 投递水平

截至2014年年底，全省城区每日平均投递频次2次，农村每周平均投递频次3次。乡镇政府所在地每周投递频次在5次及以上的有1223处，每周投递频次在4次的有0处，每周投递频次在3次的有957处，每周投递频次在2次的有0处，每周投递频次在1次及以下的有0处。全省通邮行政村数量4.25万个，通邮率100％。

3. 省内邮件全程时限

2014年，抽查全省普通邮件8762484件，逾限131773件，综合逾限率为1.5％。其中上半年抽查3978563件，逾限53248件，综合逾限率1.33％；下半年抽查4783921件，逾限78525件，综合逾限率1.64％。

(四) 邮政普遍服务保障

1. 法律、规划、政策保障

一是依据国家赋予监管职能，严格依照《邮政法》规定加强对邮政专用标识车辆的监督管理。二是开展交通运输业与邮政业战略合作。与省交通运输厅联合下发了《关于加强交通运输业与邮政业战略合作的指导意见》(湘交运管〔2004〕419号)。

2. 资金支持

全省空白乡镇邮政局所补建工作，除国家财政专项拨款外，湖南省级财政划拨补助资金6000万元；西部和农村地区邮政普遍服务以及邮政机要通信基础设施建设工作，省级财政将补助资金7000余万元。

3. 设施建设

(1) 空白乡镇局所补建情况。

湖南省空白乡镇补建邮政局所计划数量为939个，为促进补建空白乡镇邮政局所移交运营工作任务顺利完成，省局派出督导组分别对衡阳、郴州、怀化、湘西等市州进行了督导检查。截至2014年年底，经实地核查，全省乡镇邮政局所补建进度：已完成选址931处，在建15处，竣工916处，其中竣工验收902处，交付邮政企业887处，运营830处，运营率达88.39％。岳阳、张家界和邵阳全部交付运营。

(2) 村邮站建设。

目前，湖南省已建成村邮站4003个。村邮站建设和管理存在的困难：一是征地和建设资金难以落实；二是村邮站管理人员的待遇没有保障，义务捎转难度较大。

(3) 信报箱建设。

为推进湖南省城镇住宅楼房信报箱建设工作，省管局联合省住建厅下发了《严格执行〈住宅设计规范〉和〈住宅信报箱工程技术规范〉加强全省城市住宅信报箱建设的通知》。各市州管局积极推进信报箱建设工作。

（4）西部和农村地区邮政普遍服务基础设施改造。

根据国家发展改革委下达给湖南省的指标要求，2013—2015 年翻建邮政普遍服务网点 362 处，更新邮运/投递车辆 197 台；改造机要室 106 处，更新机要通信投递车辆 132 台。截至 2014 年 11 月 30 日，省邮政公司已经安排 300 个网点翻建计划，更新车辆完成 60%；改造机要室完成 80%；更新投递车辆完成 100%。省级财政将补助资金 7000 余万元。

湖南省邮政普遍服务处于稳步发展时期，发展层次和发展质量持续向好。全省邮政管理部门认真贯彻落实国家局和省委、省政府决策部署，按照“安全为基、发展为要、服务为上”的总体要求和“三量齐升”的发展目标，紧紧围绕改革发展主题，锐意进取、迎难而上，在促转型、优服务、提能力等方面取得了重大进展，全省邮政普遍服务受益群众增量提升，公众对邮政普遍服务满意度保持稳定。主要有几个特点：一是全面加强了与相关部门的联系沟通，抓住邮政监管体制深化完善的机遇，进一步改善了邮政普遍服务发展环境，为行业发展争取了政策、资金支持。二是加快了邮政普遍服务基础设施建设，基本完成了 939 个空白乡镇补建局所补建任务，并促进了移交运营，为基层群众享受邮政普遍服务打好了基础。三是市州邮政监管队伍建设成效明显，组织开展了邮政基础设施全面普查、邮政法定业务开办专项检查等多项监督检查工作，加强了监管力度，锻炼了干部队伍。

从全省看，邮政普遍服务监管仍存在不少攻坚难点，边远和农村地区邮政普遍服务质量缺少保障；村邮站和信报箱建设还需大力推进。普遍服务均等化建设工作任重道远。围绕建设普惠邮政、智慧邮政、安全邮政、诚信邮政、绿色邮政的主线，支持邮政企业转变发展方式，规范经营，改善服务，提升服务质量，切实保障民生。

三、湖南省邮政普遍服务存在的问题

通过对湖南省邮政普遍服务和特殊服务的调研可以看出，湖南省邮政在机要服务方面还是做得不错的。至于服务设施的配备，虽然在逐渐加强，但是速度比较缓慢。究其原因，还是补贴机制不健全引起的。从用户满意度和服务质量上的数据可以看出，行业监督工作做得不够，有待加强。此外，问题较大的有两方面：一是快递市场还有待进一步规范。快递企业面临着加强能力建设、加快转型升级的发展问题；快递服务还存在着积压延误、丢失损毁、投诉赔偿难等大量问题需要重点解决。加快行业的转型升级，发展现代邮政业，是湖南省邮政业发展面临的紧迫任务。二是行业经济规模还相对偏小。邮政业务总量、业务收入与湖南优越的区域地位相比较，还有很大的提升空间。普遍服务和特殊服务保障能力、保障水平与国家和人民群众实现基本公共服务均等化的要求、愿望相比较，还有较大的提升空间。

（一）补贴机制不健全

邮政企业虽然具有经营性质，但其公共性是非常突出的。仅从普遍服务这一点就不难看出，邮政企业承担着社会很多公用性的服务。湖南省邮政业即是如此，很多社会和政府行政的任务都是由邮政承担的，而且对广大乡、镇、村等边远落后地区提供同等邮政普遍服务。这样一来，生产及劳动成本就相应的增加了。对于邮政企业，一方面要面临商业化、市场化的竞争压力，另一方面又要承受普遍服务所带来的高成本的亏损问题，致使邮政企业运行困难重重。由于湖南省面积较大，又是一个农业大省，普遍服务的质量要保证，就要做好“三农”工作，成本压力随即上升，这给湖南（省）邮政的发展带来了巨大的考验和挑战。所以湖南省邮政需要积极开发合理的补贴机制来补偿在邮政普遍服务中的亏损。

当下湖南省邮政公司针对邮政普遍服务的补偿手段只有通过内部各项业务的交叉补偿。虽说邮政企业业务种类繁多，但是主要是靠代理金融业务的盈利来对内部财务的亏损进行补贴。邮政利用自身渠道优势，融入地方经济，开展“农产品进城”服务，促进地方经济发展的特色业务。

但是，光靠单一的补偿机制和随机的补偿项目来对邮政普遍服务的财务亏损进行补偿，是不具备科学合理性的，是不符合可持续发展战略要求的。就拿代理金融业务来说，该业务受国家金融政策的牵制较大，如若国家对金融政策进行调整，那么对邮政代理金融业务将会产生巨大影响，对湖南邮政普遍服务的补贴将会有很大的负面影响。要解决根本问题，就必须要建立补贴基金，并且要求政府给予相应的优惠政策。

（二）监督机制薄弱

普遍服务良好的运行离不开监督机制，只有持续的、完善的监督机制才能保障普遍服务的顺利进行。就目前湖南邮政的情况来看，针对普遍服务的监督体系有待完善，虽然在去年监督机构已经在各地区陆续建立起来，但是农村和边远地区的监管还略显不足。省邮政和各地市县邮政通过纪检、信访等方式对普遍服务进行监督，作为现代企业却没有建立起现代企业的监管体系。行政化较严重，对于邮政普遍服务的发展还是会有一定的弊端。群众、媒体监督和听证会制度未充分发挥，就外部原因来说，之前监管机构只在省会市有，去年开始才在各地市逐渐建立起来，各方面仍有待完善。湖南省邮政要想在如今市场经济的背景下茁壮成长、独立发展，更好地为湖南人民提供优质的服务就必须建立起系统化的企业监管体系。

（三）投递工作存在不足

投递工作是邮政普遍服务工作中的一项重点工作，因此在对湖南省邮政普遍服务的调研中将此项工作重点深入地进行了调研，对投递工作人员在岗工作情况、岗后培训情况都作了详细的数据记录，并且对投递工作效率，通过模拟投递等方式进行记录，湖南省邮政普遍服务中的投递工作总体合格率为95%以上，表现较好，但是为了完善投递工作，笔者通过调研结合全省多地的一个投递情况，总结出投递存在的不足：

（1）投递网络资源共享的要求与当前投递组织各自为政的矛盾。当前，邮政内部，有普通邮件、报刊的投递（有的局还实行了信报分投），有特快专递邮件的投递，有纪要邮件的投递，在有些局还有大件包裹、高额汇票的延伸投递。其中以普邮和特快邮件的投递最为普遍，投递对象均为最广泛的用户。但两者又有不同之处，前者是综合、分散的投递，段道投递范围较小、较细；后者是专业、集中的机动车辆投递，段道投递范围大，投递的要求高，要求门对门、桌对桌的最具体收件人的签收。两者还有一些不协调的地方，突出表现在当前随着户箱工程的迅速推进，给特快邮件的投递签收带来了越来越多的困难，用户的特快邮件收件人名址是××住宅区××信箱或是××代办所××信箱，没有具体的投递地址，特快无法直投收件人，而有些邮政信报群的信箱为了防止非邮政人员的投递，箱体制成了全封闭式，连特快邮件的领取邮件通知单也无法插入，造成特快邮件无法投递或延误投递现象时有发生。

（2）投递能力的扩大与仍然无法满足用户需求的矛盾。当前邮政企业为适应市场竞争的需要，更好地履行邮政普遍服务，各地区邮政公司相继出台了一些新的服务举措，增设了新的投递网点，增加了投递段道，投递能力有了很大提高。但邮政的投递方式还没有从根本上得到大的改变，还没能做到上楼投递，大单位用户分散投递，尤其是在投递给城市的居委会、住宅区物业管理部门、郊区、农村乡镇的村委会收转的信件、明信片，有许多都不能及时转送收件人，造成积压、延误。所有这些与用户的需求还有差距。

“户箱工程”的大投入与缺乏管理、利用效率差的矛盾，装箱组织形式与使用效果的矛盾。各地区分公司都进一步加快了信报箱群建设，不惜成本，重在落实。然而却重建设、轻管理、轻效益。在住宅小区及居委会简称大片的信报箱群，免费交其物业管理、使用，而有的物业部门却将此作为私人财产收取租金或管理费，影响了用户的利益，其重收费、轻服务、轻宣传，致使信箱使用率不高，损坏率却不低。装箱组织形式与实用效果的矛盾主要表现在信报箱群的形式，规模越大，其服务的范围也越大，就越不能贴近用户，方便用户使用。

传统邮件的信用交接与用户签收的矛盾。集中表现在使用高层楼房单位信箱、私人信箱，使用信报箱群信箱的用户，在投递各类给据邮件时无法当面点数签收，只有投递领取邮件通知单，通知用户到邮局领取，或是与用户签订投递协议，由用户预留名章，由投递员自行盖章投放邮件。投递给据邮件无签收，直投大户报纸、杂志无法点数、签收。所有这些都是造成用户反映短缺报刊、延误收到邮件及邮件被他人冒领等纠纷的重要原因。

（四）普遍服务均等化推进缓慢

普遍服务均等化问题目前是各地政府、学者普遍较为关注的问题，在邮政改革十多年来，邮政普遍服务均等化问题仍然是现在的重点问题。党的十七大中明确指出实施城乡的统筹发展，并积极推进实现基本的公共服务均等化工作，目前邮政普遍服务的情况是城乡发展仍然不均衡，农村邮政设施建设还处于相对滞后的状态，但广大农民对于邮政普遍服务还是有相对迫切的需求。从全国范围来看，据国家的统计，目前农村空白乡镇邮政局数量仅占全国乡镇数量的 1/4，而中西部地区几个省份的空白乡镇局的比重则超过了 1/3，尤其是包括藏区在内的一些边远少数民族所在地区的空白乡镇局的比重更是超过了 1/2，造成当地的百姓无法正常享受邮政普遍服务，用邮极为不方便。湖南省处于我国中部，同样存在这样的问题，湖南省邮政普遍服务和特殊服务保障能力、保障水平与国家和人民群众实现基本公共服务均等化的要求、愿望相比较，还有较大的提升空间。根据对湖南省邮政普遍服务调研中得出的数据来看，全省在去年新增网点 11 个，但是撤并网点 7 个，新增数量在全年的普遍服务工作发展中的速度是较为缓慢的，湖南省空白乡镇邮政局的补建工作仍然存在区域推进不均衡、整体推进进度有待加快等问题。有业内专家指出，目前湖南省邮政普遍服务的均等化困难包括全国邮政普遍服务均等化的困难，都源于邮政普遍服务的网点，特别是乡镇中的邮政局所产生的社会效益及经济效益非常薄弱，致使可持续发展无法进行下去。当前来看，邮政普遍服务均等化工作还有待加强，普遍服务均等化工作任重道远的。

四、完善湖南省邮政普遍服务的建议

（一）完善湖南邮政投递组织的改革

1. 以投递的组织生产作业为重点

邮政投递作为邮政通信的末梢环节和对外服务的主要窗口之一，要为邮政树立良好的社会形象，好的形象，好的服务，来自内部严格的基础管理。投递部门环节很多，工序很多，每一道工序都很重要，都必须认真做好。邮件投递要以时限为主线，以报纸、杂志的内部清点，挂号邮件的抄登、合笼为重点，把好出局关，对短少用户的报纸、杂志要有登记，要明示用户，并且做好邮件的再投及批、改、退等细致的工作。

2. 加强各投递组织之间的相互协作，真正实现资源共享

这里尤其以加强普邮和特快邮件的相互协作为重点。首先要解决用户信箱地址的共用，特快邮件也可以和挂号邮件一样按信箱地址投递，特快投递人员有权知道信箱用户最具体的地址、联系电话，以期更快地投递邮件。其次是普邮与特快投递之间要加强业务交流，用户单位搬迁等业务资料要共享，共同做好投递工作。

3. 提高信箱普及率和使用率

信报箱群的建设越分散就越能接近用户，方便用户使用。要深入居民区的每一栋楼房的每一个单元，先可以免费赠送单体信箱，同一地方单体信箱用的多了，就可以将箱体换下，装上小型群式信报箱，换下来的单体箱又可以发展新的零星用户，如此滚动式发展，就能减少成本，形成良性发展。对于那些没有固定地址，经常不在家或不愿公开自己的地址又有用邮需求的用户，可以向其提供局内出租信箱业务，收取一定的租金，以期达到以箱养箱。

4. 切实做好报纸杂志的短缺和赔偿治理工作

缺报少刊多年来一直是用户投诉的热点。一是要做好来报、来刊的点数、勾挑及登记工作，短少报刊要明示用户，不把差错带出局。二是投递的深度要到位，要做好报纸的妥投，杂志卡片的签收工作。三是要建立从上至下的迅速负责的短缺报刊赔偿渠道，投递公司。投递班组要建立专门的短缺报刊赔偿基金，遇有确实短缺用户报刊一定时期未补的，要及时赔偿用户，最后再与发行部门分清责任，结算赔偿款。

5. 多方位开发投递功能

现代市场经济，为了加强管理，提高竞争力，城市投递实行专业化公司管理已是必然。投递公司也要参与经营，要实施生产、经营、管理一体化的专业管理模式。在经营方面，投递公司在揽订报刊、发展夹投广告及其他实物类代送代投业务都有便利的条件，同时，每一个投递员都是邮政企业深入用户的一根触角，要十分敏锐地发现市场的契机，并将信息及时反馈上来。

由此看来，当前，邮政投递事业取得了较大的发展，但还存在着一些矛盾。当然，这是由于矛盾的普遍性决定的，是存在于实物发展过程中的矛盾。做好邮政普遍服务，首要工作就是做好投递，投递是邮政普遍服务不可或缺的一个重要环节，我们必须在矛盾中统一矛盾求发展，通过不断地深化改革，在改革中求得投递事业的新突破，为湖南人民提供更优质的邮政普遍服务。

（二）做好边远农村邮政普遍服务均等化工作

目前湖南省邮政普遍服务均等化工作的重点，就是要加大投入发展边远农村乡镇的邮政业务，做好农村网点的建设，提高农村网点邮政普遍服务的质量。

1. 进一步扩大邮政普遍服务网点覆盖面

湖南省邮政网点、社会代办场所大多设立在乡镇主要街道、乡村等人流量大、交通便利的地段，长期为农民提供邮件寄递、报刊发行、农资分销、缴纳各项公益事业费、通信费以及邮政金融等各项便利、优质服务。积极争取中央预算内资金，用于服务“三农”项目建设。积极推进金融全覆盖工程，借助“农村信息化平台建设项目”推广新便民服务平台，进一步扩大邮政金融服务在农村的覆盖面。

2. 加大自有网点建设力度

将主要资金、主要精力向网点改造重点倾斜。装修布置网点大厅、支局所长室、大客户室、网银体验区等，改善网点硬件设施，优化网点形象。在大力改造网点的同时，大力推进农村网点“职工小家”建设，建设网点活动场地，配备宿舍、厨房、浴室、卫生间、活动室、院落。

3. 加速推进邮政金融全覆盖服务点建设

采用布放离行式 ATM/CRS、新增金融网点、利用邮政营业汇兑网点或布放商易通等多种形式，建成邮政金融全覆盖服务点，为农村提供存取款等基础金融服务，实现了邮政金融农村全覆盖。一是新增金融网点。争取地方政府和监管部门的支持，在邮政金融空白服务乡镇增设邮政金融网点，解决当地居民的存取款问题。二是充分利用汇兑网点（主要针对联网后的单点网点）的两网互通功能，满足农村客户的资金到账户、账户到账户和账户到现金需求。三是布放助农取款商易通。通过这一途径，帮农民实现收本行及外行账户款、查询、代理缴费、邮政汇款、助农取款、活期互转等日常金融服务需求。

4. 加大农村邮政金融网点建设和金融服务宣传

一是继续加大网点改造力度，进一步加大对网点投入力度，增配网点 ATM/CRS。加大金融全覆盖服务点建设力度，扩大服务点辐射区域，确保农民享受更加便利的邮政金融服务。

二是进一步做好针对农村地区的金融服务工作，对区域内农户和农村中小企业开展有针对性的宣传，提供上门服务。利用邮政储蓄网络优势，拓展代理保险、代理基金等个人金融服务，做好代发粮食直补资金和农村养老金代发；加大邮政绿卡业务的宣传，建设绿卡村，提高绿卡的使用率。加大中小企业的走访频次，做好工资代发。

5. 加强农村投递服务

一是加大投入，提升投递能力。实现农村邮政投递摩托车化，采取配备摩托车或由乡邮员自带摩托车，适当补贴燃油费。

二是适时配备手持智能终端，及时反馈投递信息。

三是加强村邮站和便民服务站建设。积极取得地方政府大力支持，逐步建好村邮站和便民服务站，增强农村代投邮件的覆盖面，满足农村投递社会普遍服务和个性化投递要求。

四是加强投递时限管控，确保农村投递服务质量。乡镇人民政府所在地每周不少于 6 次，农村地区每周不少于 3 次的投递频次，投递各类邮件。《人民日报》《湖南日报》《长沙晚报》等党报党刊作为重点投递，及时送到订户手中，不断提高农村投递服务质量和服务水平。

（三）加强湖南省邮政普遍服务体系建设

湖南省邮政要建立一支邮政普遍服务专（兼）职管理人员队伍，各市局市场部是普遍服务的责任主体，负责与市邮管局工作的对接和沟通协调，要设置一名专（兼）职邮政普遍服务管理人员，做好与各市邮管局日常工作的衔接；监保部负责做好普遍服务的质量监督检查工作；电商局负责邮政营业场所管理及做好邮政普遍服务业务和特殊服务业务。

负责邮政普遍服务专（兼）职管理人员要尽快熟悉政策规定，认真学习国家邮政局《邮政企业设置和撤销邮政营业场所管理规定（暂行）》和《邮政企业停止办理或者限制办理邮政普遍服务业务和特殊服务业务管理规定（暂行）》（以下简称“两个规定”），加强与各市邮管局沟通联系，做好邮政法律、法规、规章和有关政策、标准的贯彻执行，重点做好向各邮管局申报邮政普遍服务营业场所各项工作。

邮政普遍服务营业场所全面实地核查工作，建立健全邮政普遍服务营业场所动态管理台账和各项基础管理工作档案，加强数据分析，总结经验做法。

（四）提升邮政普遍服务基础服务能力

1. 加强普遍服务基础设施的建设

加快空白乡镇邮政局所补建和开业工作。以集团公司和省公司颁布的标准为基础，认真落实邮政营业网点和空白乡镇邮政局所建设工作，通过过程监控和沟通协调，按照标准和要求做好空白乡镇邮政局所的接收交付工作；根据“两个规定”要求做好开业前期相关准备工作，力争已交付的邮政局所全部开业。

推动城市住宅信报箱建设。要以各市成立邮管局为契机，加强沟通协调，抓好《住宅信报箱工程技术规范》国家标准的落实，争取获得政府政策支持，力争新建住宅信报箱安装率 100%；努力将老旧楼房信报箱补建工作纳入为人民办实事工程，推进老旧楼房信报箱补建工作。

2. 强化普遍服务基础管理

推进投递规范落实，提高信息化管理水平。以开展投递服务规范管理达标活动为主线，认真抓好投递管理规范、操作规范、服务规范、质量规范“四个规范”的贯彻落实工作；切实做好投递信息管理系统上线应用的落实，进一步提升投递服务质量；借助投递系统二期上线契机，做好各级投递机构基础数据维护工作，使基础管理台账由纸质表簿的填写逐步向无纸化办公过渡。

强化夯实管理基础，提升邮政营业服务水平。进一步规范基础管理，加强邮政营业网点基础设施建设，营造舒适、方便的现代邮政服务新形象；继续推进“三个规范”的服务标准，实施“用户是亲人”的服务理念，通过比武、交叉会审等方式，继续开展树立典型、评星级活动，全面提高全省邮政营业人员的服务意识。

严格邮票发行规定，做好宣传和销售等工作。严格落实《邮票发行监督管理办法》和

《集邮市场管理办法》，做好票品发行的宣传和销售组织，抓好重点题材邮票发行和销售服务工作；严格遵照邮票的发行时间销售，按照集团公司批复的零售量，足量供应网点销售；严格遵守破包、破版等规定，杜绝整版销售。

落实各项规章制度，确保机要工作质量全红。进一步健全机要通信组织机构，完善机要通信管理达标工作，加大机要通信安防设备及投递车辆的投入，严格落实机要通信规章制度，持续开展机要通信质量考核，不断提高机要通信质量，实现全省机要通信质量全红。

加强技能培训工作，提高从业人员业务素质。进一步加强邮政营业、投递、网运、机要、集邮等邮政从业人员岗位培训和轮训工作，深入贯彻邮件处理规则及相关业务规定，落实邮政营业、投递“规范”达标要求，提升从业人员业务素质和邮政普遍服务水平。

3. 深化普遍服务质量监督检查

加大检查力度，强化时限规定管理。一是要加强对邮件时限的集中统一管理，各级邮件时限管理领导小组办公室每月召开时限管理分析会议，根据时限检查分析报告，加强指挥调度，协调解决省内时限管理中存在的问题；二是要将邮件时限达标作为检查工作重点，根据邮件全程时限和分段时限开展对标检查，并突击检查邮件作业计划的执行情况，督促各环节认真按频次时限规定，严格按照上一级部门审批后的作业计划组织生产，确保落实邮件频次时限规定，确保邮件局内传递时限达标；三是要提升对邮件时限的保障能力，各级邮政企业要通过加大投入、优化作业流程、规范作业计划、盘活存量人员、车辆、场地以及制定节假日应急预案等措施，确保落实邮件频次时限规定。

畅通投诉渠道，提高投诉处理能力。一是进一步完善客户投诉管理制度，认真落实“首问负责制”和“有理由投诉待岗制”；二是充分发挥11185客服中心和中国邮政投诉网的作用，完善网上投诉受理渠道，建立投诉快速响应机制；三是及时妥善处理省效能办、邮管局12305邮政业消费者申诉、总经理信箱和湘邮网用户投诉工作，坚决防止用户投诉升级；四是利用信息系统和“先外后内、先赔后清”邮件损失赔偿机制，加快查验赔偿处理时限，有效解决“查询慢、赔偿难”等用户反映强烈的热点难点问题。

健全监督体系，强化服务监督管理。一是要增强服务质量监督检查力量，将检查人员配备到位；二是要加强“两岗”履职检查和考核，确保检查频次、天数、内容、广度和深度落到实处，充分发挥好服务监督检查的作用；三是要加强与消费者协会的诚信服务对接机制，加强与省政风行风热线及省纠风办的联系，及时了解当前服务工作存在的主要问题，进一步完善措施，改进服务；加强电话回访、上门走访和客户联谊工作；四是要加强社会监督员管理力度。除加强与社会监督员的联系互动外，加强全省用户满意度的测评，拟委托社会第三方调查机构参与用户满意度调查，拓新调查方式（如寄递用户征询函、现场采访、电话询问、神秘客户现场办理业务和日常检查采集信息等），进一步拓宽服务监督渠道。

第九章　物流业最新政策汇编

一、《国家公路网规划（2013—2030年）》（摘要）

（一）规划目标

形成布局合理、功能完善、覆盖广泛、安全可靠的国家干线公路网络，实现首都辐射省会、省际多路连通，地市高速通达、县县国道覆盖。1000千米以内的省会间可当日到达，东中部地区省会到地市可当日往返、西部地区省会到地市可当日到达；区域中心城市、重要经济区、城市群内外交通联系紧密，形成多中心放射的路网格局；有效连接国家陆路门户城市和重要边境口岸，形成重要国际运输通道，与东北亚、中亚、南亚、东南亚的联系更加便捷。其中：

——普通国道全面连接县级及以上行政区、交通枢纽、边境口岸和国防设施。

——国家高速公路全面连接地级行政中心，城镇人口超过20万的中等及以上城市，重要交通枢纽和重要边境口岸。

（二）规划方案

国家公路网规划总规模40.1万千米，由普通国道和国家高速公路两个路网层次构成。

1. 普通国道网

由12条首都放射线、47条北南纵线、60条东西横线和81条联络线组成，总规模约26.5万千米。按照“主体保留、局部优化，扩大覆盖、完善网络”的思路，调整拓展普通国道网：保留原国道网的主体，优化路线走向，恢复被高速公路占用的普通国道路段；补充连接地级行政中心和县级节点、重要的交通枢纽、物流节点城市和边境口岸；增加可有效提高路网运行效率和应急保障能力的部分路线；增设沿边沿海路线，维持普通国道网相对独立。

（1）首都放射线（12条）。

北京—沈阳、北京—抚远、北京—滨海新区、北京—平潭、北京—澳门、北京—广州、北京—中国香港、北京—昆明、北京—拉萨、北京—青铜峡、北京—漠河、北京环线。

（2）北南纵线（47条）。

鹤岗—大连、黑河—大连、绥化—沈阳、烟台—上海、秦皇岛—深圳、威海—汕头、乌兰浩特—海安、二连浩特—淅川、苏尼特左旗—北海、满都拉—防城港、银川—榕江、兰州—龙邦、策克—磨憨、西宁—澜沧、马鬃山—宁洱、红山嘴—吉隆、阿勒泰—塔什库尔干、霍尔果斯—若羌、喀纳斯—东兴、东营—深圳、同江—哈尔滨、嘉荫—临江、海口—三亚（东）、海口—三亚（中）、海口—三亚（西）、张掖—孟连、丹东—东兴、饶河—盖州、通化—武汉、嫩江—双辽、牙克石—四平、克什克腾—黄山、兴隆—阳江、新沂—海丰、芜湖—汕尾、济宁—宁德、南昌—惠来、正蓝旗—阳泉、保定—台山、呼和浩特—北海、甘其毛都—钦州、开县—凭祥、乌海—江津、巴中—金平、遂宁—麻栗坡、景泰—昭通、兰州—马关。

（3）东西横线（60条）。

绥芬河—满洲里、珲春—阿尔山、集安—阿巴嘎旗、丹东—霍林郭勒、庄河—西乌珠穆沁旗、绥中—珠恩嘎达布其、黄骅—山丹、文登—石家庄、青岛—兰州、连云港—共和、连云港—栾川、上海—霍尔果斯、乌鲁木齐—红其拉甫、西宁—吐尔尕特、长乐—同仁、成都—噶尔、上海—聂拉木、高雄—成都、上海—瑞丽、广州—成都、瑞安—友谊关、瑞金—清水河、福州—昆明、广州—南宁、秀山—河口、连云港—固原、启东—老河口、舟山—鲁山、洞头—合肥、丹东—阿勒泰、萝北—额布都格、三合—莫力达瓦旗、龙井—东乌珠穆沁旗、承德—塔城、天津—神木、黄骅—榆林、海兴—天峻、滨州港—榆林、东营港—子长、胶南—海晏、日照—凤县、大丰—卢氏、东台—灵武、启东—那曲、上海—安康、南京—德令哈、武汉—大理、察雅—萨嘎、利川—炉霍、台州—小金、张家界—巧家、宁德—福贡、南昌—兴义、福州—巴马、湄洲—西昌、东山—泸水、石狮—水口、佛山—富宁、文昌—临高、陵水—昌江。

此外包括81条联络线。

2. 国家高速公路网

由7条首都放射线、11条北南纵线、18条东西横线，以及地区环线、并行线、联络线等组成，约11.8万千米，另规划远期展望线约1.8万千米。按照“实现有效连接、提升通道能力、强化区际联系、优化路网衔接”的思路，补充完善国家高速公路网：保持原国家高速公路网规划总体框架基本不变，补充连接新增20万以上城镇人口城市、地级行政中心、重要港口和重要国际运输通道；在运输繁忙的通道上布设平行路线；增设区际、省际通道和重要城际通道；适当增加有效提高路网运输效率的联络线。

（1）首都放射线（7条）。

北京—哈尔滨、北京—上海、北京—台北、北京—港澳、北京—昆明、北京—拉萨、北京—乌鲁木齐。

（2）北南纵线（11条）。

鹤岗—大连、沈阳—海口、长春—深圳、济南—广州、大庆—广州、二连浩特—广州、呼和浩特—北海、包头—茂名、银川—百色、兰州—海口、银川—昆明。

（3）东西横线（18条）。

绥芬河—满洲里、珲春—乌兰浩特、丹东—锡林浩特、荣成—乌海、青岛—银川、青岛—兰州、连云港—霍尔果斯、南京—洛阳、上海—西安、上海—成都、上海—重庆、杭州—瑞丽、上海—昆明、福州—银川、泉州—南宁、厦门—成都、汕头—昆明、广州—昆明。

此外包括6条地区性环线以及若干条并行线、联络线等。

二、《全国物流园区发展规划》（摘要）

（一）发展目标

到2015年，基本建立物流园区建设及管理的有关制度，物流园区发展步入健康有序的轨道，全国物流园区规划布局得到优化，物流园区设施条件不断改善，服务能力明显增强，初步建成一批布局合理、运营规范、具有一定经济社会效益的示范园区。

到2020年，物流园区的集约化水平大幅提升，设施能力显著增强，多式联运得到广泛应用，管理水平和运营效率明显提高，资源集聚和辐射带动作用进一步增强，基本形成布局合理、规模适度、功能齐全、绿色高效的全国物流园区网络体系，对推动经济结构调整和转变经济发展方式发挥更加重要的作用。

（二）物流园区总体布局

物流园区是提供物流综合服务的重要节点，也是重要的城市基础设施。全国物流园区总体布局的基本思路：根据物流需求规模和区域发展战略等因素，确定物流园区布局城市；按照城乡规划、综合交通体系规划和产业发展规划等，合理确定城市物流园区建设数量、规划布局和用地规模；研究制订物流园区详细规划，因地制宜，合理确定物流园区的发展定位、功能布局、建设分期、配套要求等。

1. 物流园区布局城市

确定物流园区布局城市，主要依据以下条件：一是物流需求规模，主要参考城市的国内生产总值、货运总量、工业总产值、社会消费品零售总额和进出口总额等经济指标的预测值。二是与物流业发展总体规划以及铁路、公路、水运、民航等相关交通运输规划相衔接。三是结合国家重点区域发展战略和产业布局规划，考虑相关城市的经济发展潜力、物流需求增长空间以及对周边地区的辐射带动作用。

根据上述条件，按照物流需求规模大小以及在国家战略和产业布局中的重要程度，本规划将物流园区布局城市分为三级，确定一级物流园区布局城市29个，二级物流园区布局城市70个（见专栏），三级物流园区布局城市具体由各省（区、市）参照以上条件，根据本省物流业发展规划具体确定，原则上应为地级城市。

2. 物流园区选址要求

在布局城市选址建设物流园区，应遵循以下原则：一是与综合交通体系和运输网络相配套。依托主要港口、铁路物流中心、公路货运枢纽、枢纽机场及主要口岸，具有交通区位优势，便于发展多式联运。二是与相关规划和现有设施相衔接。符合土地利用总体规划、城市总体规划和区域发展总体规划，充分利用现有仓储、配送、转运等物流设施。三是突出功能定位。紧密结合产业布局和区位优势，突出专业服务特点，明确物流园区功能定位。

依据以上原则，物流园区布局城市可根据实际需要建设不同类型的物流园区：

——货运枢纽型物流园区。依托交通枢纽，具备两种（含）以上运输方式，能够实现多式联运，具有提供大批量货物转运的物流设施，为国际性或区域性货物中转服务。

——商贸服务型物流园区。依托城市大型商圈、批发市场、专业市场，能够为商贸企业提供运输、配送、仓储等物流服务以及商品展示、电子商务、融资保险等配套服务，满足一般商业和大宗商品贸易的物流需求。

——生产服务型物流园区。毗邻工业园区或特大型生产制造企业，能够为制造企业提供采购供应、库存管理、物料计划、准时配送、产能管理、协作加工、运输分拨、信息服务、分销贸易及金融保险等供应链一体化服务，满足生产制造企业的物料供应与产品销售等物流需求。

——口岸服务型物流园区。依托口岸，能够为进出口货物提供报关、报检、仓储、国际采购、分销和配送、国际中转、国际转口贸易、商品展示等服务，满足国际贸易企业物流需求。

——综合服务型物流园区。具有两种（含）以上运输方式，能够实现多式联运和无缝衔接，至少能够提供货运枢纽、商贸服务、生产服务、口岸服务中的两种以上服务，满足城市和区域的规模物流需求。

（三）主要任务

1. 推动物流园区资源整合

打破地区和行业界限，充分整合现有物流园区及物流基础设施，提高设施、土地等资源利用效率。一是整合需求不足和同质化竞争明显的物流园区。引导需求不足的园区转型，对于同质化竞争明显的园区，通过明确功能定位和分工，推动整合升级。二是整合依托交通枢纽建设的物流园区。加强枢纽规划之间的衔接，统筹铁路、公路、水运、民航等多种交通运输枢纽和周边的物流园区建设，大力发展多式联运，形成综合交通枢纽，促进多种运输方式之间的顺畅衔接和高效中转。三是整合分散的物流设施资源。发挥物流园区设施集约和统一管理的优势，引导分散、自用的各类工业和商业仓储配送资源向物流园区集聚，有效整合制造业分离外包的物流设施资源。大力推广共同配送、集中配送等先进配送组织模式，为第三方物流服务企业搭建基础平台。

2. 合理布局新建物流园区

物流园区布局城市应综合考虑本区域的物流需求规模及增长潜力，并结合现有物流园区布局情况及设施能力，合理规划本地区物流园区。现有设施能力不足的地区，应基于当地产业结构和区位条件及选址要求，布局新建规模适当、功能完善的物流园区，充分发挥园区的集聚效应和辐射带动作用，服务当地经济发展和产业转型升级。

3. 加强物流园区基础设施建设

优化物流园区所在地区控制性详细规划，加强物流园区详细规划编制工作，科学指导园区水、电、路、通信等设施建设，强化与城市道路、交通枢纽的衔接。大力推进园区铁水联运、公铁联运、公水联运、空地联运等多式联运设施建设，注重引入铁路专用线，完善物流园区的公路、铁路周边通道。提高仓储、中转设施建设水平，改造装卸搬运、调度指挥等配套设备，统一铁路、公路、水运、民航各种运输方式一体化运输相关基础设施和运输装备的标准。推广甩挂运输方式、集装技术和托盘化单元装载技术。推广使用自动识别、电子数据交换、可视化、货物跟踪、智能交通、物联网等先进技术的物流设施和装备。

4. 推动物流园区信息化建设

加强物流园区信息基础设施建设，整合物流园区现有信息资源，提升物流园区信息服务能力。研究制定统一的物流信息平台接口规范，建立物流园区的信息采集、交换和共享机制，促进入驻企业、园区管理和服务机构、相关政府部门之间信息互联互通和有序交换，创新园区管理和服务。

5. 完善物流园区服务功能

结合货运枢纽、生产服务、商贸服务、口岸服务和综合服务等不同类型物流园区的特点，有针对性地提升服务功能，为入驻企业提供专业化服务。鼓励园区在具备仓储、运输、配送、转运、货运代理、加工等基本物流服务，以及物业、停车、维修、加油等配套服务的基础上，进一步提供工商、税务、报关、报检等政务服务和供应链设计、管理咨询、金融、保险、贸易会展、法律等商务服务功能。

6. 聚集和培育物流企业

充分发挥物流园区的设施优势和集聚效应，引导物流企业向园区集中，实现园区内企业的功能互补和资源共享，提高物流组织效率。优化园区服务环境，培育物流企业，打造以园区物流企业为龙头的产业链，提升物流企业的核心竞争力。支持运输企业向综合物流服务商和全球物流经营人转变。按照提升重点行业物流企业专业配套能力的要求，有针对性地发展专业类物流园区，为农产品、钢铁、汽车、医药、冷链、快递、危货等物流企业集聚发展创造有利条件。

7. 建立适应物流园区发展的规范和标准体系

按照适用性强、涵盖面广、与国际接轨的要求，建立和完善物流园区标准体系。修订《物流园区分类与基本要求》国家标准，制定《物流园区服务规范及评估指标》国家标准，进一步明确园区概念内涵，规范物流园区功能定位，防止盲目发展。按照既要保障物流园区发展，又要节约利用土地的原则，建立物流园区规划设计、建设和服务规范，明确园区内部各功能区建设标准和要求，促进物流园区规范化发展。

8. 完善物流园区经营管理体制

根据各地物流园区发展实际，借鉴国内外物流园区管理经验，建立完善政府规划协调、市场化运作的物流园区开发建设模式和经营管理体制。在政府规划指导下，成立物流园区管理机构，开展物流园区基础设施建设，并选择具有物流园区经营管理经验的企业参与管理运营。鼓励园区研究开发物流与商贸和金融协同发展等新型业态，创新物流园区发展模式。通过企业化运作，提高管理水平，形成良性发展机制，为园区物流企业提供优质服务，实现可持续发展。

三、《促进综合交通枢纽发展的指导意见》（摘要）

（一）加强以客运为主的枢纽一体化衔接

根据城市空间形态、旅客出行等特征，合理布局不同层次、不同功能的客运枢纽。按照“零距离换乘”的要求，将城市轨道交通、地面公共交通、市郊铁路、私人交通等设施与干线铁路、城际铁路、干线公路、机场等紧密衔接，建立主要单体枢纽之间的快速直接连接，使各种运输方式有机衔接。鼓励采取开放式、立体化方式建设枢纽，尽可能实现同站换乘，优化换乘流程，缩短换乘距离。

高速铁路、城际铁路和市郊铁路应尽可能在城市中心城区设站，并同站建设城市轨道交通、有轨电车、公共汽（电）车等城市公共交通设施。视需要同站建设长途汽车站、城市航站楼等设施。特大城市的主要铁路客运站，应充分考虑中长途旅客中转换乘功能。

民用运输机场应尽可能连接城际铁路或市郊铁路、高速铁路，并同站建设城市公共交通设施。具备条件的城市，应同站连接城市轨道交通或做好预留。视需要同站建设长途汽车站等换乘设施。有条件的鼓励建设城市航站楼。

公路客运站应同站建设城市公共交通设施，视需要和可能同站建设城市轨道交通。

（二）完善以货运为主的枢纽集疏运功能

统筹货运枢纽与产业园区、物流园区等的空间布局。按照货运“无缝化衔接”的要求，强化货运枢纽的集疏运功能，提高货物换装的便捷性、兼容性和安全性，降低物流成本。

铁路货运站应建设布局合理、能力匹配、衔接顺畅的公路集疏运网络，并同站建设铁路与公路的换装设施。

港口应重点加强铁路集疏运设施建设，大幅提高铁路集疏运比重；积极发展内河集疏运设施。集装箱干线港应配套建设疏港铁路和高速公路，滚装码头应建设与之相连的高等级公路。

民用运输机场应同步建设高等级公路及货运设施。强化大型机场内部客货分设的货运通道建设。

公路货运站应配套建设能力匹配的集疏运公路系统，切实发挥公路货运站功能。

（三）提升客货运输服务质量

整合信息平台。综合交通枢纽建设和运营过程中应有效推进科技创新，集成、整合现有信息资源（系统），推进公共信息平台建设，建立不同运输方式的信息采集、交换和共享机制，实现信息的互联互通、及时发布、实时更新、便捷查询，提高综合交通枢纽的信息化、智能化水平。

发展联程联运。积极推进铁路、公路、水运、民航等多种运输方式的客运联程系统建设，普及电子客票、联网售票，推进多种运输方式之间的往返、联程、异地等各类客票业务，逐步实现旅客运输“一个时刻表、一次付票款、一张旅行票”。推进大宗散货水铁联运、集装箱多式联运，实现货物运输“一票到底”。

（四）统筹枢纽建设经营

鼓励组建公司实体作为业主，根据综合交通枢纽规划，负责单体枢纽的设计、建设与运营管理。

统一设计。依法确定一家具有资质的设计研究机构，由其牵头组织协调交通各个专业，实行总体设计、分项负责。设计中应集约布局各类场站设施，突出一体化衔接，有效承载多种服务功能，实现枢纽的便捷换乘、经济适用、规模适当，切忌贪大求洋、追求奢华。

同步建设。强调集中指挥、同步建设，统筹综合交通枢纽各种运输方式建设项目的开工时序、建设进度和交付时间，使各类设施同步运行，各类功能同步实现。不能同步实施的应进行工程预留。

协调管理。创新管理模式，完善协调机制，培育专业化枢纽运营管理企业，保障综合交通枢纽整体协调运营，提升运行效率、服务能力和经营效益。

附：

42个全国性综合交通枢纽（城市）

北京、天津、哈尔滨、长春、沈阳、大连、石家庄、秦皇岛、唐山、青岛、济南、上海、南京、连云港、徐州、合肥、杭州、宁波、福州、厦门、广州、深圳、湛江、海口、太原、大同、郑州、武汉、长沙、南昌、重庆、成都、昆明、贵阳、南宁、西安、兰州、乌鲁木齐、呼和浩特、银川、西宁、拉萨。

四、《关于交通运输推进物流业健康发展的指导意见》（摘要）

（一）发展目标

到2020年，基本建成便捷高效、安全绿色的交通运输物流服务体系，传统交通运输业转型升级取得明显突破，物流效率和服务水平显著提升，实现交通运输与现代物流的融合发展，基本适应我国经济社会发展的需求。具体体现在：

——运输结构不断优化，运行效率和质量显著提高。基本形成以综合运输大通道为骨干、以重点港站枢纽为节点、以各种运输线网为支撑、以城乡配送网络为基础的物流基础设施体系；运输结构进一步优化，多式联运、甩挂运输比重稳步提高，各种运输方式比较优势得以充分发挥。

——市场主体快速成长，组织化程度大幅提升。初步形成以若干全国性龙头骨干企业为引领、以区域性中小企业联盟为主体、以零散小微运输业户为补充、以货运中介为纽带的物流市场主体结构，物流组织的网络化、集约化程度大大提高。

——科技引领作用增强，标准化、信息化水平明显提高。形成以标准化的车辆船舶为主体、标准化和专业化的设施设备为基础的现代化物流装备设施体系；信息化技术得到充分应用，基本实现企业信息、政务信息、港站信息、公共物流信息的互联互通。

——重点领域加快发展，专业服务能力明显增强。重点物资、城市配送、农村物流等重点领域物流服务水平显著提升；集装箱、大件、快递、冷链、危险品等专业物流服务能力明显增强；交通运输与现代物流融合的新兴业态成长迅速。

——市场秩序进一步规范，发展环境明显改善。建立分工明确、相互协调的交通运输物流管理体制，推动形成国家产业政策、行业部门政策、地方配套政策协调统一的政策体系，促进建立统一开放、竞争有序、公平诚信的市场体系。

（二）主要任务

1. 加快完善交通基础设施

不断完善综合运输通道和网络。大力推进综合运输体系建设，着力改善交通基础设施薄弱环节，全面加快内河水运和重要通道的铁路、民航建设，加快国家公路网建设，提升通道和网络的综合运输能力。强化国际运输通道和口岸交通基础设施建设。

加快推进物流节点设施建设。加快推动铁路、公路、水路、民航站场枢纽等物流节点建设。研究提出支持物流节点建设的政策措施。制订和完善货运枢纽（物流园区）发展规划，强化规划实施和评估。研究制订货运枢纽（物流园区）建设、运营、管理及服务的标准规范和技术指南。加快传统货运站场转型升级，推动铁路集装箱中心站、“内陆无水港”“公路港”、陆路口岸物流园区及邮政、快递作业枢纽建设。

优化并加强集疏运体系建设。开展集疏运体系建设示范工程。重点推进高等级公路与港口、铁路货运枢纽、大型机场、大型物流园区的衔接。积极促进铁路与主要港口及具备条件的综合物流园区的衔接。

2. 大力创新发展先进运输组织方式

积极推进多式联运发展。深入推进铁水联运、空陆联运，积极发展滚装运输、驮背运输和江海直达运输。加强多式联运设施设备技术标准、信息资源、服务规范、作业流程等方面的有效对接，加快培育多式联运承运人，推动货物运输的“无缝衔接”和“一单制”。加强煤炭、矿石、粮食等重点战略物资多式联运体系建设。

加快发展甩挂运输。深入推进甩挂运输试点工作，开展渤海湾、长江沿线等重点区域的滚装甩挂运输、公铁联运甩挂运输、跨区域网络化甩挂运输、甩挂运输联盟等示范工程。鼓励发展挂车租赁，制定挂车互换的有关制度和规范。加快完善甩挂运输相关法规政策和标准规范体系。

3. 有效提升运输装备技术水平

提升标准化水平。修订制约车船运输效率提升的技术标准。推动建立健全车型标准化工作协同机制，完善商品车运输、冷链、城市配送等专业运输车辆车型技术标准。进一步完善推荐车型制度及相关工作机制。大力推广集装技术和单元化装载技术。全面推进内河船型标准化。

提升专业化、清洁化水平。积极推进厢式、冷藏、散装、液罐等专用车型的推广应用，鼓励发展滚装等专用船舶。推动修订相关法规标准，大力发展标准化载货汽车。开展双挂汽车列车的应用技术研究。促进轻量化车型及天然气等节能环保车船的应用，系统研究鼓励发展节能环保车型、船型的相关支持政策。

严格货运车辆和船舶的市场准入与退出。研究制订营运车船综合性技术标准，依法严把营运车船的市场准入，加快淘汰低效率、不合规、带有安全隐患的营运车船。研究推动

《道路车辆外廓尺寸、轴荷及质量限值》（GB 1589）的修订工作，完善道路货运车辆结构和车型分类，健全各类半挂车、货运车辆附加装置等方面的技术标准和政策措施，推进货运车辆与托盘、装卸平台等物流设施装备的衔接与匹配。

4．着力优化市场主体结构

培育龙头骨干企业。引导传统货运企业扩大经营规模和服务范围，拓展经营网络，对符合资质条件的大型运输企业在设立分支机构、增设经营网点等方面提供便利条件。鼓励具备一定条件的企业向综合物流服务商转型发展。支持港航企业延伸服务链，向全球或区域物流经营人转变。促进铁路货运企业向现代物流转型，支持国内民航运输企业拓展国际和国内民航快递等物流业务。引导邮政、快递企业做大做强，提升服务能力和水平。

鼓励中小企业联盟发展。鼓励中小企业通过联盟、联合、兼并等方式实现资源整合，扭转市场主体过散、过弱的局面，提高企业竞争力和市场抗风险能力。加强中小企业联盟有关制度、运营模式研究，对符合条件的中小企业联盟在站场设施建设、信息化建设、运输装备更新等方面给予政策支持。

规范货运中介经营行为。完善相关法律法规，强化对货运代理、无车承运人、无船承运人等的规范管理，充分发挥货运中介对物流资源的整合作用。推进货运中介向现代物流服务商转变。

5．积极推进信息化建设

加快推进交通运输物流公共信息平台建设。发挥好交通运输物流公共信息平台的作用，制订平台建设纲要、实施方案和区域交换节点建设指南，出台平台标准化建设方案，进一步深化对平台建设、运营和管理模式的研究。完善平台基础交换网络，加快推进跨区域、跨行业平台之间的有效对接，实现铁路、公路、水路、民航信息的互联互通。深入推进东北亚物流信息服务网络（NEAL－NET）建设。依托平台开展物流园区信息联网工程建设。

推进行业信息系统建设。加快完善铁路、公路、水路、民航、邮政等行业信息系统，推进互联互通，增强一体化服务能力。制订行业物流信息采集、交换、服务等标准，强化与相关领域信息标准的对接。鼓励车联网、船联网技术的开发和推广应用，加快营运车辆联网联控系统建设。深化交通电子口岸、港口集装箱多式联运和内河航运综合信息服务等系统建设。

鼓励企业加快推进信息化建设。引导规模化企业利用先进信息技术，实现企业内部管理优化和服务升级。支持开发和推广通用物流软件，提高中小企业信息化水平。推动物流企业与供应链上下游企业间信息标准统一和系统对接，提高供应链一体化服务能力。

6．加快推动重点领域物流发展

提升传统运输枢纽的物流服务能力。引导铁路和公路站场、港口、机场加快转型升级，支持由传统运输和装卸业务向现代物流服务功能延伸。依托港口、“内陆无水港”等口岸资源，着力提升国际物流服务能力。鼓励铁路和公路站场、港口、机场与后方物流园区、产业园区等联动发展，提高物流服务配套能力。加强与海关、国检等口岸部门的沟通和协调，推动建立联合查验机制，促进一体化通关。

支持农村物流发展。充分发挥地方政府积极性，统筹交通、商务、供销、邮政等农村物流资源，加快完善县、乡、村三级农村物流服务体系。进一步落实国务院办公厅关于推动农村邮政物流发展的意见，大力发展农村邮政物流。加大对农村物流基础设施和信息网络建设的支持力度，积极培育农村物流市场主体。积极争取中央和地方财政对农村物流的支持。研究制订推进农村物流发展的指导意见。开展不同区域的农村物流试点示范，因地制宜探索农村物流差异化发展模式。

推进城市配送发展。贯彻落实《关于加强和改进城市配送管理工作的意见》。加大公用型城市配送节点建设扶持力度，完善城市配送基础设施网络。制订城市货物运输与车辆通行管理办法和城市配送企业运营服务规范，完善经营许可制度，健全运力投放和通行许可机制，优化车辆通行管控，规范企业经营行为。研究制订城市物流配送车辆技术标准，推动城市配送车辆向标准化、清洁化、专业化发展。开展城市配送试点工程，鼓励发展共同配送、统一配送、夜间配送等配送模式，探索城市配送的管理方式。

支持和规范快递业发展。制订实施快递与电子商务、制造业协同发展意见，促进信息沟通、标准对接和业务联动。进一步贯彻落实《快递市场管理办法》和《快递服务》国家标准，强化监督管理，规范服务行为。研究制订利用相关交通工具从事快件收投业务的技术规范，推动城市管理部门完善相关管理办法。

加强危险品运输监管。建立危险品运输信息化管理和业务管控系统，深入推进危险品运输跨区域联网联控，逐步实现危险品货运车辆和船舶的全程监管。研究支持危险品专业物流园区发展相关政策，重点支持具有公共服务属性的危险品专业物流园区发展。研究节假日危险品运输安全监管对策。

引导冷链运输健康发展。大力支持和培育冷链运输企业发展，研究制订冷藏保温车辆分类及技术要求、冷链运输服务规范、冷链运输温度记录与装备监控技术标准等，着力解决冷链运输断链问题，为实现全程温控管理创造条件。支持农产品冷链物流的发展，将经济适用的农产品温控设施建设与农村三级物流服务体系建设相结合。

规范大件运输管理。修订《超限运输车辆行驶公路管理规定》和《道路大型物件运输管理办法》，严格市场准入条件，统一运输过程中各环节、车辆、装备、服务等标准规范。加快出台大件运输跨省联合审批办法，统一审批标准，建立综合协调和互联互认机制，规范跨部门、跨省审批程序。推动解决大件运输特种车辆获取牌照及享受标准保险费率问题。进一步完善大件运输护送机制。研究调整大件运输收费标准，避免重复收费。在条件适宜的地区，适时开展大件运输示范通道建设。

7. 切实改善发展环境

健全相关法律法规。研究提出综合运输法规体系框架，尽快出台综合运输法规体系建设的实施意见，统筹和引导各种运输方式优势互补，协调发展。全面清理和修订阻碍企业做大做强的行政法规，消除区域分割和行政壁垒。加快推进《道路运输条例》及其配套规章的修订工作，强化对集装箱运输、零担快运、冷链运输、大件运输、城市配送等市场的规范。开展《道路运输法》等前期研究。修订出台《道路运输管理工作规范》。

进一步规范收费公路发展。研究修订《收费公路管理条例》，重点加强对收费标准和年限的调节机制、经营性收费公路的合理回报及建立低费率长期限收费机制可行性等的研究。

落实和完善物流业发展的相关政策。加快落实国务院促进物流业发展的工作部署和要求，积极协调相关部门解决物流业发展中面临的用地、融资、税收、保险、通关等问题，完善交通运输行业营业税改征增值税的有关政策，减轻运输企业税费负担。进一步完善“绿色通道”政策。开展货车不停车收费相关技术与政策研究，探索不停车收费技术在公路货运车辆中的应用。强化政策制定和实施中的沟通与协调，形成政策合力。

进一步规范执法行为。严格执行《交通行政执法行为规范》，重点解决有法不依、以罚代管、执法标准不统一等问题。建立健全全国执法联动机制，强化跨区域执法信息共享。创新监督手段，强化执法监督。

推进诚信体系建设。依据《征信业管理条例》和《“十二五”国家政务信息化工程建设规划》，加快交通运输诚信体系建设，着力推进与公安、工商、税务、金融等部门诚信系统的有效对接和信息共享，建立行业许可、市场信用、市场监测等体系，完善社会诚信管理制度。

五、《关于推进物流信息化工作的指导意见》（摘要）

（一）发展目标

到“十二五”末期，初步建立起与国家现代物流体系相适应和协调发展的物流信息化体系，为信息化带动物流发展奠定基础。推进工作分两个阶段实施，第一阶段主要通过试点示范引导，初步探索建设物流信息化体系的有效途径；第二阶段在总结和推广前期经验的基础上，促进先进信息技术在物流领域广泛应用，使物流信息资源得到较为充分的开发利用，物流运作和管理水平得到明显提高，物流信息服务体系基本形成。

——电子政务系统中的物流信息资源开发利用水平得到显著提高，铁路、公路、水运、邮政、航空、海关、检验检疫、食品药品、烟草、安全监管、工商、税务、公安、商务等政府部门的物流信息服务和监管能力全面加强。

——铁路、公路、水运、航空和邮政等重点物流行业的电子单证得到广泛应用，基本实现物流信息协同，促进多种运输方式的联动。

——物流企业和企业物流的信息化水平显著提高，供应链管理水平大幅度提升，物流全程可视化服务能力明显提高，社会化服务能力显著增强。

——物流设施、设备的自动化、智能化和网络化水平大幅度提高，物品全生命周期管理得到较为普遍的应用。

——物流信息化标准体系基本形成，关键的基础性标准、重点行业应用标准和服务规范的制定和宣传成效显著。

——涌现出一批成功运营的物流信息平台，初步形成覆盖全国的物流信息联动网络；专业化物流信息服务业实现规模化发展。

——物流信息化军民互促共建成效显著，在应急物流等领域形成较为成熟的军民合作模式和典型示范。

——信息技术在物流活动中的创新应用水平和支撑保障能力明显提高。

——物流信息化的法律法规体系和安全体系基本健全。

（二）主要任务

1. 提高全社会物流信息资源开发利用水平

推动相关政府部门、重点物流行业、企业、军队等不断提高物流信息资源开发利用水平。运用行政机制、市场机制和公益机制，促进物流信息的科学采集、有效利用、深度开发、有序交换和安全管理。全面推进物流信息采集的标准化、电子化、自动化和智能化，确保信息及时、准确、完整。全面推进各主体加强物流信息资源的集成应用。推进相关联主体的物流信息资源开放互联，以价值链为依托，以标准为支撑，处理好安全与协同的关系，鼓励采取多种方式实现物流信息的互通交换，贯通信息链条，促进信息流、物流和资金流的联动和协同，提高物流的效率效益和服务水平。

2. 提高政府部门物流服务和监管的信息化水平

——推进铁路、公路、水运、邮政、航空、海关、检验检疫、食品药品、烟草、安全监管、工商、税务、公安、商务等部门电子政务系统中物流相关服务与监管职能的建设和完善。推动道路运输危险品监管平台和邮政业监管信息平台等公共信息平台建设，提高政府部门的物流服务和监管能力。开展危险化学品等重点领域物流的跨部门联动与监管信息化建设试点，有效实施流向跟踪、状态监控和来源追溯，规范危险品安全管理，提高对危险化学品等重点领域物流的联合监管能力。

——加快建设和完善全国统一的公路、航道、港口、营运车辆及船舶动态信息、运输业户、营业性驾驶员、船员、身份信息和危险化学品等基础数据库，按照公平、公正、公开的原则，规范信息资源的社会开放服务，提高社会化、市场化开发利用水平，促进诚信体系建设，为政府部门、企业和社会公众提供更好的决策支持和信息服务。

——促进系统间必要的互联互通。进一步完善电子口岸等跨部门物流监管和服务平台的建设，着力实现跨境、跨区域、跨行业、跨部门、跨企业的数据交换，提高协同服务和监管水平。

——提高政府部门应急信息处理和资源调度能力，促进重点生产、运输和流通行业与政府应急信息的互联互通，提高应急物流保障能力。

3. 提高物流行业和物流企业的信息化水平

——加快推动铁路、公路、水运、航空、邮政货运、管道运输等多种运输方式及仓储等企业物流信息系统、行业物流信息平台的建设。提升运输、仓储等基础设施及港口、机场、货运站场等交通枢纽的信息化水平，支撑物流基础设施的高效运行。

——推进跨行业物流信息的互联互通，支持跨行业综合物流信息平台发展，着力促进多式联运和国际物流发展。推进集装箱多式联运的可视化和智能化管理，促进铁路、公路、水运、航空等不同运输方式的连接，提高物品流动的定位、跟踪、过程控制等管理和服务水平。

——重点支持有实际需求、具备可持续发展前景的物流信息平台建设。推进全国各物流区域、节点城市、交通枢纽、物流园区和经济园区的物流信息平台建设，促进物流信息的跨区域开放、交换和有效利用。支持面向中小企业的社会化物流管理和信息服务平台发展。

——充分发挥核心物流企业对行业资源的整合能力，打通物流信息链，推进全程透明可视化管理，提高专业化物流服务水平。提升物品拣选、传送、识别和储存设备的自动化水平，提高各种交通运输工具和集装箱、托盘等集装单元化器具的智能化管理水平，优化供应链全程管理方式，缩短物流响应时间，提高物品可得率和资金周转率，降低平均库存水平和物流总成本，提高客户满意率和供应链的整体竞争能力。

4. 提高企业物流信息化和供应链管理水平

——在原材料、装备、消费品和电子等重点行业，选择若干有影响力的主制造商，利用信息化提升企业物流的作业和管理水平，提高企业物流的及时响应能力，促进精益生产和服务，并带动产业链上下游协同联动，提升供应链物流信息化发展水平，增强整个供应链的管理和运作能力。

——推动制造、商贸企业与物流企业信息互通、联动发展，增强企业专业化能力，提高物流社会化服务水平，提高生产、流通和物流企业的及时响应能力，提高产业链运作效率。

——推进煤炭、钢铁、粮食等行业电子商务与物流信息化集成健康发展，重点依托工农业商品集散市场，促进现代流通体系建设。开展网络零售与物流配送一体化服务建设试点，提高网络零售配送效率，改善消费者体验。

——推进自动识别、可视化等各类先进适用技术的应用，提升从研发设计、生产制造、采购供应、分销配送、售后服务、再制造直至报废回收的产品全生命周期管理水平。提升农产品、食品、药品等事关广大人民群众健康和安全的重点领域物流信息化水平，提高冷链物流信息管理和质量保证水平。

5. 加快物流信息化标准规范体系建设

——加快研究和制定物流信息技术、编码、安全、管理和服务标准。研究推广产品与服务分类代码、物流单元编码、托盘编码等物流信息分类编码标准，物流数据元、物流单证等物流信息基础标准，条码和射频识别（RFID）等物流信息采集标准，信息系统接口、信息交换规范等物流信息交换标准，物流业务流程等物流信息管理标准。

——研究推广条码、射频识别等技术在仓储、配送、集装箱和冷链等业务中的应用标准。推进汽车及零部件、食品、药品、纺织品、农资和农产品等重点行业物流信息化应用标准体系逐步完善。

——促进数据层、应用层和交换层等物流信息化标准的衔接，推动物流信息化标准体系建设。

——支持行业协会、重点龙头企业、物流信息服务企业、高等院校、科研机构参与物流信息标准的制定和宣贯工作。

6. 加快物流信息化军民结合体系建设

结合军事物流和民用物流的优势与特点，探索物流信息化军民共建互促机制。借鉴军事物流物品统一编码的成熟经验，促进整体物品编目体系建设和实施工作。提高物流信息共享水平，合理配置物流资源，探索军民结合的物流发展模式。推动联动机制建立，发挥军事物流的快速响应优势，提升社会应急物流的运行效率。通过共建互补，在物流信息采集、处理和利用以及物流监管领域有效提升技术和管理水平。

7. 推进物流相关信息服务业和信息技术创新与发展

——以应用带动技术创新和产业发展，通过政策和资金支持，带动信息服务企业、电子商务企业、电信运营企业、软硬件厂商和系统集成企业积极参与物流信息化建设。重点支持一批物流信息服务企业创业、创新和做大做强。支持以信息化带动供应链金融等服务创新。

——积极推进物联网、云计算等新技术在物流领域的应用。重点支持电子标识、自动识别、信息交换、智能交通、物流经营管理、移动信息服务、可视化服务和位置服务等先进适用技术的研发和应用。支持重点企业开展第三代移动通信（3G）、3S（GNSS、GIS、RS）、机器到机器（M2M）、RFID 等现代信息和通信技术在物流领域的创新与应用。大力支持 TD-SCDMA 等移动通信技术和北斗导航等全球导航技术在物流管理中的应用。支持利用软件即服务（SaaS）、平台即服务（PaaS）、云计算等技术，开展物流信息技术服务平台建设试点，提高物流信息化关键共性技术研发、推广和应用水平。在装备制造、食品、药品、危险化学品、烟草等具有高附加值或需重点监管的行业，开展物联网应用试点。支持智能交通系统（ITS）、物流基地综合管理系统、智能集装箱管理系统、物流信息管理系统（LMS）以及海关特殊监管区域信息化管理系统等的开发和应用。

——加强信息安全技术创新和应用，研究和实施物流信息安全管理办法，加强物流信息安全体系建设。

六、《关于推进物联网有序健康发展的指导意见》（摘要）

（一）发展目标

总体目标。实现物联网在经济社会各领域的广泛应用，掌握物联网关键核心技术，基本形成安全可控、具有国际竞争力的物联网产业体系，成为推动经济社会智能化和可持续发展的重要力量。

近期目标。到 2015 年，实现物联网在经济社会重要领域的规模示范应用，突破一批核心技术，初步形成物联网产业体系，安全保障能力明显提高。

——协同创新。物联网技术研发水平和创新能力显著提高，感知领域突破核心技术瓶颈，明显缩小与发达国家的差距，网络通信领域与国际先进水平保持同步，信息处理领域的关键技术初步达到国际先进水平。实现技术创新、管理创新和商业模式创新的协同发展。创新资源和要素得到有效汇聚和深度合作。

——示范应用。在工业、农业、节能环保、商贸流通、交通能源、公共安全、社会事业、城市管理、安全生产、国防建设等领域实现物联网试点示范应用，部分领域的规模化应用水平显著提升，培育一批物联网应用服务优势企业。

——产业体系。发展壮大一批骨干企业，培育一批“专、精、特、新”的创新型中小企业，形成一批各具特色的产业集群，打造较完善的物联网产业链，物联网产业体系初步形成。

——标准体系。制定一批物联网发展所急需的基础共性标准、关键技术标准和重点应用标准，初步形成满足物联网规模应用和产业化需求的标准体系。

——安全保障。完善安全等级保护制度，建立健全物联网安全测评、风险评估、安全防范、应急处置等机制，增强物联网基础设施、重大系统、重要信息等的安全保障能力，形成系统安全可用、数据安全可信的物联网应用系统。

（二）主要任务

1. 加快技术研发，突破产业瓶颈

以掌握原理实现突破性技术创新为目标，把握技术发展方向，围绕应用和产业急需，明确发展重点，加强低成本、低功耗、高精度、高可靠、智能化传感器的研发与产业化，着力突破物联网核心芯片、软件、仪器仪表等基础共性技术，加快传感器网络、智能终端、大数据处理、智能分析、服务集成等关键技术研发创新，推进物联网与新一代移动通信、云计算、下一代互联网、卫星通信等技术的融合发展。充分利用和整合现有创新资源，形成一批物联网技术研发实验室、工程中心、企业技术中心，促进应用单位与相关技术、产品和服务提供商的合作，加强协同攻关，突破产业发展瓶颈。

2. 推动应用示范，促进经济发展

对工业、农业、商贸流通、节能环保、安全生产等重要领域和交通、能源、水利等重要基础设施，围绕生产制造、商贸流通、物流配送和经营管理流程，推动物联网技术的集成应用，抓好一批效果突出、带动性强、关联度高的典型应用示范工程。积极利用物联网技术改造传统产业，推进精细化管理和科学决策，提升生产和运行效率，推进节能减排，保障安全生产，创新发展模式，促进产业升级。

3. 改善社会管理，提升公共服务

在公共安全、社会保障、医疗卫生、城市管理、民生服务等领域，围绕管理模式和服务模式创新，实施物联网典型应用示范工程，构建更加便捷高效和安全可靠的智能化社会管理和公共服务体系。发挥物联网技术优势，促进社会管理和公共服务信息化，扩展和延伸服务范围，提升管理和服务水平，提高人民生活质量。

4. 突出区域特色，科学有序发展

引导和督促地方根据自身条件合理确定物联网发展定位，结合科研能力、应用基础、产业园区等特点和优势，科学谋划，因地制宜，有序推进物联网发展，信息化和信息产业基础较好的地区要强化物联网技术研发、产业化及示范应用，信息化和信息产业基础较弱的地区侧重推广成熟的物联网应用。加快推进无锡国家传感网创新示范区建设。应用物联网等新一代信息技术建设智慧城市，要加强统筹、注重效果、突出特色。

5. 加强总体设计，完善标准体系

强化统筹协作，依托跨部门、跨行业的标准化协作机制，协调推进物联网标准体系建设。按照急用先立、共性先立原则，加快编码标识、接口、数据、信息安全等基础共性标准、关键技术标准和重点应用标准的研究制定。推动军民融合标准化工作，开展军民通用标准研制。鼓励和支持国内机构积极参与国际标准化工作，提升自主技术标准的国际话语权。

6. 壮大核心产业，提高支撑能力

加快物联网关键核心产业发展，提升感知识别制造产业发展水平，构建完善的物联网通信网络制造及服务产业链，发展物联网应用及软件等相关产业。大力培育具有国际竞争力的物联网骨干企业，积极发展创新型中小企业，建设特色产业基地和产业园区，不断完善产业公共服务体系，形成具有较强竞争力的物联网产业集群。强化产业培育与应用示范的结合，鼓励和支持设备制造、软件开发、服务集成等企业及科研单位参与应用示范工程建设。

7. 创新商业模式，培育新兴业态

积极探索物联网产业链上下游协作共赢的新型商业模式。大力支持企业发展有利于扩大市场需求的物联网专业服务和增值服务，推进应用服务的市场化，带动服务外包产业发展，培育新兴服务产业。鼓励和支持电信运营、信息服务、系统集成等企业参与物联网应用示范工程的运营和推广。

8. 加强防护管理，保障信息安全

提高物联网信息安全管理与数据保护水平，加强信息安全技术的研发，推进信息安全保障体系建设，建立健全监督、检查和安全评估机制，有效保障物联网信息采集、传输、处理、应用等各环节的安全可控。涉及国家公共安全和基础设施的重要物联网应用，其系统解决方案、核心设备以及运营服务必须立足于安全可控。

9. 强化资源整合，促进协同共享

充分利用现有公共通信和网络基础设施开展物联网应用。促进信息系统间的互联互通、资源共享和业务协同，避免形成新的信息孤岛。重视信息资源的智能分析和综合利用，避免重数据采集、轻数据处理和综合应用。加强对物联网建设项目的投资效益分析和风险评估，避免重复建设和不合理投资。

七、快递市场管理办法

快递市场管理办法

第一章　总　则

第一条　为加强快递市场管理，维护国家安全和公共安全，保护用户合法权益，促进快递服务健康发展，依据《中华人民共和国邮政法》及有关法律、行政法规，制定本办法。

第二条　从事快递业务经营活动应当遵守本办法。

第三条　本办法所称快递是指在承诺的时限内快速完成的寄递活动。寄递是指将信件、包裹、印刷品等物品按照封装上的名址递送给特定个人或者单位的活动，包括收寄、分拣、运输、投递等环节。

第四条 经营快递业务的企业应当依法经营，诚实守信，公平竞争，为用户提供迅速、准确、安全、方便的快递服务。

第五条 公民的通信自由和通信秘密受法律保护。除因国家安全或者追查刑事犯罪的需要，由公安机关、国家安全机关或者检察机关依照法律规定的程序对通信进行检查外，任何组织或者个人不得以任何理由侵犯他人的通信自由和通信秘密。

第六条 国务院邮政管理部门负责对全国快递市场实施监督管理。

省、自治区、直辖市邮政管理机构负责对本行政区域的快递市场实施监督管理。

按照国务院规定设立的省级以下邮政管理机构负责对本辖区的快递市场实施监督管理。

第七条 国务院邮政管理部门和省、自治区、直辖市邮政管理机构以及省级以下邮政管理机构（以下统称邮政管理部门）对快递市场实施监督管理，应当遵循公开、公平、公正以及鼓励竞争、促进发展的原则，规范快递服务，满足经济社会发展的需要。

邮政管理部门应当加强快递市场安全监督管理，维护寄递安全与信息安全。

第八条 快递行业协会应当依照法律、行政法规及其章程规定，制定快递行业规范，加强行业自律，为企业提供信息、培训等方面的服务，促进快递行业的健康发展。

第二章 经营主体

第九条 国家对快递业务实行经营许可制度。经营快递业务，应当依照《中华人民共和国邮政法》的规定，向邮政管理部门提出申请，取得快递业务经营许可；未经许可，任何单位和个人不得经营快递业务。

第十条 邮政管理部门根据企业的服务能力审核经营许可的业务范围和地域范围，对符合规定条件的，发放快递业务经营许可证，并注明经营许可的业务范围和地域范围。

经营快递业务的企业应当在经营许可范围内依法从事快递业务经营活动，不得超越经营许可业务范围和地域范围。

第十一条 任何单位和个人不得伪造、涂改、冒用、租借、倒卖和非法转让快递业务经营许可证。

取得快递业务经营许可的企业不得以任何方式将快递业务委托给未取得快递业务经营许可的企业经营，不得以任何方式超越经营许可范围委托经营。

第十二条 取得快递业务经营许可的企业设立分公司、营业部等非法人分支机构，凭企业法人快递业务经营许可证（副本）及所附分支机构名录，到分支机构所在地工商行政管理部门办理注册登记。企业分支机构取得营业执照之日起二十日内到所在地邮政管理部门办理备案手续。

快递业务经营许可证（副本）载明的股权关系、注册资本、业务范围、地域范围发生变更的，或者增设、撤销分支机构的，应当报邮政管理部门办理变更手续，并持变更后的快递业务经营许可证办理工商变更登记。

第十三条　快递企业进行合并、分立的，应当在合并、分立协议签订之日起二十日内，向颁发快递业务经营许可证的邮政管理部门备案。

备案应当提交以下材料：

（一）快递业务经营许可证；

（二）合并、分立协议；

（三）上一年度快递业务经营许可年度报告书。

合并、分立后新设立的企业法人经营快递业务的，应当依法取得快递业务经营许可。合并、分立涉及外商投资企业的，应当遵守国家有关外商投资快递业务的相关规定。

第十四条　以加盟方式经营快递业务的，被加盟人与加盟人均应当取得快递业务经营许可，加盟不得超越被加盟人的经营许可范围。被加盟人与加盟人应当签订书面协议约定双方的权利义务，明确用户合法权益发生损害后的赔偿责任。参与加盟经营的企业，应当遵守共同的服务约定，使用统一的商标、商号、快递服务运单和收费标准，统一提供跟踪查询和用户投诉处理服务。

第十五条　经营快递业务的企业应当按照国务院邮政管理部门的规定，向颁发快递业务经营许可证的邮政管理部门提交年度报告书。

第三章　快递服务

第十六条　经营快递业务的企业应当按照快递服务标准，规范快递业务经营活动，保障服务质量，维护用户合法权益，并应当符合下列要求：

（一）填写快递运单前，企业应当提醒寄件人阅读快递运单的服务合同条款，并建议寄件人对贵重物品购买保价或者保险服务；

（二）企业分拣作业时，应当按照快件（邮件）的种类、时限分别处理、分区作业、规范操作，并及时录入处理信息，上传网络，不得野蛮分拣，严禁抛扔、踩踏或者以其他方式造成快件（邮件）损毁；

（三）企业应当在承诺的时限内完成快件（邮件）的投递；

（四）企业应当将快件（邮件）投递到约定的收件地址和收件人或者收件人指定的代收人。

第十七条　经营快递业务的企业投递快件（邮件），应当告知收件人当面验收。快件（邮件）外包装完好的，由收件人签字确认。投递的快件（邮件）注明为易碎品及外包装出现明显破损的，企业应当告知收件人先验收内件再签收。企业与寄件人另有约定的除外。

对于网络购物、代收货款以及与用户有特殊约定的其他快件（邮件），企业应当与寄件人在合同中明确投递验收的权利义务，并提供符合约定的验收服务，验收无异议后，由收件人签字确认。

第十八条 经营快递业务的企业应当在营业场所公示或者以其他方式向社会公布其服务种类、服务时限、服务价格、损失赔偿、投诉处理等服务承诺事项。服务承诺事项发生变更的，企业应当及时发布服务提示公告。

第十九条 经营快递业务的企业应当遵循公平原则，以书面合同确定企业与用户双方的权利和义务。

对免除或者限制企业责任及涉及快件（邮件）损失赔偿的条款，应当在快递运单上以醒目的方式列出，并予以特别说明。

第二十条 在快递服务过程中，快件（邮件）发生延误、丢失、损毁和内件不符的，经营快递业务的企业应当按照与用户的约定，依法予以赔偿。

企业与用户之间未对赔偿事项进行约定的，对于购买保价的快件（邮件），应当按照保价金额赔偿。对于未购买保价的快件（邮件），按照《中华人民共和国邮政法》《中华人民共和国合同法》等相关法律规定赔偿。

第二十一条 经营快递业务的企业应当建立与用户沟通的渠道和制度，向用户提供业务咨询、查询等服务，并及时处理用户投诉。

经营快递业务的企业对邮政管理部门转办的用户申诉，应当及时妥善处理，并按照国务院邮政管理部门的规定给予答复。

第二十二条 经营快递业务的企业应当按照国家有关规定建立突发事件应急机制。发生重大服务阻断、暂停快递业务经营活动时，经营快递业务的企业应当按照有关规定在二十四小时内向邮政管理部门和其他有关部门报告，并向社会公告；以加盟方式开展快递业务经营的，被加盟人、加盟人应当分别向所在地邮政管理部门报告。

经营快递业务的企业在事故处理过程中，应当对所有与事故有关的资料进行记录和保存。相关资料和书面记录至少保存一年。

第二十三条 经营快递业务的企业应当妥善应对快递业务高峰期，做好业务量监测，加强服务网络统筹调度，及时向社会发布服务提示，认真处理用户投诉。

第二十四条 经营快递业务的企业对无法投递的快件（邮件），应当退回寄件人。

对无法投递又无法退回寄件人的快件（邮件），企业应当登记，并按照国务院邮政管理部门的规定和快递服务标准处理；其中无法投递又无法退回的进境国际快件（邮件），应当依照相关规定交由有关部门处理。

第二十五条 经营快递业务的企业在从事快递业务的同时，向用户提供代收货款服务的，应当建立有关安全管理制度，与寄件人的合同中应当对代收货款服务的权利义务进行约定。

提供代收货款服务，涉及金融管理规定的，应当接受相关部门的监督管理。

第二十六条 经营快递业务的企业应当按照国家关于快递业务员职业技能的规定，加强快递从业人员职业技能培训，组织符合条件的快递从业人员参加职业技能鉴定。

第二十七条 经营快递业务的企业不得实施下列行为：

（一）违反国家规定，收寄禁止寄递的物品，或者未按规定收寄限制寄递的物品；

（二）相互串通操纵市场价格，损害其他经营快递业务的企业或者用户的合法权益；

（三）冒用他人名称、商标标识和企业标识，扰乱市场经营秩序；

（四）违法扣留用户快件（邮件）；

（五）违法提供从事快递服务过程中知悉的用户信息；

（六）法律、法规禁止的其他行为。

第二十八条 快递从业人员不得实施下列行为：

（一）扣留、倒卖、盗窃快件（邮件）；

（二）违法提供从事快递服务过程中知悉的用户信息；

（三）法律、法规禁止的其他行为。

第四章 快递安全

第二十九条 任何组织和个人不得利用快递服务网络从事危害国家安全、社会公共利益或者他人合法权益的活动。下列物品禁止寄递：

（一）法律、行政法规禁止流通的物品；

（二）危害国家安全和社会政治稳定以及淫秽的出版物、宣传品、印刷品等；

（三）武器、弹药、麻醉药物、生化制品、传染性物品和爆炸性、易燃性、腐蚀性、放射性、毒性等危险物品；

（四）妨害公共卫生的物品；

（五）流通的各种货币；

（六）法律、行政法规和国家规定禁止寄递的其他物品。

第三十条 经营快递业务的企业应当遵守《中华人民共和国邮政法》《邮政行业安全监督管理办法》等相关规定，建立并严格执行收寄验视制度，加强生产安全和应急管理。

第三十一条 经营快递业务的企业对不能确定安全性的可疑物品，应当要求用户出具相关部门的安全证明。用户不能出具安全证明的，不予收寄。

经营快递业务的企业收寄已出具安全证明的物品时，应当如实记录收寄物品的名称、规格、数量、重量、收寄时间、寄件人和收件人名址等内容。记录保存期限不少于一年。

第三十二条 经营快递业务的企业接受网络购物、电视购物和邮购等经营者委托提供快递服务的，应当遵守邮政管理部门的规定，与委托方签订安全保障协议，并向颁发快递业务经营许可证的邮政管理部门备案。

第三十三条 经营快递业务的企业设置快件（邮件）处理场所，应当事先征询邮政管理部门及有关部门意见，并按照国家有关规定预留相关工作场地，其设计和建设应当符合国家安全机关和海关依法履行职责的要求。

第五章　监督管理

第三十四条 国家鼓励和引导经营快递业务的企业采用先进技术，充分利用交通运输资源，促进规模化、品牌化、网络化经营。

第三十五条 邮政管理部门应当结合邮政行业安全监督管理的实际，指导和监督经营快递业务的企业落实安全责任制，依法对经营快递业务的企业实施安全监督检查，并依照相关规定对妨害或者可能妨害行业安全的经营快递业务的企业进行调查和处理。

邮政管理部门应当加强对突发事件的管理，督促经营快递业务的企业定期组织开展突发事件应急演练。

第三十六条 国务院邮政管理部门建立以公众满意度、时限准时率和用户申诉率为核心的快递服务质量评价体系，指导评定机构定期测试评估快递行业服务水平，评定服务质量等级，并向社会公告。

第三十七条 邮政管理部门应当依法及时处理用户对经营快递业务的企业提出的申诉，并自接到申诉之日起三十日内作出答复。

任何单位和个人有权向邮政管理部门举报违反本办法的行为。邮政管理部门接到举报后，应当依法及时处理。

第三十八条 邮政管理部门应当加强对经营快递业务的企业及其从业人员遵守本办法情况的监督检查。

邮政管理部门依法实施监督检查，可以采取下列措施：

（一）进入有关场所进行检查；

（二）查阅、复制有关文件、资料、凭证；

（三）约谈有关单位和人员；

（四）经邮政管理部门负责人批准，查封与违法活动有关的场所，扣押用于违法活动的运输工具以及相关物品，对信件以外的涉嫌夹带禁止寄递或者限制寄递物品的快件（邮件）开拆检查。

第三十九条 邮政管理部门工作人员应当严格按照法定程序进行监督检查。实施监督检查时，应当出示执法证件，并由两名或者两名以上工作人员共同进行。被检查单位及其有关人员应当予以配合，不得拒绝、阻碍，并对有关情况予以保密。

邮政管理部门工作人员对监督检查过程中知悉的被检查单位的技术秘密和业务秘密，应当保密。

第六章　法律责任

第四十条　经营快递业务的企业违反快递服务标准，严重损害用户利益，由邮政管理部门责令改正，处五千元以上三万元以下的罚款。

第四十一条　违反本办法第十条规定的，由邮政管理部门责令改正，处五千元以上三万元以下的罚款。

第四十二条　违反本办法第十一条第二款规定的，由邮政管理部门责令改正，处一万元以下的罚款；情节严重的，处一万元以上三万元以下的罚款。

第四十三条　违反本办法第十四条规定的，由邮政管理部门责令改正，处五千元以上三万元以下的罚款。

第四十四条　违反本办法第十六条第（二）项规定的，由邮政管理部门处一万元罚款；情节严重的，处一万元以上三万元以下的罚款。

第四十五条　违反本办法第十八条、第二十一条、第二十二条、第三十一条规定的，由邮政管理部门责令改正，处三千元以上三万元以下的罚款。

第四十六条　违反本办法第二十四条第二款规定，未按照国务院邮政管理部门规定处理无法投递又无法退回寄件人的快件的，由邮政管理部门对快递企业处三千元以上一万元以下的罚款；情节严重的，处一万元以上三万元以下的罚款。

第四十七条　违反本办法第二十七条第（一）项、第（五）项规定的，分别依照《中华人民共和国邮政法》第七十五条、第七十六条的规定予以处罚。

违反本办法第二十七条第（四）项规定的，由邮政管理部门责令改正，对快递企业处一万元以上三万元以下的罚款。

违反本办法第二十七条第（二）项、第（三）项规定的，由国家有关部门依法处理。

第四十八条　违反本办法第二十八条规定的，由邮政管理部门责令改正，依法没收违法所得，对直接责任人员处五千元以上一万元以下的罚款；构成犯罪的，依法追究刑事责任。

第四十九条　邮政管理部门工作人员违反本办法第三十七条第一款、第三十九条规定的，依法给予行政处分；构成犯罪的，依法追究刑事责任。

第五十条　拒绝、阻碍邮政管理部门及其工作人员依法履行监督检查职责的，依照《中华人民共和国邮政法》第七十七条的规定予以处罚。

第五十一条　公民、法人或者其他组织认为邮政管理部门的具体行政行为侵犯其合法权益的，可以依法向上一级邮政管理部门申请行政复议或者直接向人民法院起诉。

经营快递业务的企业逾期不履行邮政管理部门处罚决定的，由邮政管理部门依法申请人民法院强制执行。

第七章　附　则

第五十二条　本办法自2013年3月1日起施行。交通运输部2008年7月12日发布的《快递市场管理办法》（交通运输部令2008第4号）同时废止。

参考文献

[1] 刘秉镰．现代物流与区域竞争力之间的关联机理［J］．学习与探索，2006（2）：224－227.

[2] 吴维昕，许强．城市物流核心竞争力培植的理论探索［J］．中国科技信息，2007（10）：285－288.

[3] 陶存新，陈定方．城市物流能力评价研究［J］．武汉理工大学学报（交通科学与工程版），2006（5）：892－894.

[4] 李旭宏，李玉民，等．基于层次分析法和熵权法的区域物流发展竞争态势分析［J］．东南大学学报（自然科学版），2004，34（3）：398－401.

[5] 王振锋，王淮东，等．基于非线性主成分分析法的区域物流发展综合评价模型［J］．河南农业大学学报，2006，40（5）：545－552.

[6] 姜华，陈功玉．基于物流的区域经济竞争力研究［J］．东南学术，2006（5）：70－74.

[7] 谢如鹤，邱祝强，陈宝星．区域物流产业竞争力指标体系及其应用［J］．工业工程，2008，11（1）：109—112.

[8] 姜华．区域物流对区域经济发展的作用［J］．发展研究，2005（12）：12－14.

[9] 汪波，杨天剑，赵艳彬．区域物流发展水平的综合评价［J］．工业工程，2005，8（1）：83－86.

[10] 冯凌云，王子龙．区域物流网络评价与结构优化研究［J］．南京工程学院学报（自然科学版），2004，2（3）：29－34.

[11] SIRIKRAI S B，TANG J C S. Industrial competitiveness analysis Using the analytic hierarchy process［J］. Journal of High Technology Management Research，2006，17：71－83.

[12] BUDD. L，HIRMIS A. Conceptual framework for regional competitiveness［J］．Regional Studies，2004，38（9）：1015－1028.

[13] KAVARATZIS M. Place branding：A review of trends and conceptual model［J］. The Marketing Review，2005，5（4）：329－342.

[14] 蔡珍贵，等．长株潭物流圈构建对湖南外贸发展的意义［J］．商业时代，2008

（15）：100－101.

［15］袁步思．区域物流核心竞争力研究［D］．武汉：武汉理工大学，2003.

［16］肖艳．区域物流竞争力评价研究［D］．重庆：重庆大学，2007.

［17］谭涛．区域物流竞争力水平分析与评价研究［D］．成都：西南交通大学，2007.

［18］赵莉琴，郭跃显．城市物流竞争力评价方法研究［J］．地域研究与开发，2011（4）：78－81.

［19］王圣云，沈玉芳．我国省级区域物流竞争力评价及特征研究［J］．中国软科学，2007（10）：104－110.

［20］江罗凝．基于 SPSS 的区域物流竞争力评价分析——以浙江省为例［J］．物流技术，2011（11）：101－103.

［21］周君侠．区域物流竞争力评价理论与实证研究［D］．南昌：南昌大学，2012.

［22］李建军，舒辉．区域物流协同成长实证研究［J］．中国流通经济，2014（9）：40－45.

［23］葛俊．湖南省区域物流发展规划研究［D］．赣州：江西理工大学，2011.

［24］何轶青．区域物流竞争力研究［D］．西安：长安大学，2014.

［25］杨玉香，张宝友，朱卫平，等．基于标准的区域物流产业竞争力评价研究［J］．物流技术，2013（5）：264－266.

［26］夏薇．湖北农产品绿色物流体系构建研究［D］．武汉：湖北工业大学，2014.

［27］俺冬梅．基于共同配送下的石家庄城市配送体系研究［D］．石家庄：石家庄经济学院，2014.

［28］黄新星．民族地区产业扶贫及其政策研究——以湘西地区为例［D］．吉首：吉首大学，2012.

［29］吕国范．中原经济区资源产业扶贫模式研究［D］．北京：中国地质大学，2014.